JN335425

語彙論的語構成論

ひつじ研究叢書（言語編）

第1巻　方言地理学の展開　徳川宗賢著
第3巻　日本語の音──音声学と音韻論──　城田俊著
第4巻　古代日本語母音論──上代特殊仮名遣の再解釈　松本克己著
第5巻　バントゥ諸語動詞アクセントの研究　湯川恭敏著
第6巻　Studies in English and Japanese Auxiliaries :
　　　　A Multi-stratal Approach SAWADA Harumi
第7巻　言語の時間表現　金子亨著
第8巻　拾遺　日本文法論　奥津敬一郎著
第9巻　日本語条件表現史の研究　小林賢次著
第10巻　束縛関係──代用表現と移動──　中村捷著
第11巻　意味分析の方法──理論と実践──　森田良行著
第12巻　上代語の構文と表記　佐佐木隆著
第13巻　日本語文法の諸問題──高橋太郎先生古希記念論文集──　鈴木泰・角田太作編
第14巻　日本語文法　体系と方法　川端善明・仁田義雄編
第15巻　日本語方言一型アクセントの研究　山口幸洋著
第16巻　複合動詞の構造と意味用法　姫野昌子著
第17巻　現代言語理論と格　石綿敏雄著
第18巻　萬葉集と上代語　佐佐木隆著
第19巻　日本語記述文法の理論　近藤泰弘著
第20巻　日英語の自他の交替　丸田忠雄・須賀一好編
第21巻　日本語　意味と文法の風景──国広哲弥教授古稀記念論文集──
　　　　山田進・菊地康人・籾山洋介編
第22巻　日本語の情報構造と統計構造　カレル・フィアラ著
第23巻　Old English Constructions with Multiple predicates OHKADO Masayuki
第24巻　Bound variables and coreferential pronouns :
　　　　Zero and overt pronouns in Japanese and English SUGIURA Shigeko
第25巻　日本語モダリティの史的研究　高山善行著
第26巻　Discourse Politeness in Japanese Conversation USAMI Mayumi
第27巻　日本語文法の発想　森田良行著
第28巻　文法化とイディオム化　秋元実治著
第29巻　日本語修飾構造の語用論的研究　加藤重広著
第30巻　語彙論的語構成論　斎藤倫明著
第31巻　現代日本語の漢語動名詞の研究　小林英樹著
第32巻　方言学的日本語史の方法　小林隆著
第33巻　動詞九章　高橋太郎著

語彙論的語構成論

斎藤倫明著

ひつじ書房

目　次

第1部　語構成原論

第1章　概観

1.1　語構成論とは何か……………………………………………………3
  1.1.1　語構成の基本図式……………………………………………3
  1.1.2　語構成論とは何か……………………………………………6
1.2　単語化をめぐって……………………………………………………7
  1.2.1　単語化とは何か ―陳述との比較を通して―…………………7
  1.2.2　単語化の内実 ―単語化の２側面―……………………………7
  1.2.3　単語化の具体例………………………………………………12
1.3　語構成要素について…………………………………………………15
  1.3.1　語構成要素の意味……………………………………………15
  1.3.2　語構成要素の分類……………………………………………18
1.4　語構成要素間の関係について………………………………………21
  1.4.1　基本的な問題…………………………………………………21

1.4.2　語構成要素間の関係を論ずる際の立場・観点について　………24
　1.5　おわりに　………………………………………………………………29

第2章 「単語化」をめぐって
第1節 「単語化」による語彙的意味の形成―「追う」の場合―
　1.1　はじめに　………………………………………………………………33
　1.2　本論の基本的な考え方と方法　………………………………………36
　1.3　語構成要素「おう」の意味　…………………………………………39
　　1.3.1　「追う」の意味の確定　…………………………………………39
　　1.3.2　「追う」の周辺的意味　…………………………………………40
　　1.3.3　類義語との意味的対立点　………………………………………40
　　1.3.4　語構成要素「おう」の意味　……………………………………45
　1.4　単語化による「追う」の意味形成　…………………………………45
　1.5　おわりに　………………………………………………………………48

第2節 「単語化」の源泉とレキシコンの構造
　2.1　はじめに ―問題のありかと本論の目的― ………………………51
　2.2　本論の基本的立場 ―考察の前提および問題点の確認― ………52
　　2.2.1　語構成の基本的枠組み　…………………………………………52
　　2.2.2　単語化の内実　……………………………………………………53
　　2.2.3　本論の語構成論の基本的性格　…………………………………54
　　2.2.4　本論の枠組みから見た問題点の確認　…………………………55
　2.3　単語化の源泉　…………………………………………………………56
　　2.3.1　語形成論的観点の導入　…………………………………………56
　　2.3.2　単語化の源泉　……………………………………………………58

- 2.4 レキシコンの内部構造 ……………………………………………59
  - 2.4.1 問題点 …………………………………………………………59
  - 2.4.2 単語化における《+a》の再検討 …………………………60
  - 2.4.3 レキシコンの内部構造 ………………………………………62
  - 2.4.4 語構成論の範囲・捉え方 ……………………………………66
- 2.5 おわりに ……………………………………………………………67

第3章　語構成要素の有する意味

- 1.1 はじめに ……………………………………………………………71
- 1.2 語と語構成要素との関係
  ― 語構成要素の意味を求めて（その1）― ………………………72
- 1.3 語構成に関する理論的枠組み ……………………………………74
- 1.4 語構成要素の意味 ― 語構成要素の意味を求めて（その2）― ……77
  - 1.4.1 意味的限定 ……………………………………………………77
  - 1.4.2 素材概念的意味 ………………………………………………80
  - 1.4.3 問題点 …………………………………………………………82
- 1.5 おわりに ……………………………………………………………83

第4章　語構成と語の周辺的意味
第1節　周辺的意味の付与のされ方（自立形式の場合）
　　　　―「つら（面）」を構成要素とする複合名詞を対象として―

- 1.1 はじめに ……………………………………………………………87
- 1.2 「つら（面）」を構成要素とする複合名詞について
  ―具体例の検討― …………………………………………………89

1.2.1　分析対象の選定 …………………………………………89
　　1.2.2　単純語「つら」の周辺的意味 ……………………………91
　　1.2.3　「つら(面)」を構成要素とする複合名詞の周辺的意味 ………93
　1.3　周辺的意味付与の語構成論的解釈 …………………………………98
　　1.3.1　本論の語構成論の基本的枠組み ……………………………98
　　1.3.2　語構成論的観点から見た語の周辺的意味の位置付け …………100
　　1.3.3　語の周辺的意味付与に関する語構成論的モデル ………………103
　　1.3.4　問題点 ……………………………………………………104
　1.4　おわりに ………………………………………………………105

第2節　周辺的意味の付与のされ方(結合形式の場合)
　　　　―接頭辞「反-」を有する語を対象として―

　2.1　はじめに ………………………………………………………110
　2.2　分析対象の設定 …………………………………………………113
　2.3　接頭辞「反-」の意味 ……………………………………………114
　2.4　接頭辞「反-」を有する派生語の周辺的意味 …………………………121
　2.5　感情的意味の与えられ方 …………………………………………123
　　2.5.1　基本的な考え方 ……………………………………………123
　　2.5.2　感情的意味発生の仕組み ……………………………………126
　　2.5.3　感情的意味間の相互関係 ……………………………………130
　　2.5.4　単語化による感情的意味の付与のされ方 ……………………132
　　　2.5.4.1　単語化による am 付与のシステム ………………………132
　　　2.5.4.2　am 発生の仕組みと単語化による am 付与との関係 ………134
　2.6　おわりに ………………………………………………………135

第 2 部　語構成と多義

第 1 章　語構成と多義との関わり
　　―「なが-(長)」を前項とする複合名詞を対象として―

　　1.1　はじめに……………………………………………………………141
　　1.2　記述の枠組み………………………………………………………143
　　1.3　具体例の分析 ―「なが-(長)」を前項とする複合名詞の場合―………147
　　1.4　おわりに……………………………………………………………154

第 2 章　語構成要素の多義性と語の多義性
第 1 節　語構成要素の多義性と語の多義性との弁別
　　　　　―合成語を対象として―

　　1.1　はじめに……………………………………………………………157
　　1.2　語構成要素における多義性の存在………………………………158
　　1.3　多義性を考える際の基本的立場…………………………………160
　　1.4　本論における語構成記述の基本的枠組み………………………161
　　1.5　語構成要素レベルにおける多義性の具体例―転義の処理について―…163
　　1.6　おわりに……………………………………………………………167

第 2 節　語構成要素の多義性と語の多義性との弁別
　　　　　―単純語の場合も考慮に入れて―

　　2.1　はじめに……………………………………………………………170
　　2.2　語構成要素の有する意味の種類と多義性………………………173
　　2.3　多義性をどこで記述するか………………………………………179
　　2.4　おわりに……………………………………………………………181

第3章　多義語における語レベル固有の意味について
―「見る」を対象として―

- 1.1　はじめに……………………………………………………183
- 1.2　本論の分析方法……………………………………………184
- 1.3　「見る」の多義的意味の実質と合成語形成の有無………186
- 1.4　多義的意味の位置づけと問題点…………………………189
  - 1.4.1　合成語が形成される場合……………………………189
  - 1.4.2　合成語が形成されない場合…………………………191
  - 1.4.3　問題点…………………………………………………192
- 1.5　おわりに……………………………………………………193

第3部　「語」をめぐって

第1章　語の本質をめぐって
第1節　語構成論から見た語の本質について

- 1.1　はじめに……………………………………………………197
- 1.2　語と句………………………………………………………198
- 1.3　語と形態素…………………………………………………203
- 1.4　「単語化」について………………………………………208
- 1.5　まとめと今後の課題………………………………………210

第2節　語構成論から見た語の本質と文法論から見た語の本質
―文法論の場合―

- 2.1　はじめに……………………………………………………214

2.2 文法論から見た語の本質 ………………………………………………215
    2.2.1 前提的な注意点 ……………………………………………………215
    2.2.2 各文法論における語のとらえ方 ………………………………216
      2.2.2.1 山田文法 ………………………………………………………216
      2.2.2.2 橋本文法 ………………………………………………………216
      2.2.2.3 以上のまとめと次への橋渡し ……………………………217
      2.2.2.4 その他の立場Ｓの文法論 …………………………………219
      2.2.2.5 立場Ｓに関する補足説明と下位分類 ……………………222
    2.2.3 松下文法の異質性 …………………………………………………228
    2.2.4 時枝文法の異質性 …………………………………………………228
  2.3 おわりに―まとめと今後の課題― …………………………………236

第2章　文法論における語規定をめぐって
第1節　松下文法における語構成の位置について
―単語概念との関わりから―

  1.1 はじめに―本論の目的― ……………………………………………239
  1.2 松下文法において語とは何か―言語単位との関わりで― ………240
  1.3 詞の相と派生（derivation）……………………………………………246
  1.4 おわりに ………………………………………………………………251

第2節　山田文法における語規定の変遷と問題点

  2.1 はじめに ………………………………………………………………255
  2.2 山田文法における語規定の移り変わり ……………………………256
    2.2.1 『文法論』から『講義』へ …………………………………………256
    2.2.2 『講義』から『概論』へ ………………………………………………258

2.3　合成語の処理について
　　　　　　―山田文法の語規定における基本的問題点― ……………262
　2.4　おわりに ……………………………………………………………265

参考文献 ……………………………………………………………269

索引 …………………………………………………………………275

あとがき ……………………………………………………………279

初出一覧 ……………………………………………………………285

第1部

語　構　成　原　論

第 1 章

概　観

1.1　語構成論とは何か

1.1.1　語構成の基本図式

　ごく素朴な意識に則って考えた場合、aという語とbという語とが結合し語abが出来るというのが、語構成の基本的な在り方ということになるであろう。すなわち、

[図1] 語構成の常識的モデル

a　＋　b　→　ab

という図式である。今、これを「語構成の常識的モデル」と呼ぼう。
　しかし、よく考えてみると、これでは不充分な点があることに気付く。たとえば、「綱引き」という語を考えてみた場合、この語は「綱」と「引き」という語から成り立っていると見られるが、その意味は単に「綱を引くこと」ではなく、「綱の両端を多人数で引き合って勝負を争う競技」(『新明解国語辞典』第五版)というものである。しかし、「綱引き」という語の成立を語構成の常識的モデルで考えたのでは、それが"多人数で勝負を競う特定の競技

の一つ"であるという点はどこからも出てこない。

　では、こういった点をうまく説明するためには、上記の常識的モデルをどのように修正したらよいであろうか。著者は、そのためには、まず語や語構成要素といったいわゆる言語単位の在り方をもう少し厳密に捉えることが必要であると考える。

　言語単位に関しては、既に時枝誠記に考察が見られるので、ここでもそれを基にして論を進めたい。時枝によれば、一般に「単位」には「量的単位」(ex.3尺、5升)「質的単位」(ex.3冊、5人)「原子論的単位」(ex.原子)の3種類があり、「言語単位」と言う場合の「単位」はそのうちの質的単位に相当すると言う。すなわち、時枝は言語単位を次のように把握する。

　　私がここに云ふ単位といふのは質的統一体としての全体概念である。人を数へる場合に単位として用ゐられる三人、五人の「人」は、長さや重さを計量する場合に用ゐられる尺や瓦が、量を分割するための基本量を意味するのと異なり、また全体を分析して得られる究極体を意味するのとも異なり、全く質的統一体を意味するところの単位である。言語の単位として挙げた右の三者（引用者注：「語」「文」「文章」を指す）は、音声または文字による思想の表現としての言語であることに於いて、根本的性質を同じくし、かつそれぞれに完全な統一体であることによつてこれを言語研究の単位といふことが出来るのである。(時枝［1950］19ページ)

　この中で重要なのは、「質的統一体」という概念であろう。そして、ここではそれを"それぞれ質的に異なった独自のまとまりを有する存在"というように解釈することとする。そうすると、ここから次の2点が導かれる。[1]
　①言語単位はそれぞれ質的に異なった存在であり、上位単位が下位単位によって単純に構成されるわけではない。
　②下位単位が（結合し）上位単位になるためには、質的転換作用が必要である。

　今、上記②における「質的転換作用」を「単語化」と呼ぶことにすると、先の図1は差し当たり下の図2のように書き換えられることになろう。

[図2] 常識的モデルの修正図（その1）

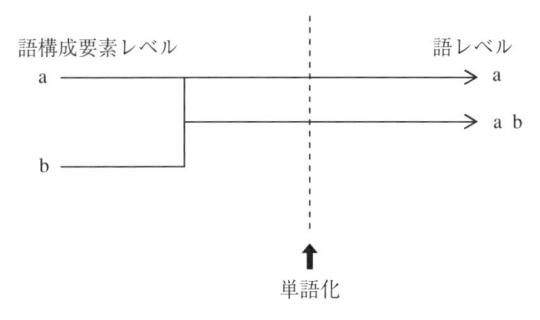

```
語構成要素レベル          語レベル
  a ─────────────────────→ a
                        ─→ a b
  b ─────────────────┘
              ↑
            単語化
```

　図2では、単純語aの成立についても併せて示してあるが、ここで重要なのは、単語化という質的転換作用によって、語構成要素という単位と語という単位、そしてそれらがそれぞれ存在するレベル（語構成要素レベルと語レベル）が明確に分離される、ということである。従って、常識的モデルとは異なり、ここでは、語aは語構成要素aから成立し、語abは（語aと語bとからではなく）語構成要素aと語構成要素bとから成立する、と考えることになる。

　しかし、この図2の考え方にも問題がある。それは、単語化という作用が、単純語aの場合はいいとしても、合成語abの場合に具体的には何に作用するのか明確でない、という点である。従って、その点をはっきりさせるために、図2をさらに次のように修正することとする。

[図3] 修正図（その2）－語構成の基本図式－

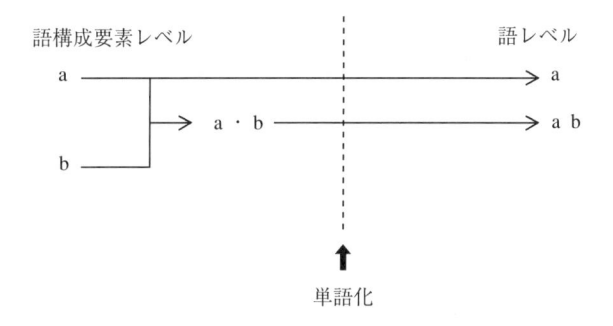

```
語構成要素レベル              語レベル
  a ──────────────────────────→ a
      └→ a・b ─────────────→ a b
  b ──┘
              ↑
            単語化
```

図3で特徴的なのは、語構成要素レベルにおける「a・b」という存在であり、これを「(語構成要素)連結形式」と呼ぶことにするが、これは、語構成要素aと語構成要素bとが結合して語abになる前に出来る構造で、単語化の作用を直接受ける存在と位置づけることができる(a、b間の「・」印は両者が未だ完全には結合していないことを表わす)。このようなものを設定する理由は、連結形式を合成語abの(直接的な)語構成要素と見なすことによって、単純語、合成語に関わらず全ての語は語構成要素に単語化が作用することによって成立する、と統一的に捉えることが可能になるからである。

ところで、先に語構成の常識的モデルにおける問題点を指摘したが、この図3の考え方に基づくなら、語構成要素からだけでは説明できないような語の側面は語構成要素が語になる際に受ける単語化の作用によって与えられる、と考える道が開かれるわけである。そういうわけで、本論ではこの図3の図式を「語構成の基本図式」と呼び、以後この考え方に従って論を進めることにしたい。

1.1.2　語構成論とは何か

語構成の基本図式において、語構成要素から語が成立するまでの一連のプロセスを「語構成論的プロセス」と呼ぶならば、語構成論を次のように規定することができる。

・語構成論とは、語構成論的プロセスの内実を明らかにする研究分野である。

語構成論とは何か、ということに関しては、語構成論を言語研究の体系の中にどのように位置づけるのか、といった問題も重要であるが、その点についてはここでは触れない。ただ、このように規定される語構成論に関し、1.1.1節で説明したような基本図式の成立事情との関わりで、現段階で基本的特徴として指摘しておきたい点が一つある。

それは、基本図式に基づく語構成論においては、単純語も合成語も等しく語構成論の対象となる、という点である。一般に、語構成の観点から語は大きく単純語と合成語(派生語と複合語)とに二分されるが、従来の語構成論で実際に扱われてきたのは合成語が大部分で、単純語が対象とされるこ

とはほとんどなかった。しかし、単純語というのが合成語と同じく語構成の観点から分類される語の一種である以上、語構成論において両者を同等に扱うことは必要かつ重要なことであると考えられる。基本図式はその点を原理的に保証するものと言えよう。

1.2　単語化をめぐって

1.2.1　単語化とは何か−陳述との比較を通して−

　前節で述べたように、単語化とは、語構成要素が語になるために必要不可欠な質的転換作用を指すが、単語化によって語構成要素という下位単位が語という上位単位へと質的変換されるという意味では、単語化は、語の連鎖を文という単位へと質的転換する陳述という概念と平行するものと見なすことができる。陳述には様々な捉え方があるが、陳述を最初に日本語文法に取り入れた山田文法をはじめ、それ以後において、陳述の精緻化に貢献した芳賀綏、および「陳述論の最高到達点」（尾上 [2001、第二章第二節]）と言われる渡辺実において、陳述の本質が"文成立の決め手"であるという点は動かないからである。[2]

　もちろん、単語化と陳述とが全く平行するわけではない。両者の一番の相違は、陳述というのが、文が成立するその都度その都度において言語主体が主体的に関わる作用であるのに対して、単語化は言語主体とは切り離された言語体系内部の理論的作用であるという点であろう。たとえば、「キャッチセールス」「教室（キョウシツ）」「箱庭（はこにわ）」という語の場合、われわれは同語を発するその度毎に「キャッチ」と「セールス」、「教（キョウ）」と「室（シツ）」、「箱（はこ）」と「庭（にわ）」を結びつけて一語化しているわけではない。

1.2.2　単語化の内実−単語化の２側面−
1.2.2.1
　単語化というのが、語構成要素を語へと質的転換させる機能であるということは、単語化の内実について考えるためには、まず語と語構成要素の内実をどう考えるかといった点を明らかにする必要がある、ということで

ある。両者の内実が明らかにならないことには、両者を繋ぐ作用の内実も見えて来ないはずだからである。ただ、ここでは、語とは何か、といった問いに直接立ち向かうことはせず、既存の語の捉え方のうち、単語化の内実を考えるという目的に最も適合すると思われる考え方を基にして議論を進めることとしたい。

　語については、本論では、鈴木(1972)の捉え方に基本的に従いたい。すなわち、鈴木によれば、語には以下のような二つの側面があると言う。

> 単語には二つの側面がある。第一の側面、すなわち、現実のどのような断片をさししめすかという面を単語の語い的な側面(単語における語い的なもの)といい、第二の側面、すなわち、そうした語い的なものが文のなかでどのような関係をあらわし、どのような役わりをはたすかという面を、単語の文法的な側面(単語における文法的なもの)という。(13～14ページ)

さらに、鈴木によれば、「語い的な側面」(本論では「語彙的な側面」と表記する)と「文法的な側面」との間にはつぎのような関係があると言う。

> 単語においては、語い的なものと文法的なものとは、実質的なものとそれのあり方(存在形態……他に対する関係・関係づけ)という関係でむすびついて、おたがいに他方を前提にし、相互作用のもとに統一している。(23ページ)

なお、こういった捉え方に基づき、鈴木では、語を「語い＝文法的な単位」と規定している。(24ページ)

1.2.2.2

　次に語構成要素の内実についてであるが、この点について考えるためには、語と語構成要素との関係をどのようなものとして理解するか、という点が重要になる。というのは、語構成は文構成に比べ遙かに慣用的な性格が強く、語構成要素が語のように自由に振る舞うことは困難であるため、語構成要素の内実を語の場合のように帰納的な方法のみによって見極めるのはかなり難しい、という事情が存するからである。

　語構成要素と語との関係に関して、本論では、語の場合と同様、基本的

に鈴木重幸の考え方に従うこととする。[3]

> 単語は、語い的なものと文法的なものとが内容と形式の関係で統一している語い＝文法的な単位であって、言語の構造のなかではたす機能上の等質性をもっているが、形態素は、言語を構成する語いと文法とのかかわりから抽象された、抽象的な、意味論的な単位だ。(中略)形態素は語いと文法の発達にともなって単語から分化した単位だ。つまり、単語が基本的な単位であって、形態素は単語に対して派生的な、従属的な関係にある。(中略)形態素は単語を媒介にして語い体系・文法体系とかかわる。(鈴木［1996、第3部第3章］276ページ)

この考え方の背後には、我々に直接与えられているのは単語であって形態素ではない、という基本的な認識が存在するが、この点については、宮島 (1994、第2部第3章) の指摘する「無意味形態素」の存在や、湯本 (1978) の言う「あわせ単語の意味のできあい性」といった特質を考えるなら充分納得のいくものであろう。

さて、語の語構成要素に対する優位性・基本性という捉え方は、換言すれば、語構成要素はあくまでも語を前提としそれに従属する存在であるということを意味するが、このことは、語構成要素の内実を考える際に次のように作用する。すなわち、語に語彙的な側面と文法的な側面との2側面が存在するならば、語構成要素にも対応する2側面が存在するはずである、というようにである。そこで、今、それらをそれぞれ語構成要素の「意味的側面」、「機能的側面」と呼ぶことにする。

1.2.2.3

以上、語と語構成要素とにそれぞれ相対応する2側面が存在することを簡単に見たが、この点と、単語化というのが語構成要素を語に質的転換させる機能であるという点とを考え合わせるなら、そこから、次のような結論が導き出されよう。すなわち、単語化には、語構成要素の意味的側面に作用しそれを語の語彙的側面へと質的転換させる作用と、語構成要素の機能的側面に作用しそれを語の文法的側面へと質的転換させる作用との2種類の作用が含まれる、というようにである。前者を「単語化の意味的プロセス」、

10　第1部　語構成原論

後者を「単語化の文法的プロセス」と呼ぶことにする。以上を図示するならば、次の図4のようになろう。

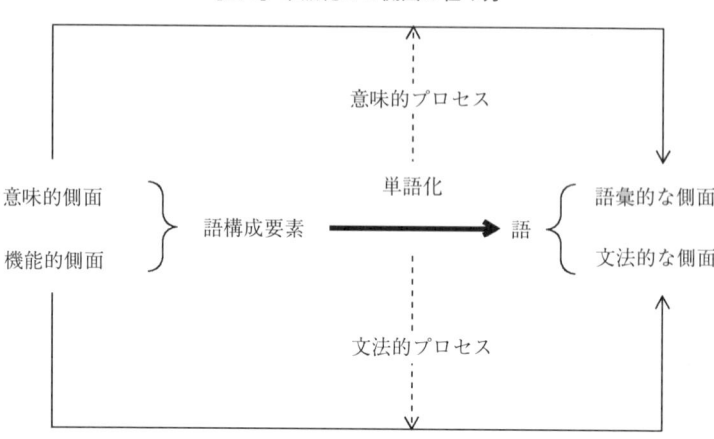

[図4] 単語化の2側面の在り方

```
                    意味的プロセス
    意味的側面  ⎫              ⎧ 語彙的な側面
              ⎬ 語構成要素 ──単語化──→ 語 ⎨
    機能的側面  ⎭              ⎩ 文法的な側面
                    文法的プロセス
```

　ところで、語構成要素の意味的側面の実質は語構成要素の意味であり、語の語彙的な側面の実質は語の語彙的意味であると考えることができようが、語構成要素の機能的側面、語の文法的な側面の実質は何であろうか。この点に関しても、先の場合と同様、語の方が考えやすい。すなわち、語の文法的な側面を構成するものとして、i) 語の文法的な分類カテゴリー (＝品詞)、ii) 語の構文的職能、iii) 主語や目的語等共起成分に対する制限、の3種類の文法的特徴をここでは想定することとしたい。一方、語構成要素の機能的側面については、語の場合のi) と iii) とにそれぞれほぼ対応するものとして、iv) 語構成要素の分類カテゴリー、v) 結合相手に対する指定、の2種類の機能的特徴をここでは差し当たり想定することとする。[4] 従って、これらの点をも含めた形で先の語構成の基本図式を改めて描くなら、次の図5のようになるであろう。

[図5]（語と語構成要素の内実も含めた）語構成の基本図式

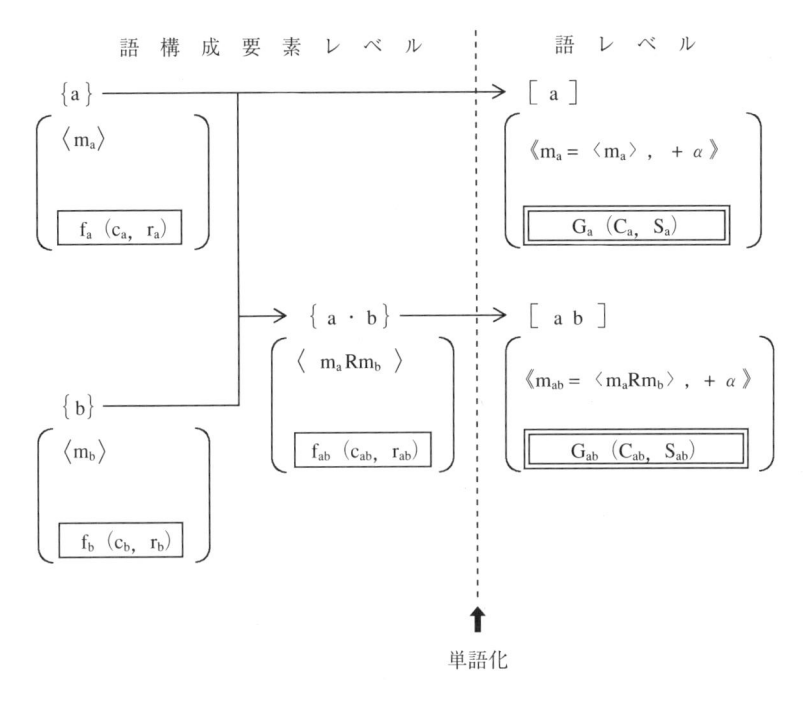

```
       語 構 成 要 素 レ ベ ル          語  レ  ベ  ル

         {a}  ─────────────────→    [ a ]
         ⟨m_a⟩                       《m_a = ⟨m_a⟩ , +α》
         ┌──────────┐               ┌──────────────┐
         │f_a (c_a, r_a)│            │ G_a (C_a, S_a) │
         └──────────┘               └──────────────┘

                    → {a・b} ─────→  [ a b ]
                      ⟨ m_a R m_b ⟩    《m_ab = ⟨m_a R m_b⟩ , +α》
         {b}          ┌──────────┐   ┌──────────────┐
         ⟨m_b⟩         │f_ab (c_ab, r_ab)│  │ G_ab (C_ab, S_ab) │
         ┌──────────┐ └──────────┘   └──────────────┘
         │f_b (c_b, r_b)│
         └──────────┘
                              ↑
                            単語化
```

　図5について簡単に説明する。｛a｝等｛　｝で括られた存在は語構成要素を、[a]等［　］で括られた存在は語を表わす。⟨m_a⟩等⟨　⟩で括られているのは語構成要素の意味、《M_a》等《　》で括られているのは語の意味を表わす。$f_a (c_a, r_a)$等□で囲まれているのは語構成要素の機能的特徴（cはそのうちの分類カテゴリー、rは結合相手に対する指定を表わし「結合的特徴」と呼ぶ）、$G_a (C_a, S_a)$等二重の□で囲まれているのは語の文法的特徴（Cはそのうちの分類カテゴリー［＝品詞］、Sは共起制限を表わし「選択的特徴」と呼ぶ）を表わす（語の有する構文的職能については、ここでは直接関わらないので省略してある）。なお、連結形式の意味におけるRは、前項と後項の語構成要素の意味的関係を表わす。

　さて、図5のように表示してみると、次の点に気付く。すなわち、先に問題になった、語構成要素だけでは説明できない語の意味的要素というのは語のみが有する《＋α》に相当し、それは、単語化の意味的プロセスによっ

て付与されると考えることができるが、語の有する文法的特徴は、一部を除き対応する機能的特徴が既に語構成要素に存在するため、単語化の文法的プロセスによって単純に付与されるのではなく、語構成要素の有する機能的特徴が同プロセスによって変換されることによって生じると解釈される必要がある、という点である。すなわち、同じく単語化に含まれるプロセスでありながら、意味的プロセスと文法的プロセスでは機能の仕方が次のように異なるわけである。

$$\begin{cases} 意味的プロセス \rightarrow 意味的特徴の付加 \\ 文法的プロセス \rightarrow 機能的特徴を文法的特徴に変換 \end{cases}$$

1.2.3　単語化の具体例

　以上説明した単語化の2側面に関し、最後に具体例を示し本節を終えたい。意味的プロセスと文法的プロセスとそれぞれ別の語の場合を例として挙げる。

　意味的プロセスに関しては、「レッドカード」という語を例に使うことにする。以下の図6がその具体的様相である。

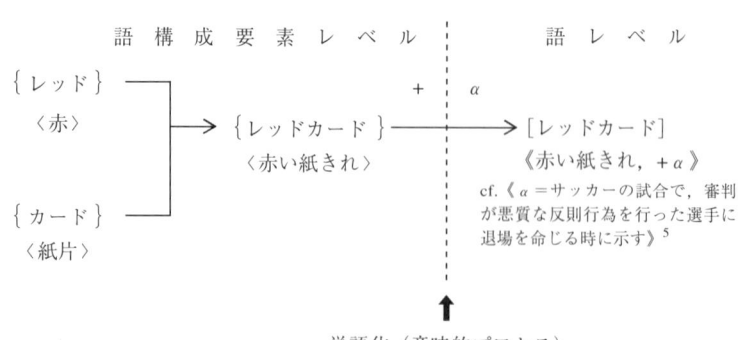

[図6] 意味的プロセスの具体例(「レッドカード」)

```
        語 構 成 要 素 レ ベ ル     :     語 レ ベ ル
{レッド}                                                      
 〈赤〉                                                       
       ─→ {レッドカード}  ── + α ──→ [レッドカード]
            〈赤い紙きれ〉                  《赤い紙きれ, +α》
{カード}                                    cf.《α＝サッカーの試合で，審判
 〈紙片〉                                    が悪質な反則行為を行った選手に
                                             退場を命じる時に示す》5
                        ↑
                    単語化（意味的プロセス）
```

　次に文法的プロセスの例に移る。例としては、接尾辞「-がる」を使用し、「-がる」が形容詞語幹「うれし-」と結合し、動詞「うれしがる」が出来る有様を次ページの図7に示す。

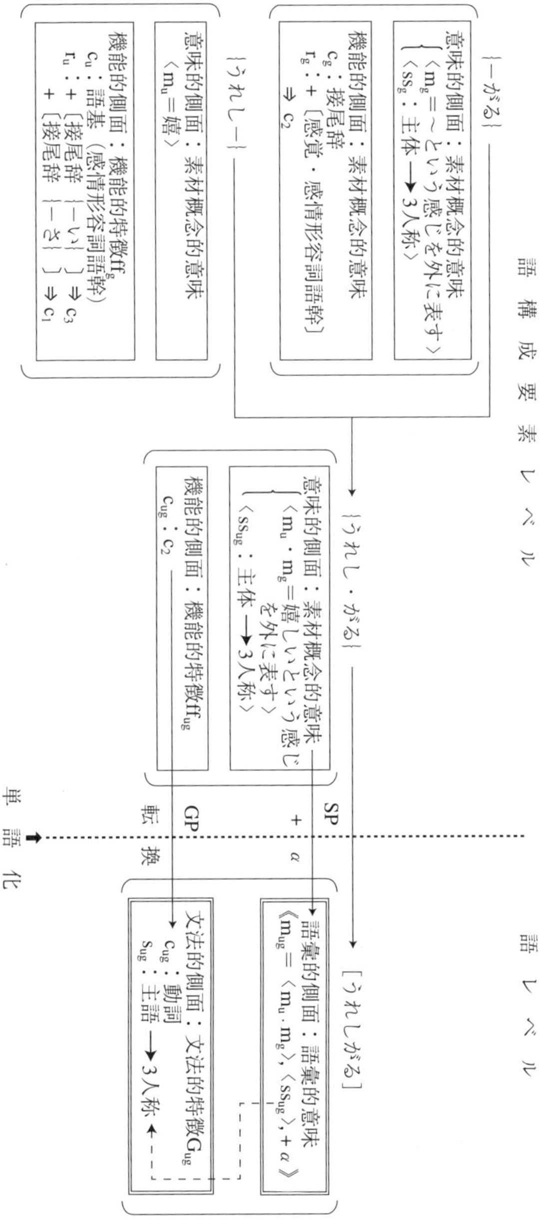

第1章 概観 13

【図7】文法的プロセス（GP）の具体例（接尾辞「-がる」）

語構成要素レベル

［-がる］
- 意味的側面：素材概念的意味
  - ⟨m_g = 〜という感じ⟩
  - ⟪ss_g：主体 → 3人称⟫ を外に表す
- 機能的側面：素材概念的意味
  - c_g：接尾辞
  - r_g：+ [感覚・感情形容詞語幹]
  - ⇒ c_2

［-し-］
- 意味的側面：素材概念的意味
  - ⟨m_u = 嬉⟩
- 機能的側面：機能的特徴f_u
  - c_u：語基
  - r_u：+ [接尾辞 {-い}] ⇒ c_1
  - + [接尾辞 {-さ}]

［うれし-］
- 意味的側面：素材概念的意味
  - ⟨$m_u \cdot m_g$ = 嬉しいという感じ⟩
  - ⟪ss_{ug}：主体 → 3人称⟫ を外に表す
- 機能的側面：機能的特徴f_{ug}
  - c_{ug}：c_2

［うれし-がる］
- 意味的側面：素材概念的意味
  - ⟨$m_u \cdot m_g$ = 嬉しいという感じ⟩
  - ⟪ss_{ug}：主体 → 3人称⟫ を外に表す
- 機能的側面：機能的特徴f_{ug}
  - c_{ug}：c_2

SP ＋ α

GP

転換

単語化

単語レベル

［うれしがる］
- 語彙的側面：語彙的意味
  - ⟨⟨m_{ug} = ⟨$m_u \cdot m_g$⟩, ⟪ss_{ug}⟫, ＋α⟩⟩
- 文法的側面：文法的特徴G_{ug}
  - c_{ug}：動詞
  - s_{ug}：主語 → 3人称

図7について、以下、簡単に説明を加えるが、機能的特徴の実際に関しては未だ暫定的であることをお断わりしておきたい。

まず、図7において最初に確認すべきことは、文法的プロセスによって行なわれる変換の内実であるが、それは次のようになる。

・連結形式｛うれし・がる｝の分類カテゴリー"c_2"を語［うれしがる］の品詞「動詞」へと変換すること。[6]

次に問題になるのは、語の文法的特徴のうち、先に選択的特徴と呼んだもの、すなわち、図7で語「うれしがる」が有している「主語→3人称」という特徴の出所についてである。というのは、この特徴は語の有する文法的特徴でありながら、語構成要素の機能的特徴に文法的プロセスが作用することによって生じるのではなく、語の語彙的意味を構成する特徴（〈ss〉）に別のプロセス（図中点線矢印）が作用することによって生じるからであるが、この辺の事情については次のように考えることができよう。

① 選択的特徴（S）はもともと意味に基盤を有するものと考えられ、従って、語構成要素の意味的側面に存する意味的特徴〈ss〉（これを「選択的意味特徴」と仮称し、語構成要素の意味の一部を構成すると考える）にその淵源を有するものと見なされる。

② 選択的意味特徴は、意味的プロセスによって語の有する語彙的意味を構成する特徴（〈ss〉）となる。

③ 〈ss〉が文法的特徴中の選択的特徴（S）へと解釈されるプロセスの内実については、語における意味と文法との関わりの問題であり、語構成論の直接的な考察対象ではない。

最後に「-がる」の機能的特徴、より具体的には結合的特徴に関して、次の点を確認しておく必要がある。すなわち、同特徴に関して、図7では「感覚・感情形容詞語幹と結合し"c_2"に属する連結形式を形成する」という指定を与えておいたが、この指定は、結合的特徴においては、a）結合する相手の分類カテゴリーに関する指定と、結合した結果どのような分類カテゴリーの連結形式が形成されるかに関する指定の2種類が必要であること、b）その際の分類カテゴリーについては、大分類（ここでは形容詞語幹に相当するということ）と、小分類（ここでは、その形容詞がどういう種類の形容詞

であるかということ）との区別が必要であることを示している、ということである。なお、「うれし-」の結合的特徴に「-がる」の指定が抜けているのは、「-がる」に関しては接尾辞の方に指定しておいた方がよいと思われるからである。

　以上の説明から明らかなように、語構成要素の有する機能的特徴に関しては、文法的プロセスの対象になるものとならないものとの2種類が存在する。

$$\begin{cases} 文法的プロセスの対象になるもの→分類カテゴリー（c）\\ 文法的プロセスの対象にならないもの→結合的特徴（r）\end{cases}$$

1.3　語構成要素について

1.3.1　語構成要素の意味

　1.2.2.3節で述べたように、語構成要素の意味的側面の実質は語構成要素の意味に他ならないが、その具体的内容についてはどう把握したらよいであろうか。ここでは、その点について、次の3点を語構成要素の意味の在り方の条件として提示し、それに従って考察を進めることとしたい。[7]

①単純語の語構成要素（「単純形式」と呼ぶ）の意味も、合成語の直接的な語構成要素（「合成形式」と呼ぶ。連結形式のこと）の意味も本質的には同質であるということ。

②語構成要素の意味は語構成要素そのものの在り方に依存しているということ。

③語構成要素の意味には、本質的に語レベルに属する意味的要素は含まれないこと。

　以下、順に説明を加える。

　①については、先に1.1.2節で述べたように、本論の語構成論が単純語も合成語も等しく分析の対象とするものである、という点から出てくるものである。

　②については、1.2.2.2節で述べた、語構成要素に対する語の優位性・基本性という、語構成要素と語との関係に関する本論の基本的な捉え方と関連

する。すなわち、②で述べられていることは、こういった語構成要素そのものの在り方が語構成要素の意味の在り方にも影響を与えるということであり、換言すれば、語構成要素の意味は語の意味に従属しているということに他ならない。問題は、このことの意味合いをどう理解するか、という点であるが、本論では、語の意味は現実世界と直接的に関わるものであるが、語構成要素の意味は、幾つかの語の意味に共通する部分として語の意味から抽象されたものであり、現実世界と直接関わることのない抽象的な存在である、というように考えることとする。

　しかしながら、幾つかの語の意味に共通する部分がそのまま語構成要素の意味になるとは限らない。というのは、共通部分には本質的に語レベルの要素が含まれている可能性があるからである。そのことに注意を促すのが③であり、そういった要素は共通部分から取り除かれる必要がある。ただ、問題は何が本質的に語レベルの意味的要素であるのか、ということであるが、本論では、大きく次の三つを指摘したい。ただし、ⓒについては、既に何回か説明したのでここでは説明を繰り返さない。

　ⓐ 語の周辺的意味
　ⓑ 語彙体系によって付与される意味的要素
　ⓒ 語構成要素の意味とその和のみによっては説明できない意味的要素

　ⓐについて詳しくは本書第1部第4章を参照していただきたいが、ここで言う「周辺的意味」とは主に「感情的意味」と「文体的特徴」を指す。これらを本質的に語レベルの意味的要素と見なす理由は、「子供」と「がき」、「薄い」と「薄っぺらな」、「小さい」と「ちっぽけな」(以上、感情的意味の有無)、「きのう」と「昨日」、「食べる」と「食う」、「話す」と「しゃべる」(以上、文体的特徴の対立)のように、これらは類義語の対立点になることが多く、その点で語彙体系によって付与される意味的要素であると基本的に考えられるからである。

　次にⓑに移る。上のⓐの説明から察せられるように、正確には、ⓐもⓑの一種に他ならないのであるが、このⓑ項では、もっと広くいわゆる類義語において見られる意味的対立点を一般的に指す。具体的には、類義語の対、たとえば、「避ける」と「避ける」とを考えた時、両者が「何らかの対象

物との接触を回避する」という点を意味的共通点とし、[8]その上で、前者が、1)「抽象物あるいは具体物との何らかの関わりを持つことを回避する」、2)対象の存在を「予め知っていることが前提」となっている、3)「対象物との何らかの接触（関わり）を持つことが好ましくないという前提がある」、という諸特徴を有し、後者が、4)「具体物そのものとの接触を回避することを示す」、5)「瞬間的な動きによる回避を示す」、6)「対象物が主体に向かって動いてくるという前提」とその対象物を「回避しなければ主体に何らかの害が及ぶという前提」が存在する、という諸特徴を有するという点で両者が相違するというならば、そういった相違点は全て両語の対立によって生じたものであり、ここで言う意味的要素になるというわけである。従って、逆に言うならば、語構成要素｜さける｜と｜よける｜の意味は、ともに上記の意味的共通点〈何らかの対象物との接触を回避する〉になる。

　これら3要素については、ⓑは単純形式によく見られる要素であり、ⓒは合成形式にのみ見られる要素である、という傾向の差があるのだが、それよりもむしろここで重要なのは、これらが語構成要素の意味に属さないということは、これらを語に付与するのは単語化の意味的プロセスである、という点である。先に1.2.2.3節で単語化の意味的プロセスについて考えた時、その内実として上記ⓒのみを取り上げたが、単語化の意味的プロセスにはⓐやⓑをも付与する働きがあるわけである。

　以上、1.3.1節では、語構成要素の意味の具体的内容について考えて来たが、最終的には、語構成要素を抽出する基となる幾つかの語の語彙的意味に共通する部分から上記3要素を取り除いた部分を語構成要素の意味と見なす、という結論に至った。本論ではこれを「素材概念的意味」と呼ぶことにしたい。なお、語構成要素の意味をこのような形で捉えるということの背後には、"語の意味はできるだけ豊かに、そして語構成要素の意味はできるだけ簡素に"、という本論の基本姿勢が存在することを付け加えておきたい。

　語構成要素の意味に関しては、この他にも、語には存在しない語構成要素特有の意味の問題や、語構成要素における多義性と語における多義性との異同の問題など、論ずべきことが多いのであるが、全て省略する。[9]

1.3.2 語構成要素の分類
1.3.2.1

既に1.2.2節で述べたように、語構成要素の機能的側面には、その語構成要素が属する分類カテゴリーに関する指定があると考えられるが、ここでは、その分類カテゴリーを取り上げ、具体的な一覧を提示するというよりも、分類カテゴリーを考える際にどのような点に留意すべきか、という点を中心に論じたい。[10]

語構成要素の分類カテゴリーについて考える際にまず注意すべき点は、語と語構成要素との峻別という問題である。比較的早い時期の語構成論を見ると、語構成要素の分類カテゴリーとして語の品詞名がそのまま与えられていることがある (ex.斎賀 [1957]、阪倉 [1957]) が、1.1.1節で述べたように、語構成要素と語とは言語単位として質的に異なるものであり、両者を混同することは許されない。本論で、語構成要素と語との分類カテゴリー間に文法的プロセスを設定し質的転換を図っているのは、両者の間にそういった本質的な相違が存在すると考えているからに他ならない。

両単位の弁別に関し無頓着な時期を経、語構成要素と語とをある程度区別する段階に至ると、語構成要素の分類名と語の分類名とが全く同じでは具合が悪いという意識が出てくるのか、語構成要素の分類名にちょっとした工夫が凝らされるようになる。すなわち、「語構成要素の分類名＝品詞名＋X」といった命名法が試みられるようになるのである (ただし、厳密には「体言」「用言」といった品詞名より大きな枠組みが使用されることも多い)。たとえば、「品詞名＋系」(宮地 [1973etc.])、「品詞名＋類」(野村 [1977])、「品詞名＋成分」(阪田 [1988])、「品詞名＋性」(石井 [1989]) などのようにであるが、ここで注意すべきは、こういった立場における分類の基準は、基本的に、その語構成要素がどういった品詞の語になるかといった点に置かれている、という点である。その意味で、これらの分類法は、語 (品詞) に寄りかかった分類法であると言えよう。

以上の点を踏まえ、ここで、依存関係という観点から、語構成要素の分類と品詞分類との関係の在り方を3種のタイプに分けてみたい。

・Aタイプ (語構成要素の分類↔品詞分類)：両者の間に依存関係がない

場合(⇒語構成要素の分類と品詞分類とがそれぞれ独立の基準で行なわれている場合)
・Bタイプ(語構成要素の分類←品詞分類):語構成要素の分類が品詞分類に依存している場合(⇒語構成要素がどのような品詞の語になるかによって分類される場合)
・Cタイプ(語構成要素の分類→品詞分類):品詞分類が語構成要素の分類に依存している場合(⇒どのような語構成要素が基になっているかによって語の品詞が決められる場合)

このうち、従来の語構成要素の分類はほとんどがBタイプであったと言えよう。しかし、本論では、単語化の文法的プロセスの有する、語構成要素の分類カテゴリーを語の品詞へと変換するという性質から、両者の間に一方から一方への依存関係を想定する立場は好ましくないと考え、Aタイプを最も妥当な立場と見なすこととする。なお、上記Cタイプはあまり見られない立場であるが、本論では、森岡(1984)の「品詞というのは、文の成分に形成された語が、どの語基によってどのような屈折と派生を起こしたものであるかによって判定したい。」という立場をここに属するものと考えたい。

1.3.2.2

以上述べたように、本論では基本的にAタイプの立場に立つことにするが、その場合問題となるのは、品詞分類とは異なる語構成要素固有の分類をどのようにして行なったらよいか、という点である。以下、この問題について、1)分類基準、2)語構成要素の有する特質と分類カテゴリーとの関係、の二つの観点から考えてみたい。

語構成要素の分類が、従来、Bタイプの立場から行なわれることが多かったせいか、これまで、語構成要素の分類基準については、暗黙のうちに品詞の存在が前提とされるのみでそれ以外あまり多くは語られて来なかったように思われる。従って、語構成要素固有の分類を考えるに当たっても、やはり研究の行き届いている品詞分類を一つのたたき台として出発するのが妥当であると思われる(このことは、本論がAタイプの立場に立つことと矛盾しない)。

品詞分類の基準については、一般的に、意味・形態・職能、の3種類があるとされるが、渡辺（1974）の言うように、複数の基準を併用するよりも「出来ればただ一つの分類基準で押し通すのが理想的で」（166ページ）あり、「構文的職能という純文法的な基準一つで進む方が、理論的に潔癖であるのみならず理想的である。」（168ページ）と考えられる。そこで、本論でも、そういった立場を受け入れ、さらにそれを語構成要素にも適用し、語構成要素分類の第一の基準として、「語を構成する上での機能（＝語構成上の機能）」を採用することとしたい。より大きな単位を構成する上での機能という点で語構成要素において語の有する（構文的）職能に平行するのは語構成上の機能であると考えられるからである。ただ、それらの機能にどのような種類があり、お互いにどのような関係に立っているのか、という点については、語を構成する語構成要素間の関係をどのようにタイプ化するか、という問題が未解決なため、本論では、残念ながらこれ以上この問題に立ち入ることができない。今後の課題である。[11]

1.3.2.3

語構成要素の独自の分類基準による分類と言っても、その分類基準と分類カテゴリーとの関係をどのようなものとして捉えるか、という点に関しては複数の立場があり得る。このことは、品詞の場合を考えてみれば分かりやすい。すなわち、品詞と分類基準としての文法的特徴との関係については、大きく次の2種類のタイプがあると考えられる。

①品詞とは、その品詞を特立するために必要不可欠な文法的特徴によって規定されるものである。
②品詞とは、様々な文法的特徴の一定の集合によって規定されるものである。

従来のいわゆる品詞分類というのは、上記①の考え方に立っているものと考えることができる。それに対し、たとえば、鈴木（1996、第1部第3章）などは②の考え方に立つものと見なすことができよう。というのは、鈴木においては、「主要な品詞に属する単語における文法的な特徴のおもなもの」として、「構文論的な特徴・うけ的な一般的結合能力・形態論的なカテゴ

リーの体系・形態論的な形のつくり方」の四つを挙げた上で、「これらはばらばらにあるのではなく、それぞれの品詞に属する単語に共通し、他の品詞に属する単語から区別する特徴として体系をなしている。」「これらの特徴を部分的にばらばらにとりあげれば、いくつかの品詞に共通するものがあるが、それぞれの品詞に属する単語がもつ、総体としての特徴の体系はそれぞれの品詞に固有である。」(以上、63～64ページ) と述べているからである。

　両者の立場の本質的な違いは、品詞を規定する文法的特徴の間に部分的にでも何らかの次元の相違を想定するかどうか、という点にあると思われる。そういう意味では、両者の違いは、池上 (1975、219～220ページ) の言う「タクソノミー」(taxonomy) [→①の立場] と「パラダイム」(paradigm) [→②の立場] の対立に相当する部分があると言えよう。ただ、問題は、語構成要素の分類基準と分類カテゴリーとの関係としてはどちらの立場がより相応しいのか、という点であるが、これについては、語構成要素の分類カテゴリーと同様、語構成要素の分類基準である語構成上の機能の詳細が明らかになっていない以上、現段階では明確に言えない。今後の課題である。

1.4　語構成要素間の関係について

1.4.1　基本的な問題

　1) 語構成要素間の関係を表わす部分を語構成の基本図式中に求めるなら、1.2.2.3節の図5で示した語構成要素 |a| と語構成要素 |b| とが結合してできた連結形式 |a・b| の有する意味 $\langle m_a R m_b \rangle$ 中の R に相当するであろう。しかし、このことは、同時に、本論においては語構成要素間の関係を意味的な側面から捉えている、ということを示している。一般に、語構成要素間の関係を考えるに当たっては様々なアプローチがありうる。後に見るように、syntax の立場から捉えることも従来よく行なわれて来たし、意味的関係として見ると言っても、そこにまたいろいろな立場がある。そのような中で、なぜ本論が語構成要素間の関係を意味的側面から捉えようとする

のか、その時の意味的側面の内実は具体的にどのようなものなのか、という点を明らかにすることは非常に重要なことである。しかし、理由を含め後述するように、本論ではこの点について残念ながら現段階では部分的にしか答えることができない。まずこの点について予め御了解いただきたい。

　2）次に考えておきたいことは、語構成要素間の意味的関係を考察することと合成語の分類との関わりについてである。というのは、田中（1978、148～150ページ）、阪田（1988）などを見ると、複合語を分類するには幾つかの観点があり、その中の一つに語構成要素間の意味的関係があるとされているが、著者の考えでは、語構成要素間の意味的関係をタイプ化することがそのまま合成語の分類をすることになるとは必ずしも言えないように思われるからである。確かに、たとえば、語構成要素を何らかのカテゴリーに分類し（たとえば、1.3.2.1節で示したような「名詞性」「名詞成分」といった品詞性に基づいた分類）、実在するそのカテゴリー間の結合のタイプを列挙すれば、それは語構成要素のカテゴリーによる合成語の一つの分類と言っていいように思われる。なぜなら、それは語構成要素を網羅的に分類するという作業を基礎としているため、当該合成語の全てがそのどれかの結合パターンに振り分けられることが保証されているからである。しかし、語構成要素間の意味的関係をタイプ化しようとする場合は、話はそう単純ではない。

　語構成要素間の意味的関係というのは、いわば分析者が語構成要素（の意味）の間に認定するものであろうから、一体幾つのタイプを設けるのが妥当か、という点に関して明確な判断基準がない。実際、「動詞＋動詞」型の複合動詞を対象とし前項と後項との意味的関係を記述した松本（1998）と影山（1999、11.3）とを比べてみると、重なる部分もあるが重ならない部分も多い。さらに、当該合成語の全てに亘って語構成要素間の関係を意味的側面から説明しきれるのか、という点も問題として残る。従って、ある分析者の提示する意味的関係のタイプが単に当該合成語に見られる特徴的なタイプ（の一部）を挙げただけに過ぎない、という可能性もあるわけである。こういうことは、上記の語構成要素のカテゴリーから見た結合関係の記述の場合には原則として起こらない。そういう点では、この種の問題を避けるた

めには、問題の意味的関係のタイプがどれくらいの説明能力を有しているのか、また、それらのタイプで説明できない場合がどれくらい考慮されているか、といった点を問うことが必要であろう。そして、そういった観点から見た場合、石井(2001)に見られる「動詞＋動詞」型の複合動詞の語構造に基づく分類は比較的うまく行っている例のように思われる。ただし、この分類は、石井自身は「構成要素（前項と後項）間の意味的な関係」に拠る旨を述べているが、純粋に意味的側面からの語構成要素間の結合関係に基づくものではなく、[12] むしろ「語構造（構成要素間の関係）」を「主に動詞のアスペクトおよびヴォイスにかかわる範疇的な意味を手がかりと」して分析したという性格の方が強いのであって、そこに成功の一因があったことは間違いない。なお、同論には、複合動詞の構成要素間の関係を分類することと複合動詞そのものを分類することとの関係に関する原理的な考察は見られない。

3) 上記2)とも関連するが、語構成要素間の意味的関係を充分に細かく設定すれば、それらを一種の合成語生成ルールと見なすことが可能であろうか、という点について考えてみたい。この問題に関しては、後述するように、複合語をsyntaxの生成ルールに則って考えようとする立場が存在することがすぐに思い浮かぶが、ここで問題にしたいのは、それとは別に、一般的に語構成要素間の関係、特に意味的関係を生成ルールとして考えるという方向が可能、あるいは意義のあることであろうか、という点である。

結論的に言えば、この点に関して著者は否定的である。理由は、一つには、語彙の場合にはいわゆるaccidental gapの問題が存在し、[13] 少なくとも統語論のように語を生成することは基本的に難しいからである。二つめには、たとえば由本(1996)、松本(1998)などを見ると、個々の語構成要素間の意味的関係のタイプとは別のレベルにおいて結合しうる構成要素の意味、あるいは意味的関係に制限がかかることが示されており、著者もその方向で考えるのが妥当であると思うからである。つまり、松本(1998)の言を借りれば、「日本語の語彙的複合動詞における動詞の組み合わせは、意味構造において述べられる主語一致の原則というデフォルト原則と、動詞の意味構造に課せられる意味的諸条件により制約されている」ということであり、

逆に言えば、その程度に語構成要素間の意味的関係をタイプ化するのが最も能率的である、ということに他ならないと言えよう。

1.4.2 語構成要素間の関係を論ずる際の立場・観点について
1.4.2.1

語構成要素間の関係について従来どのような立場、観点から説明されてきたか、という点を簡単に整理してみたい。いわば先行研究の分類と位置づけであるが、おおよそ次の図8のように表せるであろう。

[図8] 語構成要素間の関係を考える際の立場・観点の分類

A：syntaxの立場から語構成要素間の関係を考える
　A-1：syntaxと同じルールによって語構成要素間の関係が形成されると考える
　　A-1a：syntaxのルールによって語が直接形成されると考える ex.変形論
　　A-1b：syntaxのルールが語の形成にも適用できると考える ex.奥津(1975)
　A-2：syntaxと同じルールが語構成要素間の関係にも見られると考える
　　ex.玉村(1985[7.7])[NV型複合名詞の構造分析]、野村(1974[5.2]、1977[四2])
B：意味的な立場から語構成要素間の関係を考える
　B-1：語間の関係の意味的側面を語構成要素間の関係に適用する
　　ex.阪倉(1966)、石井(1986)、ゆもと(1979)
　B-2：語構成要素間の関係と語間の関係との間に共通の意味的枠組みが存在すると考える
　　B-2a：共通の枠組みに論理的な意味関係を考える ex.山田文法
　　B-2b：共通の枠組みに言語的な意味関係を考える ex.概念意味論
　B-3：語構成要素間の関係として語間の関係と類似した意味的関係を考える
　　ex.松下文法

全体は立場Aと立場Bとに大きく分けられる。以下、それぞれの立場について、あまり細かい点にこだわらずに、大づかみに説明を加えて行きたい。なお、既述のように本論は立場Bに立つが、どうして立場Aに立たないのか、立場Aの問題点とは何か、という点についてもその中で明らかにしたい。

まず立場 A についてであるが、最初に、語構成要素間の関係を記述する際に syntax が何らかの形で利用できる、ということが従来いろいろなところで断片的に言及されて来たことを確認しておきたい。たとえば、阪倉 (1957) の「凝縮された文としての合成語」という考え方がまさにそうであるし、斎賀 (1957、242 ページ) や西尾 (1988、第二部第三篇、108 ページ) にもそのような指摘が見られる。また、西尾 (1988、同所) に言及されているように、既に Bloomfield (1933) に「統語的複合語 (Syntactic compound)」「非統語的複合語 (Asyntactic compound)」の区別が見られる。こういった考え方がいつ頃から見られるのか、という点については学史的に興味があるが、そういった中で、特に、『国語学大辞典』が、一般に語構成論 (特に造語論) は語彙論に属するものの、語構造論は「文法論の一部とされることが多」く、その根拠の一つとして、「造語成分間の関係が多くは文・連語の成分間の関係に平行していること」(宮島達夫執筆) が挙げられる、[14] としている点が注目されよう。さらに、個別的な考察ではないが、形態論・語形成論でよく言われる「右側主要部の規則」(Righthand Head Rule) というのも、[15] 見方によっては上記 A-2 の中に位置づけることが可能であろう。

図 8 中に挙げた個々の研究については詳しく説明する余裕がない。以下、注意すべき点のみを簡単に列挙する。

1) A-1a の「変形論」というのは、「語形成は変形規則の一つであり、統語部門でおこなわれる。」という考え方で、「『強』語彙論」(=「あらゆる語形成が語彙部門でおこなわれる。」) と対立する立場である (以上、影山・柴谷 [1989] による)。他に影山 (1993、1.1) なども参照されたい。

2) A-1b の奥津 (1975) は影山・柴谷 (1989) では「変形論」に入れられているが、影山 (1993) で「これは統語部門の文構造から直接的に派生するということではなく、文構造に相当するものを語彙部門の中に想定しそこから派生するという考え方であるので、ここで言う意味での変形論には当たらない。」(3 ページ) と正しく指摘されているように、「変形論」(A-1a) とは区別すべきものである。

3) 「NV 型複合名詞」(ex. 種まき、石造り、川遊び etc.) の語構造を「想定

される助詞（相当連語）」（玉村［1985、23ページ］）でもって考える分析はよく見られるが、ここでは玉村（1985）で代表させた。

この立場Aであるが、著者には本質的な問題を抱えているように思われる。というのは、既に1.1.1節で述べたように、言語単位というのは質的統一体であり、それぞれが独自のまとまりを有しているのであって、ある単位（ここでは語以上の単位）を構成する構成要素間の関係（＝ syntax）を別の単位（ここでは語）へと不用意に適用することは許されないからである。この点は、たとえば、伝統的な形態論と統語論とが語という単位を境目として区別されていることにも反映されているが、[16] 最近では、湯川（1999、120～121ページ）などにも別の観点から同様の指摘が見られる。そういう点では、湯本（1978）の次の指摘は傾聴に値しよう。

あわせ単語（引用者注：「複合語」のこと）には、たしかに、一定のくみあわせ性があることをみとめなければならない。しかし、あわせ単語にくみあわせ性が存在するからといって、あわせ単語の要素の関係が、対応する単語のくみあわせの構造に基本的に一致するとか、還元できるといえるわけではない。たまたま、単語のくみあわせの構造をかりて、要素の関係を分析・記述できる部分があるとしても、断片的にその部分だけをとりだしてしまうことは、のこりの部分についてだけでなく、当の部分についてさえ、ゆがめてとらえることになるおそれがある。

1.4.2.2

次に立場Bについてである。この立場は、語構成要素間の関係を意味的観点から捉えようとするものであるが、語構成の基本図式から言って、差し当たり本論の立場がここに該当することは既述の通りである。

このBの立場に立つということは、次の点を前提として受け入れるということであると思われる。第1に、次の2種類の区別。i) 文法的関係と意味的関係、ii) 語構成要素間の関係と語間の関係。この場合、syntax というのは"語間の文法的関係"として位置づけられ、"語構成要素間の意味的関係"というのが今ここで求められている関係ということになる。そういう点で

は、立場 B においては、本来、syntax と意味（構造）との対応づけのルールが別に必要とされるはずであるが、現実問題としてこの点に関して常に何らかの手立てが用意されているとは限らない。ちなみに、立場 B の中でこのルールが実際に最も明確な形で提示されているのは、B-2b に属する概念意味論であろう。第 2 に、意味の連続性。既に立場 A に関して批判したように、言語単位として見れば語とそれ以上の単位とは質的統一体として別個の存在であり、両者の構成要素間の関係を同一の観点から論じることには問題がある。しかし、意味的観点から論ずる場合にはそれが許されるのではないかと思われる。なぜなら、意味は本質的に連続的な存在であり、そこには単位そのものの間に見られるような断絶が存在しないと考えられるからである。なお、意味に対するこういった捉え方は、必ずしも明示的には述べられていないが、[17] 本論における語構成要素の意味の捉え方（1.3.1 節参照）、およびそれに基づく単語化の意味的プロセスの内実規定（1.2.2 節参照）、といった本論の基本的な考え方にも反映されている。

　立場 B に立つと思われる個々の研究については、立場 A の場合と同様、注意すべき点のみを以下に列挙する。

1) B-1 の「語間の関係の意味的側面」とは、阪倉 (1966)、石井 (1986) の場合、具体的にはいわゆる「カテゴリカルな意味」である。[18] なお、阪倉 (1966) を「『連語論』的な語構成論」として解釈したのは石井 (1999) であり、ここでもそれに従った。

2) B-1 のゆもと (1979) における「語間の関係」とは、具体的には「の格の名詞と名詞のくみあわせ」である。

3) B-2a の山田文法における「論理的な意味関係」の内実は、「並立・一致・主従」の 3 者であり、これらは、「単に熟語に限らず、句中の成分の結合、句その者の結合等すべてある単位の複合せらるゝ際に必ず現はるべき関係の範疇なり。」（山田 [1936] 610 ページ）とされている。

4) 概念意味論については田中・阿部・大室 (2000、第 3 章) を参照されたい。なお、影山 (1993・1996・1999)、由本 (1996・1999)、影山・由本 (1997) における「語彙概念構造 (LCS)」における分析もここに位置づけられる。

5) B-3 は立場 B の中では少し異質であるが、それは、例として挙げた松下文法において見られるように、いわゆる syntax(「詞の相関論」)がかなり意味的性格の強いものになっているからである。

 既述のように、本論は基本的にこの立場 B に属するわけであるが、より具体的に、B-1 から B-3 のどの立場に立つのか、という点については今のところ未定である。それは次の理由による。B-1 から B-3 を見れば分かるように、立場 B に属する研究は全て「語構成要素間の関係」を「語間の関係」との関わりで考えようとするものばかりであるが、本来、意味的観点から語構成要素間の関係を考えるということとそのこととの間に必然的な関連性があるわけではない、つまり、語間の関係とは全く別に語構成要素間の意味的関係を考えるという立場が理論的には存在するはずであり、著者には、もう少し時間をかけてその可能性を探ってみたい、という思いがあるのである。

1.4.2.3

 以上、語構成要素間の関係を考える際の立場を分類したが、そういった作業を通して気づかされるのは、従来の諸研究において、語構成要素間の関係を考えるということに対する意識が必ずしも高くはない、という点である。立場 A の問題点については既に述べたが、その他にも、分析の観点そのものに言及しない場合や、観点に言及したとしてもそれが必ずしも正確ではない場合などがまま見られる。たとえば、前者の例としては松下文法が挙げられる。同文法においては、語構成要素間の関係は「原辞の相関」(「連辞の内部に於ける原辞と原辞との結合関係」[松下(1930b) 161 ページ])の中で扱われ、[19] その結合関係の記述自体は意味的立場からのものとして大変優れたものであるが、観点そのものに関する言及はない。また、後者の例としては、斎賀(1957)が挙げられる。斎賀(1957)では「語結合の意味的関係」として「並立関係・主述関係・補足関係・修飾関係・補助関係・客体関係」の 6 種が提示されているが、その内実は実際には意味的観点と文法的観点とが混在している。先(1.4.2.1 節)に A-2 として考えることも可能であるとした右側主部の規則なども、本来統語論的な概念である「主要部」に関

して意味的な解釈をも同時に受けることが多いようだが、それも同一線上の問題と見ることができよう。なお、斎賀に限らず、一般に語構成要素間の関係に関して「意味的関係」という言い方はよくなされるが、その内容は曖昧な場合が時折見られるので注意を要する。

1.5 おわりに

　語構成論は、言語理論上は基本的にレキシコンの内部に位置づけられる。すなわち、レキシコン内部で語が作られ、それが統語部門に供給される、というのが原則である。しかし、最近、レキシコン以外でも語が作られることがある、ということが指摘されている（影山 [1993] etc.）。いわゆる統語的な語形成である。さらに、最近の語形成論では、「語彙概念構造」(Lexical Conceptual Structure)、「項構造」(argument structure)、「特質構造」(Qualia Structure)といった概念装置を使い、語形成における意味・統語論的特徴の様々な振る舞い方の問題を扱っている。これらは、いわば文法論的な側面に重点を置いた語構成論であると言えよう。[20]

　それに対して、著者が本論で展開して来た語構成論は、語彙論的な側面に重点を置いた語構成論として出発したものである。その点は、たとえば、合成語の意味が担っている、語構成要素の意味とその関係からだけでは説明できない部分をどう説明すべきか、と考えるところなどによく表われていると言えよう。そういった部分というのは、各語別の特有部分、非構成的な部分であり、すぐれて語彙論的な事象であると考えられるからである。そういう意味では、本論の語構成論は、語彙論的な事象を扱う理論とはどのようなものか、という点に対する著者なりの一つの具体案であるという見方も出来よう。

　しかしながら、本論の語構成論にも、詳細は未定ながらも、単語化における文法的プロセスのような文法的な側面を扱う部分が存在することを考えると、本論の語構成論はどちらか一方の側面のみに重点を置いた論というわけでは必ずしもなく、最終的にはむしろ総合的な語構成論を目指すものであると言えよう。ただし、語彙論的な発想から出発したという基本的

な性格は否定できないわけであり、そのことが本論の語構成論の全体的な枠組みや細部に対し、良きにつけ悪しきにつけどのような影響を与えているのか、今後様々な局面を通して検討されることが必要である。また、それとともに、上記の文法論的な語形成論が語彙論的な側面に対してどう向き合おうとしているのか、著者としては興味が持たれるところである。

　以上、本論では、著者の考える語構成論の全体的な見取り図を示すべく、Ⅰ) 語構成論とは何か (1.1)、Ⅱ) 単語化をめぐって (1.2)、Ⅲ) 語構成要素について (1.3)、Ⅳ) 語構成要素間の関係について (1.4)、の4点について論じて来たが、著者の力量不足のため、語構成要素の分類や語構成要素間の関係について具体的な提案を提示するまでには至らなかった。全て今後の課題としたい。

注
1. 時枝は「言語構成観」を強く否定するが、質的統一体としての言語単位間の関係をどう捉えるのかについては明確に述べていない。従って、以下の捉え方はあくまでも著者のものである。
2. 陳述に関する芳賀 (1954) の「文を成立させるキメ手」、渡辺 (1974) の「文を完結させる構文的職能」(24ページ) という捉え方参照。ただし、両者は必ずしも全同ではなく、両者の相違について尾上 (2001、第二章第三節) では3点が指摘されている。なお、山田文法においては、より厳密には「統覚作用」が「文成立の決め手」であるが、陳述とは「統覚作用が言語に表わされたもの」(『国語学大辞典』「陳述」の項 [渡辺実執筆]) に他ならない。
3. 鈴木 (1996、第3部第3章) の言う「形態素」と本論の語構成要素とは全同でないが、その点は本論の議論には関係しない (以下同じ)。
4. 語の文法的特徴のうち ii) は、i) と一定の対応関係を有し (後述 [1.3.2節] するように、それが語の品詞を決定する)、語レベル固有のものであると見られる。従って、語構成要素には ii) に直接対応する特徴が原則的には存在しないと考えられるが、語構成要素にも、分類カテゴリーとの関わりで、ii) に相当する特徴が存在しないというわけではない (この点についても、1.3.2節参照)。
5. 「レッドカード」という語は、さらに、非紳士的行為一般に対しても用いられることがあるが、それは比喩的用法であり、ここで直接対象とするものではないと考える。
6. 図7中 "c_1, c_2, c_3" というのは、語構成要素の仮の分類カテゴリーを表わし、文法的プロセスによって、この場合は、それぞれ、名詞、動詞、形容詞に変換される (常にそのように変換されるとは限らない)。なお、語構成要素レベルの存在を、「形容詞語幹」という品詞名を利用した名称で呼ぶことは、本来、不適切であるが、本論では慣用に従った。

第 1 章　概観　31

7. このテーマについては詳しくは本書第1部第3章を参照されたい。
8. 「避ける」と「避ける」との意味的共通点、相違点は柴田編(1976、47〜55ページ)の記述に拠った。
9. これらの問題については、本書第2部を参照されたい。
10. 本節で「語構成要素」と言っているのは、より具体的にはいわゆる語基のことを指す。
11. 例外的に語構成要素の分類基準を明示している森岡(1994、154ページ)においても、語構成要素の分類基準として「語構成(上)の機能」が掲げられているが、本論と表現は同じでもその意味するところはかなり異なるので注意を要する。
12. 石井自身は、「本稿の分類は、姫野(引用者注：姫野(1999)を指す)の意味構成を重視した分類と矛盾するものではなく、恐らく、その基底に位置づけられるものと考える。」と述べている。なお、著者の見るところでは、姫野(1999、2.2)の分類こそ語構成要素間の意味的関係を見ることと合成語の分類とが同じでないことを如実に示すものと言える。
13. 複合動詞の場合、影山(1993)等が指摘する語彙的複合動詞と統語論的複合動詞との区別の問題があり、ここで論じている語構成要素間の意味的関係というのは、そのうちの前者に関して特に問題になるものである。
14. 「文・連語の成分間の関係」という言い方だけでは曖昧であるが、そこに挙げられている例を見ると、その「関係」というのが具体的にはsyntaxを指すことが分かる。
15. 右側主要部の規則については、影山・由本(1997、55〜56ページ)、伊藤・杉岡(2002、3〜4ページ)などを参照されたい。
16. Lyons(1968)［国広監訳(1973)209ページ参照］参照。なお、単語という単位の優位性を認めず、形態論と統語論との区別を撤廃する方向を目指したのが後期ブルームフィールド学派である。この点については太田・梶田(1974、54〜55ページ)参照。さらに、この問題とソシュールの統辞関係とを結び付けて論じたものに丸山(1981、98ページ)がある。
17. 本書第1部第2章1節注18、第3章注8等参照。
18. 「カテゴリカルな意味」については奥田(1985b)参照。
19. 厳密に言うと、松下文法には語構成に相当する部分が存在しないのでこの言い方は正しくないが(この点については本書第3部第2章1節参照)、ここでは一般的な理解に従った。
20. 文法論的な語形成論の最近の動向については、斎藤(2001)を参照されたい。

第2章

「単語化」をめぐって

1 「単語化」による語彙的意味の形成 −「追う」の場合−

1.1 はじめに

1.1.1

　語構成に関する何かしらの理論を構築しようとする時、言語使用者の語構成に関する素朴な意識をどの程度までそれに反映させなければならないか、というのはなかなか厄介な問題である。たとえば、「選挙戦で終盤の追い上げを図る。」と言う時の「追い上げ」という語の場合、この語の構成に関して我々の意識の重要な部分を形作っているのは、㋐「追い上げる」という動詞と関連が深いということ、㋑「追い上げる」はさらに「追う」と「上げる」という二つの構成要素から成り立っているということ、の2点であると思われる。
　しかし、だからといって、この語が、

[図1]

追う（動詞）＋上げる（動詞）→追い上げる（動詞）→追い上げ（名詞）

というような、単純かつ直線的な作られ方によって形成された、と速断するわけにはいかない。このような考え方は、我々の言語意識を素朴な形で反映しているため一定の説得力を有するが、こういった考え方で全ての場合にうまく行くとは限らないからである。そこに、語構成を理論的に考えようとする際の難しさがある。

では、図1の図式ではどういう所に問題が生じるのであろうか。その点について見るために、さらに「追っ掛け」という語を取り上げその意味（の一つ）について考えてみよう。この語には、『新明解国語辞典（第五版）』（＝辞書ⓓ、以下辞書類は本論末尾に掲げたⓐ～ⓙの記号で示す）によれば、「事あるごとに人気スターの後を追いかけ回す熱狂的なファン。」という特殊な意味があるとされている。しかし、この意味は、この語が「追う」と「掛ける」という語が結びついた「追っ掛ける」という語から生じたものである、[1]という図1的な図式からは充分に説明できない。なぜなら、そういった図式では、この語が上記の意味を有することは単なる意味上の派生の問題として処理されるだけであり、それが"（一般的に「追い掛ける」という行動を取る人ではなく）特定の「追い掛ける」行動を取る人だけを指す"といった限定を受けることの語構成論的な意味合いについて何も説明してくれないからである。このように、図1の考え方では、意味形成の問題がうまく扱えない場合が出てくる。

1.1.2

著者は、語構成論を考える際に、単に形態的な構成ばかりでなく、意味的な構成の問題も取り扱えるような方向を目指したいと思う。そのため、上述の「追い上げ」「追っ掛け」等を例に取るならば、次の図2に示すようなプロセスを語構成の基本とする立場に立つこととする（できるだけ簡略化して示す[2]）。

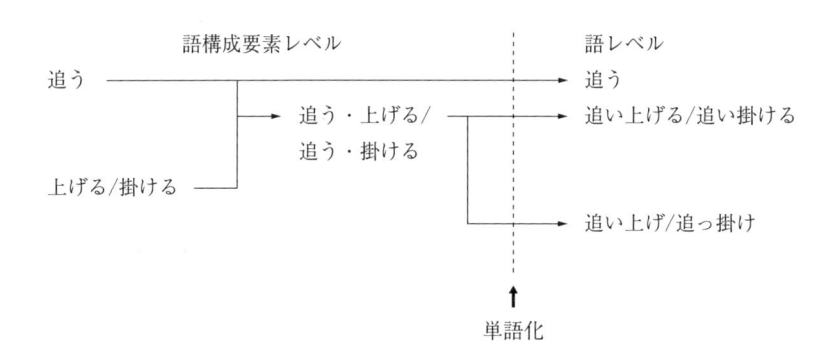

[図2]

```
       語構成要素レベル              :    語レベル
追う ──────────────────────────→ 追う
         ┌──→ 追う・上げる／  ┌──→ 追い上げる／追い掛ける
         │    追う・掛ける    │
上げる／掛ける ──┘                │
                               └──→ 追い上げ／追っ掛け
                      ↑
                     単語化
```

　ここでの議論の流れから言って、上図において何よりも重要なのは次の2点である。
　①語構成要素レベルと語レベルとを明確に分離したこと。
　②両レベルを繋ぐ作用として「単語化」というプロセスを設定したこと。
このうち、上の「追っ掛け」の場合に示したような意味的限定の問題は、直接的には、後に詳しく見るように②の単語化のプロセスによって説明されることになる。
　図2のような考え方は、先に図1で示したような考え方に比べ、意味的構成に関する問題を取り込めるという利点があるが、一方では、語「追い上げ／追っ掛け」が語「追い上げる／追い掛ける」から直接出てくるような形にはなっておらず、その点で言語意識の反映の仕方が間接的である、というマイナス面も同時に有すると言えよう。しかし、語構成要素レベルに「追う・上げる／追う・掛ける」という中間段階（前項、後項間の「・」は構成要素が完全には結合していないことを示す）を設定することで、それらを語「追い上げる／追い掛ける」「追い上げ／追っ掛け」の（直接的な）語構成要素と考える道が開け、そのことによって、「全ての語は語構成要素に単語化が作用することによって形成される」というような、単純語・合成語を含めた全ての語の成立に関する理論的斉一性を獲得できるという大きな利点がある。本論が図1でなく図2の図式を採用するのも、言語使用者における語構成意識の重要性を充分認識しながらもそれだけによって語構成のモデ

ルが決まるわけではない、と考えるからに他ならない。

　単語化というプロセスについては、ここでは詳しい説明を省略するが、[3] 一言で言えば、文の成立に関わる陳述と平行する概念で語の成立を司る総合的な質的転換作用である、と言えよう。従って、単語化は複雑な内容を内に含むと考えられるが、本論の目的は、その意味的側面に専ら目を向け、[4] その内実を明らかにすることを通して、語構成論的には語構成要素の意味から語の意味がどのように形成されると考えられるのか、という点を明らかにすることである。なお、具体的な分析対象としては、標題に掲げたように、語「追う」とそれに関わる幾つかの語の意味的形成の問題を扱うこととする。

1.2　本論の基本的な考え方と方法

1.2.1

　単語化における意味的側面の内実を明らかにするということは、いわば語の意味と語構成要素の意味との落差を明らかにするということであり、結果的には、語構成要素の意味を明らかにすることに繋がると言えよう。なぜなら、本論では、一般に語構成要素の意味と語の意味との関係を語構成論的には次のように考えているからである。

[図3]

単語化(意味的側面)
↓
語構成要素の意味〈m〉　　──────▶　　語の意味《M》

　しかし、それとは別に、両意味の現実的な関係については、本論では次のような捉え方をしている。[5]

　まず、語そのものと語構成要素そのものとの関係についてであるが、我々に直接与えられているのはあくまでも語であって語構成要素ではない、と考える。すなわち、語構成要素とは、幾つかの語を比較、対照することによって、そこから、意味的・形態的に一定範囲内の共通性を有するものとして抽出された存在に他ならない、ということである。従って、語の意

味と語構成要素の意味との関係も、こういった単位そのものとしての在り方に対応して、次のように考えることができる。すなわち、語の意味は、現実世界と直接関わるものであるのに対して、語構成要素の意味は、現実世界と直接関わらない、あくまでも幾つかの語の意味の共通部分として抽出された抽象的な存在である、というようにである。

しかし、これだけでは、語構成要素の意味を確定し単語化の意味的側面の内実を明らかにするのには充分でない。というのは、語の意味から共通部分として抽出された部分には、本来、語レベルの存在であり語構成要素の意味に含めることのできない意味的要素が混入している可能性があり、それを取り除かなければならないからである。そこで、今、そういった点をも含め、所与的存在である語の意味の側から見た場合、語構成要素に帰することのできない意味的要素としてどのようなものが存在するのかを考えてみると、少なくとも次のようなものを挙げることが出来る。

a) 周辺的意味[6]
b) 類義語との意味的対立要素
c) 合成語の有する意味のうち、由来の分からない意味的要素

このうち、a)・b) とc) とでは、前者には上述したような共通部分に含まれてしまう可能性があるが後者にはそういった問題が起こらない、など幾つかの点で性格が異なるので、両者を分けて説明したい。

a) は具体的には文体的特徴 (口語体、文語体 etc.) と感情的意味 (敬意、好意的、嘲笑的、嫌悪感、etc.) とを指すが、これらは b) とともに本質的に語レベルの意味的要素であると考えられる。というのは、これらはいずれも類義語との対立を通して生じる意味的要素であると捉えられるが、そのことは、取りも直さず、これらが小さいながらも一つの語彙体系 (語彙体系は語レベルの存在である) によって付与される意味的要素に他ならないことを示しているからである。この点については、たとえばa) の場合であれば、「きのう／昨日」「食べる／食う」「はなす／しゃべる」(文体的特徴による対立)、「匂う／香る」「子供／がき」「死ぬ／くたばる」「ちいさい／ちっぽけな」(感情的意味による対立) といった対を考えてみればよく分かるが、そういう点では、a) は b) の特殊な一部分であると言えよう。いずれにせよ、

これらが語レベルの意味的要素であって語構成要素の意味に属さないという考え方は、本論のように語レベルと語構成要素レベルとを峻別することによって初めて明確に出てくるものである。なお、これらは、単純語にも合成語にも見られる意味的要素である。

c)で特に問題となるのは、合成語の意味に見られる、語構成要素の意味とその関係とからだけでは説明できない意味的要素であり、1.1.1節で取り上げた「追っ掛け」の意味的限定によって生じる部分もここに属する。これらは、本論において、先に図2の説明において言及したような形に語構成要素の外延を拡大した（語「追い掛ける」の直接語構成要素として「追う・掛ける」を設定するということ）ことによって明確に見えるようになったものである。なお、規定上、このc)は合成語にのみ見られる意味的要素である。

以上のように見て来ると分かるように、本論で言う語構成要素の意味とは、語のいわゆる対象的意味（または概念的意味）の中核部分に相当するものと言うことができよう。

1.2.2

本論では、1.1.2節で述べたように、具体的には語「追う」の意味形成の問題を中心に扱うわけであるが、1.2.1節で説明した基本的な考え方に則り、次のような作業手順で以下分析を進めることとしたい。

1) 諸辞書の意味の記述を参考にし、語「追う」の意味を確定する。これは、我々に直接与えられているのはあくまでも語の意味である、という考え方に基づく。

2) 語「追う」の意味に属する要素のうち、語レベルの意味的要素であると考えられる要素の内実を決定する。その際、a)の周辺的意味に関しては、「追う」と類義語「追い掛ける」「追っ掛ける」とを対比することによって、b)の類義語との（周辺的意味以外の）意味的対立要素に関しては、「追う」と「追い掛ける」（「追い掛ける」と「追っ掛ける」とは周辺的意味以外の点では意味的に同等であると考える[7]）とを対比することによって、それぞれ確定することとする。

3) 上記a)、b)に関して確定された意味的要素を語「追う」の意味から取

り除き、語構成要素「追う」の意味を確定する。

以上の作業を通し、最終的には、語構成要素「追う」の意味に単語化（の意味的側面）がどのように作用することによって語「追う」の意味や、さらには語「追い掛ける」「追っ掛ける」「追っ掛け」の意味が形成されるのかを示すことにしたい。[8]

1.3 語構成要素「おう」の意味

1.3.1 「追う」の意味の確定

先に述べたように、語という単位は所与の存在として我々に与えられており、その意味について我々は直接知ることができるし、また実際知っていると言えよう。このことは、我々が自らの責任において語を組み合わせ文を作るという活動を日々行なっている、という点を見ればよく分かる。[9] そういった考えに基づき、本論は語の意味を出発点とするわけである。ただ、語の意味を具体的にどのように記述するのがよいかは大変難しい問題であるし、本論の目的が語の意味を厳密に記述すること自体にあるわけでもない。従って、ここでは、便宜的ではあるが、諸辞書の意味の記述を参考にし、「追う」の意味を確定することとしたい。

諸辞書の「追う」に関する意味記述を見ると、「追う」に複数の意味を認める点では一致しているが、その数については必ずしも全同ではない。ただ、本論では、辞書ⓒの意味分類の仕方が最も妥当であると考えるので、同書に従い、ここでは「追う」に次の三つの意味を設定することとする（意味の記述は辞書ⓑ、用例は辞書ⓒに拠る）。

①先の方に離れて・いる（ある）ものに対して、そのもとに行こうと急ぐ。また、そのものに達しよう、目的とするものを捕まえようとして、進む。「刑事が逃げるすりを追って走って行く」「敵を追う」「理想を追う」

②物事の順序などに従ってすすむ。「順を追って説明する」[10]「日を追って寒くなる」

③〔そこにいるのは好ましくないと思って〕ほかの場所に（早く）行かせる。追いはらう。また、家畜などを目的とする場所に行かせる。かりたてる。

「うちわでハエを追う」「羊の群れを追う」「不正行為が発覚して、彼は地位を追われた」

「追う」に三つの意味を認めるということは、「追う」を多義語と考えるということであるが、本論では、「追う」の多義構造について論ずるつもりはない。なお、本論では、上記の意味のうち特に意味①を問題とする。このことは、本論で「『追う』の意味形成」と言う時、具体的には意味①のことを念頭に置いているということである。

1.3.2 「追う」の周辺的意味

「追う」の周辺的意味としては、文体的特徴が問題になると思われる。というのは、辞書①に「『おう』は文章語。『おいかける』『おっかける』はともに日常語だが『おっかける』はやや俗語的。」(65 ページ) という記述が見られるからである。「追う」が文章語的であることを明確に指摘しているものは今のところ他に見当たらないが、この指摘自体は妥当であると考えられるので本論では従いたいと思う。また、「追っ掛ける」が「追い掛ける」に比べ「口語的」「俗語的」であることは諸辞書の指摘するところである。

以上の点から、これら3語の文体的特徴を本論では次のように考えることとする。[11]

・追う：文章語／追い掛ける：日常語／追っ掛ける：俗語

先に1.2.1節において、語の周辺的意味は語レベルの意味的要素であり語構成要素の意味には属さないと述べたが、「追う」「追い掛ける」「追っ掛ける」の文体的特徴の相違からもその点が確認できる。すなわち、これら3語にはいずれも語構成要素「おう」が含まれていると見なされるが、もし語構成要素段階において既に文体的特徴が付与されているとしたら、これら3語のそれぞれが文体的特徴を異にする点を説明するのは困難になるからである。なお、確認のために、「おう」を前項に有する複合語46語を拾ってみたが、[12]「追い返す、追い越す、追い出す、追い付く、追い抜く、追い払う」等、日常語に属すると見られる語が数多く認められた点を補足しておく。

1.3.3 類義語との意味的対立点

　ここでは「追う」と類義語「追い掛ける」とを比較することによって、両語の意味的相違を明らかにする。ただ、両者の相違は微妙である。用例をいろいろと見比べてみてもなかなか明確な違いが見えてこないが、以下の3点から両語の意味的傾向の違いについて考えてみたい。

　i）動作の主体・対象
　ii）動作の目的
　iii）動作の具体性

　i）については、両語とも、
＜人・生き物・乗り物＞が＜人・生き物・乗り物＞を追う／追い掛けるというのが基本である。ただし、上以外の例も以下のようによく見られる（本節の用例は全て『CD-ROM版新潮文庫の100冊』［新潮社、1995年］による）。

(1) 　少年は眼をこらし、村からの石道を大人たちがのぼってきているのを、そしてかれらを追ってて霧が上方へゆっくり移動しているのを見つけた。（大江健三郎『死者の奢り・飼育』111ページ）

(2) 　電話で測候所に明日の天気を問い合わせる彼の高い声が私のあとを追ってきた。（開高健『パニック・裸の王様』254ページ）

(3) 　政治向きの用事がいろいろと、わが屋敷の夜の時間にまで追いかけて来るのであろう。（池波正太郎『剣客商売』497ページ）

(4) 　次に、並足になって手拭で鼻を覆って歩いたが、臭気がまだで追いかけて来て頭がぐらつくようであった。（井伏鱒二『黒い雨』350ページ）

これらは、主体が上記以外の場合である。次に対象の場合を挙げる。

(5) 　その証拠に、人は私党を組み、私利を追い、一国を顧みぬ。（司馬遼太郎『国盗り物語』363ページ）

(6) 　あなたは夢を追いすぎるのです。急ぎすぎるのです、落ちついてじっくり考えてみて下さい。（渡辺淳一『花埋み』826ページ）

(7) 　空想映画となると彼は封切初日にでかけ、見おとした分はどんな遠くの場末もいとわず追いかけていった。（開高健 182ページ）

(8) 　そう思いつつも、つかのま満足しておぼろな映像を追いかけ、目覚

めてはその都度、新しい根強い幻滅と失望に襲われる。(北杜夫『楡家の人びと』1772ページ)

主体や対象が基本パターンからずれると、その分比喩的なニュアンスが強まる。ただし、対象が抽象的なものの場合には、意味が"追跡する"から"追求する"へと移ることが多く、諸辞書の記述からも分かるように、むしろこれは確立された用法と見るべきであろう。なお、辞書には「追い掛ける」も「理想・夢」を対象として取れるように記されており、それはそれで間違いではないが、実例を見る限りでは、そういった例は「追い掛ける」よりも「追う」の方に多いようである。

 ii）については、「追う」と「追い掛ける」とで重点の置き所に違いが存することが指摘できる。すなわち、前者は対象の後を付いて行くことに重点があるのに対し、後者は対象との距離を縮め対象を捉える、あるいは対象の所まで行き着くことに重点がある、と言えそうである。たとえば、「追う」の次のような例の場合、

(9)　文化体育館は坂の上にあった。入口の前でタクシーを降りると、切符のもぎりをしていた若者がすぐ控室に案内してくれた。まだ前座試合のためか、薄暗い階段や廊下では観客が食べたり呑んだりしている。その間をすり抜けるようにして歩く若者を、私たちも急ぎ足で追った。(沢木耕太郎『一瞬の夏』1248ページ)

(10)　「さあ行くですか」と男はくるりと私に背中を向け、慣れた足どりで上流にむけて歩きはじめた。私は懐中電灯で足もとを照らしながらそのあとを追った。(村上春樹『世界の終りとハードボイルド・ワンダーランド』83ページ)

対象に"追い付く"ことが動作の目的ではないので、「追い掛ける」に置き換えることは難しい。また、次のような「足跡を追う」という例も同様に「追い掛ける」で言い換えにくいが、これも「足跡」を辿って行くこと自体に目的があるためであると考えられる。

(11)　彼らは砂の足跡を追って捜索にでかけたが、いつも私たちの視界の範囲内だけを調べてもどってきた。(開高健551ページ)

以上の点から考えると、辞書ⓗの次の説明は的を射ているように思われ

る（下線部分は原文では太字）。

- おう［追う］：前にいるものや、<u>先に行ったものに近づこう・ついて行こ</u>うとすることです。（140ページ）
- おいかける［追いかける］：逃げていくものや遠ざかっていくもの・先に行くものを<u>つかまえるために、急いで近づいていく</u>ことです。（141ページ）

従って、本論では、この用法こそが「追う」の本質であり、ここに「追い掛ける」との大きな違いが存すると見たい。これは、ⓐ次のような「目で追う」という例もこの用法と関連し、同様に「追い掛ける」で置き換えることは難しいということ、[13]

(12)　橋の上から黒く汚れきった川面を卵の殻が流れてゆくのを目で<u>追</u>い、───やがてまた足早に市電の停留所へと歩いていった。（北杜夫1173ページ）

および、ⓑこの用法が、先に1.3.1節で述べた「追う」の②の用法（「順を追って説明する」に見られる用法）や③の用法（「うちわでハエを追う」に見られる用法）と深い関連性を有すると考えられること、等に基づく判断である。

iii）については、「追う」と「追い掛ける」とを比べた場合、後者の方が前者に比べ動作がより具体的である、と指摘できそうである。たとえば、次のような例の場合、

(13)　「ともかく真鍋を見張っていましょう」と谷口は言った。「真鍋を<u>追</u>ってりゃいいんですよ、結局は」（赤川次郎『女社長に乾杯！』372ページ）

(14)　いや、無理にでもそう考えるのだ。もう柳を<u>追</u>う必要はなくなったのだ、と。（沢木耕太郎1127ページ）

(15)　きみが、おれのあとを<u>追</u>うことは勝手だ。だが、おれと同じように、山という、得体の知れないものの捕虜になることをおれは決してすすめはしない。（新田次郎772ページ）

「人」が「人」を「追う」のであるから、表面的には「追い掛ける」で言い換えられそうに思われるが、よく見ると、これらは具体的な個々の"追跡"の動作を表わしているのではなく一連の動作を総合的・概括的に述べているの

であり、「追い掛ける」で言い換えることは難しいとすべきであろう。そして、こういった用法が、

 (16) 時には運輸省のスキャンダルを<u>追</u>って深夜、赤坂に張り込んだりしなければならなかった。(五木寛之『風に吹かれて』294ページ)

 (17) 幹部たちも捜索員たちも、口をつぐんで、図面の行方を<u>追</u>いつづけていた。(吉村昭『戦艦武蔵』144ページ)

のような、「追い掛ける」にはない"探索する"といった用法を生むのであろうと考えられる。先に、i)で「追い掛ける」は実際の例では「理想・夢」等をあまり対象として取ることはないと述べたが、それもここで取り上げた動作の具体性の問題が関わっていると言えよう。また、「追いすがる・追い越す・追い付く・追い抜く・追い回す」といった、意味①を有する「追う」を前項とする複合動詞が数多く存在するのも、[14]それらの形式によって「追う」の動作を具体化しているからである、と考えられるのではないだろうか。

　以上、「追う」の意味①に関して「追い掛ける」と3点に亘って比較してきたが、両語の意味的対立点に直接関わるのは、そのうちのii)とiii)と言えよう。即ち、両語の対立点は具体的には次のように表わすことができる。

・ii)に関する対立→＜動作の目的：対象への到達＞という特徴（＜$m_{目的}$＞とする）の有無

$$\begin{cases}「追う」→-＜m_{目的}＞\\「追い掛ける」→+＜m_{目的}＞\end{cases}$$

・iii)に関する対立→＜動作の具体性＞という特徴（＜$m_{具体}$＞とする）の有無

$$\begin{cases}「追う」→-＜m_{具体}＞\\「追い掛ける」→+＜m_{具体}＞\end{cases}$$

ただし、既述のように、これらの2点とも明確な対立点を形成するというよりは、むしろ両語の意味的傾向の差を示すものと捉える方が適切であろう。

　最後に、以上の「追う」と「追い掛ける」との意味的対立点に関する考察結果を念頭に置きながら、両語の意味的共通点について明らかにしておきたい。というのは、「追う」と「追い掛ける」との意味的対立点を取り除いた部分が両語の意味的共通点になることを考えると、対立点をどのように設

定するかということが共通点の内実に密接に関わってくるからである。そして、そう考えた場合、本論では、両語の意味的共通点として、辞書ⓖ (107ページ)の次の記述を基本的に受け入れたいと思う。
・目標の後から、目標を目指して同じ方向に進む。
以下、この意味特徴を＜m$_{共通}$＞と表示することとする。

1.3.4 語構成要素「おう」の意味

既に述べたように、1.3節の目的である語構成要素「おう」の意味について明らかにするためには、語「追う」の有する意味から語レベルの意味的要素を除去する必要がある。そして、本論の枠組みでは、1.3.2節で述べた周辺的意味や1.3.3節で明らかにした類義語「追い掛ける」との意味的対立点がそういった語レベルの意味的要素に相当する。従って、「追う」の意味からそれらを除いた残りが「おう」の意味ということになるが、ここで注意してほしいのは、それは取りも直さず上で述べた「追う」と「追い掛ける」との意味的共通点＜m$_{共通}$＞に他ならない、という点である。すなわち、以下の式が成立する。[15]
・「おう」の意味＝＜m$_{共通}$＞

1.4 単語化による「追う」の意味形成

1.2.1節で述べたように、本論では語構成要素の意味に単語化の意味的側面が作用して語の意味が形成されると考えるが、既に1.3節において、「追う」の意味①に関して、「追う」と「追い掛ける」(「追っ掛ける」)とを比較することを通し、語構成要素「おう」の意味が何であり、語レベルの意味要素が何であるかを明らかにした。今、その点を改めて確認するならば、次のようになろう。[16]
・「追う」の意味①：
  《M$_o$》＝《[[[＜m$_{共通}$＞]－＜m$_{目的}$＞,－＜m$_{具体}$＞]＜文章語＞]》
・「追い掛ける」の意味：
  《M$_{ok}$》＝《[[[＜m$_{共通}$＞]＋＜m$_{目的}$＞,＋＜m$_{具体}$＞]＜日常語＞]》

46　第1部　語構成原論

・「追っ掛ける」の意味：

《M_{okk}》＝《[[[＜$m_{共通}$＞]＋＜$m_{目的}$＞,＋＜$m_{具体}$＞]＜俗語＞]》

　以上のように考えるならば、本論の枠組みから言って、全体の構図が以下の図4（次ページ）のようになることはもはや明らかであろう。なお、図4では、併せて「追っ掛け」の1.1.1節で問題にした特殊な意味（＝熱狂的なファンの意、今、《M_{kk}》とする）の形成についても示すことにする。

[図4] [17]

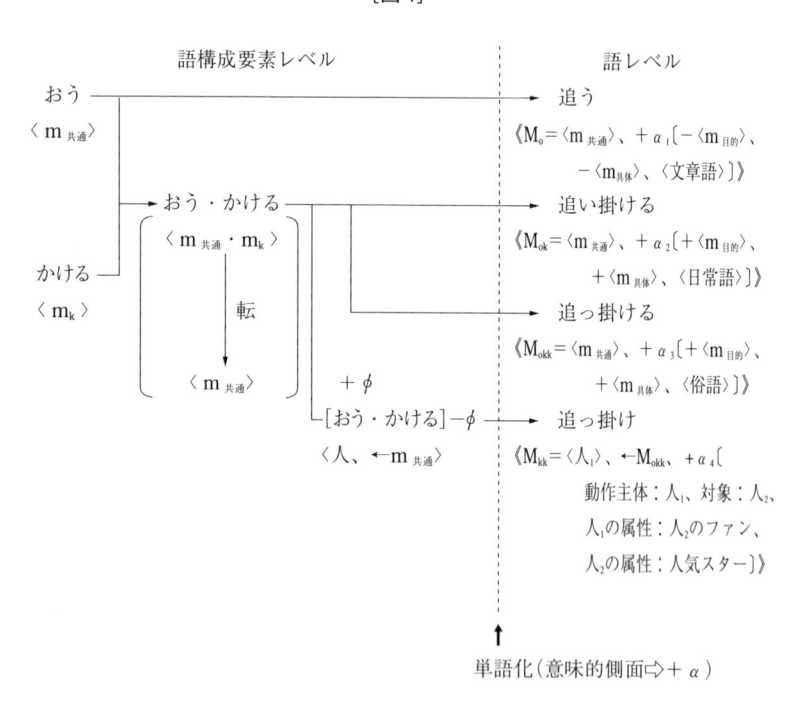

```
              語構成要素レベル            ┊        語レベル
おう ─────────────────────────────→ 追う
〈$m_{共通}$〉                              《$M_o$＝〈$m_{共通}$〉、＋$α_1$〔−〈$m_{目的}$〉、
                                               −〈$m_{具体}$〉、〈文章語〉〕》
       ┌→ おう・かける ────────────→ 追い掛ける
       │   ⎧ 〈$m_{共通}\cdot m_k$〉 ⎫        《$M_{ok}$＝〈$m_{共通}$〉、＋$α_2$〔＋〈$m_{目的}$〉、
かける ─┤   ⎨         ↓転        ⎬                  ＋〈$m_{具体}$〉、〈日常語〉〕》
〈$m_k$〉│   ⎩   〈$m_{共通}$〉      ⎭──────→ 追っ掛ける
       │                      ＋$\phi$    《$M_{okk}$＝〈$m_{共通}$〉、＋$α_3$〔＋〈$m_{目的}$〉、
       │                                           ＋〈$m_{具体}$〉、〈俗語〉〕》
       └─[おう・かける]−$\phi$ ────────→ 追っ掛け
           〈人、←$m_{共通}$〉              《$M_{kk}$＝〈人_1〉、←$M_{okk}$、＋$α_4$〔
                                           動作主体：人_1、対象：人_2、
                                           人_1の属性：人_2のファン、
                                           人_2の属性：人気スター〕》
                                    ↑
                              単語化（意味的側面⇒＋$α$）
```

　図4に関しここでは次の2点について説明しておきたい。
　第1に、語の意味の示し方についてである。既に1.2.1節の図3において示したように、本論では、語構成要素の意味に単語化の意味的側面が作用し語の意味が形成されると考えるが、その作用の内実は、これも既に述べたように、語構成要素の意味に語レベル固有の意味的要素を付加することである。従って、今、単語化の意味的側面によって付加される意味的要素

を《＋α》と表示するならば、図3は次の図5のように書き換えることが可能であり、図4はこの方式に従って語の意味が示されている。[18]

[図5]

単語化（意味的側面：《＋α》の付加）
↓
語構成要素の意味〈m〉　──────→　語の意味《M＝〈m〉、＋α》

ただ、「追っ掛け」の意味の場合は、他の3語の意味の場合と事情が若干異なるので注意が必要である。というのは、「追っ掛け」の場合、《＋α》の意味的要素が単純に付加されるのではなく、「追っ掛ける」の意味的内実と同等の意味《M_okk》を内部で一旦形成した後にさらに全体に対して意味的制約を課するという形になるからである（ただし、図4では制約の部分のみを《＋α》として表示してある）。これは、同語の《＋α》が、先に1.2.1節で述べたように、「語構成要素の意味とその関係とからだけでは説明できない意味的要素」に相当する意味的要素であるからに他ならない。

第2に、語構成要素「おう」と「かける」とが結合して出来る「おう・かける」の意味についてである。図4を見ると分かるように、同形式の意味が最終的には前項「おう」の意味＜m_共通＞と同じにされているが、このことは、言い換えれば、後項「かける」の意味（図4ではそれを＜m_k＞と表示してある）が実質的に機能していないということである。ただ、こういうことは「酔っぱらう」（≒「酔う」）「引っ張る」（≒「引く」）等にも見られることでありそれ程珍しいことではない。これを、辞書①（153ページ）のように、V1＝ *ou* ＝chase、V2＝ *kakeru* ＝hang、CV＝ "fused" ＝ chase after something、と、複合動詞全体の意味が「融合している」（＝ fused）と捉えてもいいが、本論では、既に語構成要素の段階で、一旦は＜m_共通・m_k＞という意味が形成されながらも、最終的にはそれが＜m_共通＞へと転ずると解釈しておいた。[19] このように、中間段階は語構成要素レベルにおける様々な（意味的）作用を受ける段階という役割をも有するわけである。

1.5 おわりに

　以上、本論では、「追う」およびそれと語構成論的に関わる幾つかの語について、単語化による意味形成の有様を見てきたが、本論の分析を支える基本的な考え方は、語構成要素レベルと語レベルとの峻別の論理である。こういった発想自体は、現在の理論的状況下ではあまり流行らないものかもしれないが、著者は、特に語構成論という分野においては重要であると考える。そういう意味では、本論は、単語化という概念装置を具体的な分析の道具として使用し、レベル峻別の論理を単純語と複合語との意味形成という問題に実際に適用したものと位置づけることができよう。なお、こういった論理の一つの応用として、語構成論的観点からする語の多義性のレベル差分析があり、[20] 本論で対象とした「追う」についてもその可能性が存するのであるが、本論ではそこまで論ずる余裕がなかった。

　最近の語構成論は、文法論的な性格のもの、すなわち、合成語の有する統語的な特徴の由来を語構成の観点から説明しようとするものが多い。[21] もちろん、これはこれで非常に重要な分析の観点である。しかし、一方で、語彙論的な問題に目を向けた語構成論も必要であろう。本論で提示した考え方は、語の有する個別的な語彙的意味の形成に焦点を当てたものであり、そういう点で語彙論的性格の強いものである。[22] 本論が、出発点として、意味構成の問題を語構成論の中に取り込み、その点をも重要視してモデルを構築しようとしたのには、そういった背景も存するのである。

　語構成論という観点から見た場合、本論にとって残された課題は多いが、理論的に最も大きいと思われるのは、単語化の概念をより明確にすること、特に、今回は単語化の意味的側面を問題としたが、単語化のもう一方の側面である文法的側面の内実を明らかにし単語化というプロセスの全体像を明確にすることであろう。[23] 今後を期したい。

注

1. 本論では、「追い掛ける」と「追っ掛ける」の語形の相違は形態音韻論的な操作が作用することによって生じると考えているので、問題となる場合以外は、以下特にこだわることはしない。

2. 簡略化してある大きな点の一つは、本論では、いわゆる動詞連用形の名詞化をゼロ接辞による派生であると考えているが、図2では、語構成要素レベルにそれに対応する形式が設定されていない点（ただし、後の図4［1.4節］においてはその点を明示化してある）である。これは、図2では図1との本質的な相違を示すことに重点を置いたためである。
3. 単語化について詳しくは、本書第1部第1章を参照されたい。
4. 単語化は言語単位間の質的転換に関わる総合的作用であり、意味的な側面ばかりでなく文法的な側面も当然有する。
5. 言語単位としての語と語構成要素との実際的な関係の把握については、本論では、宮島（1994、第2部第1章、108ページ）などで言う「単語中心主義」に基本的に従っている。その他、鈴木（1996、第3部第3章）も参照されたい。
6. 語の周辺的意味と語構成との関わりについては本書第1部第4章を参照されたい。
7. この点については、辞書⨍等諸書の指摘するところである。
8. 以下、語構成要素は「おう」「おう・かける」のように平仮名で表記し、語は「追う」「追い掛ける」のように漢字仮名交じりで表記することとする。
9. 宮島（1994、第2部第1章）97〜98ページ参照。
10. この例は、辞書ⓒでは意味①の中に入れられているが、本論では意味②の例として解釈した。
11. 本論では、宮島（1994、第3部第1章、214ページ）に従い、文体を大きく「文章語」「日常語」「俗語」の三つの層に分ける立場に立つ。
12. 辞書ⓐ、ⓑ、ⓓ、ⓔのうち2辞書以上に載っている語を数えた。なお、「おう」を後項とする語（「深追い」「牛追い」等）は前項とする語に比べ遙かに数が少ない。
13. 類義語辞典の中では、辞書ⓖがこの点について指摘している。
14. 辞書ⓒ「追う」の項参照。
15. 「おう」の意味が＜$m_{共通}$＞であるというのと同様の論理で、「おいかける」（正確には「おう・かける」）の意味も＜$m_{共通}$＞ということになる。しかし、「おう」と「おいかける」とは、語構成上の機能や造語力の上で相違を有するのであり、両者が全く同等の存在であるというわけではない。
16. 本論では、語の意味は対象的意味と周辺的意味とに大きく分かれ、前者はさらに、類義語との共通部分と対立点とから成る、と考える。なお、このような語の意味の捉え方は、本書第1部第2章2節で若干修正される。詳しくは同論注5，注14を参照のこと。ただし、この点が本論の議論に直接関与することはない。
17. 図4中、"$-\phi$"は注2で述べたゼロ接辞を指し、＜人,←$m_{共通}$＞という表示法は「＜$m_{共通}$＞という動作をする人」と読む。また、"$+\alpha$"の後の〔　〕内はそれぞれの場合のその具体的内容を示したものである。
18. 図5の表示法では、注16に述べたような語の意味的在り方が反映されないが、本論では、語構成要素の意味と語の意味とは本質的には連続的なものであると考えており、理論的には、語の意味形成は図5のようなプロセスに従って行なわれると考える。
19. 言語使用者としては、この点に関し、＜m_k＞は表面的には消えるものの「追い掛ける（追っ掛ける）」が本論で示したような意味（特に《＋＜$m_{目的}$＞》という特徴）を有す

るに際して何らかの形で関与しているのではないか、という直感が働く。ただし、残念ながら、現段階ではそういった直感を本論のモデルに直接反映させることはできない。なお、「おう・かける」の意味を＜m$_{共通}$＞と解釈するということについては注15を参照のこと。
20. 著者は、語構成要素と語にはそれぞれのレベルに応じた多義性が存在し、後者の多義性の成立に当たっては、語構成論的に前者の多義性が関与する場合としない場合とがあると考えている。この点に関し詳しくは本書第2部を参照されたい。
21. 最近の文法論的な語構成論の動向と問題点については斎藤(2001)を参照されたい。なお、現代語の語構成論におけるそういった方向性を切り開いたものとして影山(1993)を挙げることができよう。
22. 注4で述べたように、本論のモデル自体は、単語化に文法的側面をも認めるのであり語彙論一辺倒のものではない。
23. 単語化の文法的側面の内実については、本書第1部第1章で幾つかの点に関して具体的に触れているので参照されたい。

参考辞書類(書名の五十音順)
ⓐ 西尾実・岩淵悦太郎・水谷静夫編『岩波国語辞典』(第六版、岩波書店、2000年)
ⓑ 金田一春彦・池田弥三郎編『学研国語大辞典』(第二版、学習研究社、1988年)
ⓒ 森田良行著『基礎日本語』(角川書店、1989年)
ⓓ 金田一京助・山田忠雄・柴田武・酒井憲二・倉持保男・山田明雄編『新明解国語辞典』(第五版、三省堂、1998年)
ⓔ 松村明編『大辞林』(第二版、三省堂、1995年)
ⓕ 類語研究会編『正しい言葉づかいのための 似た言葉使い分け辞典』(創拓社、1991年)
ⓖ 遠藤織枝・小林賢次・三井昭子・村木新次郎・吉沢靖編『使い方の分かる 類語例解辞典』(小学館、1994年)
ⓗ 広瀬正宜・庄司香久子編著『日本語学習使い分け辞典』(講談社、1994年)
ⓘ Yoshiko Tagashira・Jean Hoff著『日本語複合動詞ハンドブック (*Handbook of Japanese Compound Verbs*)』(北星堂書店、1986年)
ⓙ 徳川宗賢・宮島達夫編『類義語辞典』(東京堂出版、1972年)

2 「単語化」の源泉とレキシコンの構造

2.1 はじめに－問題のありかと本論の目的－

　合成語（複合語・派生語）の意味について考える際最も問題になるのは、[1] 私見では、合成語の意味にはその構成要素の意味と構成要素間の関係からだけでは説明できない意味的要素が存在する、という点である。たとえば、「五月病」「庭石」「早生まれ」「有権者」という語が、単に「五月に起きる病気」「庭の石」「早く生まれること（人）」「権利を有する者」を指すのではなく、「四月に入った大学新入生や新人社員などに、一か月を経た五月頃に見られる、新環境に対する不適応症状の総称。」（『大辞林』第二版）のように特定の原因と症状を有する病気を指したり、「庭に趣を添えるためにすえた石。」（『岩波国語辞典』第六版）のように特定の目的が強調されたり、「一月一日から四月一日までの間に生まれたこと。その人。」のように特定の期間に限定されたり（同上）、「選挙権をもっている人。」（『大辞林』第二版）のように特定の対象に限定されたり、といった具合にである。

　この問題に対し、著者は従来次のように考えて来た（詳しくは2.2節参照）。すなわち、語構成要素と語構成要素が結合し語になる際に特殊な作用（＝単語化）が働き、その作用によって上述のような説明不能の意味的要素（＝《＋α》）が付与される、というようにである。

　しかし、この考えでは説明のできない点が残る。それは、単語化によって与えられる《＋α》の源泉はどこにあるのか、という疑問である。従って、この点を明らかにするのが本論の第1の目的になるが、後に見るように、この問題を考えるに当たっては語形成論的な観点が必要になる。

　ところで、この問題を論ずることは、単語化の内実を問い直すことにつながるが、そのことは、同時に、語の有する意味的特徴の由来を問うことでもある。なぜなら、単語化というのは語の意味の形成に直接関わる作用だからである。そして、それはいわゆるレキシコン（lexicon、言語の辞書部門）の内部構造をどう捉え、その中に語構成論をどう位置づけるのか、とい

う問題と密接に絡んで来る。従って、この点を明らかにすることが本論の第2の目的になるが、考察に際しては、語構成論が語の意味をどこまで説明しうると考えるかが一つのポイントになる。

2.2　本論の基本的立場－考察の前提および問題点の確認－

ここでは、前節で述べた本論の目的を達成するに当たって、本論が基本的にどのような立場に立って考察を行うのかを明らかにしておきたい。

2.2.1　語構成の基本的枠組み

最初に、本論の拠って立つ語構成論の基本的枠組みを図1に示す。

[図1] 語構成の基本図式

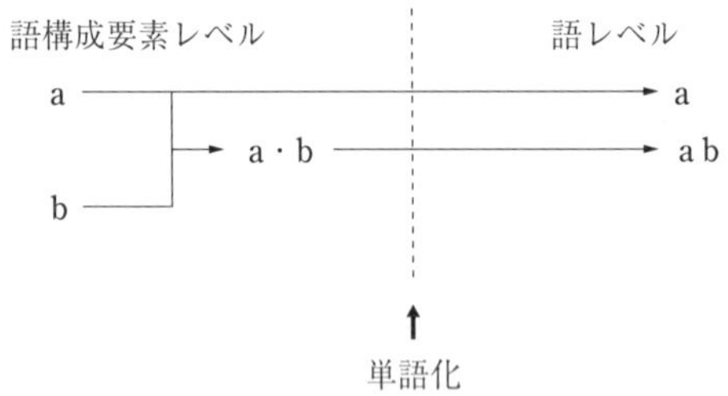

```
     語構成要素レベル          語レベル
 a ─┐                           a
    ├─→ a・b ──────────→ ab
 b ─┘
                ↑
              単語化
```

図1は、語構成要素aと語構成要素bとが結合して合成語abが出来る有様をモデル化したものである。ただし、aは自立形式、bは結合形式という形でモデル化しているので、aが自立して単純語aが出来るプロセスをも含んでいる。

さて、図1で重要な点は二つである。第1は、aとbとが結合して直ちに合成語abが出来るのではなく、途中に、「a・b」という中間段階を踏むという点である(両要素間の黒丸は、両要素が未だ完全には結合していないことを示す)。今これを「連結形式」と呼ぶことにするが、このような形式を設定する主な理由は、単純語にせよ合成語にせよ、全ての語は語構成要素レベルの形式が特定の作用(次に述べる「単語化」)を受けることによって成

立する、という形に統一して扱えるようにするためである。

　第2は、第1の点とも関わるが、語構成要素レベルと語レベルとの間には大きな断絶があり、前者の存在が後者の存在になるためには必ず「単語化」というプロセスを経なければならない、と考える点である。このプロセスは、語構成要素と語とは言語単位として別個の質的統一体であるため両者の間には質的相違が存在し、前者によって後者が形成されるためには一種の質的転換が必ず必要である、という考えに基づいて設定されるものである。[2]

　前節で、合成語の意味には語構成要素の意味とその関係からだけでは説明のできない意味的要素が存在すると述べたが、この考え方に基づくなら、そういった要素は語構成要素が語になる際に受ける単語化の作用によって与えられる、と見なされることになる。そういうわけで、本論ではこの図1の図式を「語構成の基本図式」と呼び、以後この考え方に従って論を進めることにしたい。

2.2.2　単語化の内実

　上で単語化そのものについて規定したので、次に単語化の具体的な内実について明らかにしたい。なお、単語化には文法的な側面と意味的な側面とがあるが、ここでは意味的な側面の内実のみを扱う。[3]

　単語化が語構成要素レベルの存在を語レベルの存在へと質的転換させる作用であることを考えると、単語化の意味的側面の内実とは、要するに、語レベル固有の意味的特徴を語構成要素レベルの存在へと付加することであると考えられる。そこで、今この意味的特徴を《+ α》と表示するならば、語構成要素の意味と語の意味との間には次の図2に示すような関係が成立すると言えよう。

[図2]

単語化（意味的側面）
↓
語構成要素の意味 ⟨m⟩ ─────→ 語の意味 《M = ⟨m⟩, + α》[4]

問題は、この《＋α》の中身であるが、著者は、今のところこれには次の3種類があると考えている。

①語構成要素の意味とその関係からだけでは説明出来ない意味的要素…《M不能》

②類義語との意味的対立点…《M対立》

③語の周辺的意味…《M周辺》

①については既に説明した通り、語構成要素レベルでは説明のできないものであり、その点で語レベルの存在であると考えられる。②と③は、①のように明確ではないが、一語中において他の語（類義語）との対立を通して生じるものでありその意味で小さいながらも一つの語彙体系を介して付与されるものであると考えられるので、本質的に語レベルの意味的特徴と見なすことが可能である。なお、③は、より具体的には、感情的なニュアンスや文体的特徴を指す。また、三者の間には、①は専ら合成語の場合に問題になるのに対して、②と③は逆に単純語の場合に問題になることが多く合成語の場合には問題になることが比較的少ない、という傾向の違いが見られる。

単語化の内実を以上のように考えるということは、本論では、語の意味に関して、中心に概念的意味が存在しその外側に周辺的意味が存在していると考えていること、および、概念的意味に関しては、中核に類義語との共通部分、その周りに類義語との対立点が存在していると概ね考えていることを示す。[5] 従って、単語化によって付与されるのは、基本的に、語の意味の核になる類義語との共通部分以外の部分ということになるが、このことは語の意味のかなりの部分が単語化によって付与されるということに他ならない。なお、こういった捉え方は、語レベルは出来るだけ内容豊かに、語構成要素レベルはできるだけ簡素に、という立場を本論が取っていることと関連する。[6]

2.2.3 本論の語構成論の基本的性格

よく知られているように、一般に語構成論には語構造論と語形成論（造語論）とが区別されるが、この観点から見た場合、本論の語構成論は基本的に

どちらに属すると言えるであろうか。ここではこの点について考えてみたい。

上の図1に示した語構成の基本図式には、語が作り出されるプロセスが示されているので、その点からすると、本論の語構成論は語形成論のように見られるかもしれない。しかし、その本質は語構造論であると著者自身は考えている。というのは、本論の語構成論で基本的に扱うのはあくまでも既存の語とその構造に他ならないからである。

では、基本図式に見られるプロセス的側面をどのように理解したらよいであろうか。この点については、理論的プロセスと解するのがもっとも適切であると思われる。すなわち、本論で言う語構成論とは、既存の語と語構造を対象とし、それがどのような理論的プロセスによって形成されたと解釈するのが最も妥当であるかを示したものなのである。理論的解釈であるから、実際にどのようなプロセスを経てその語が成立したかどうかは別問題である。このように、本論の語構成論は、語構造論を本質としながらも語形成論的性格をも取り込んだところに特徴があると言えるが、以後、このような立場を「語形成論的語構造論」と呼ぶことにする。

2.2.4 本論の枠組みからみた問題点の確認

以上のように考えた場合、2.1節で提示した第1の問題点は次のように言い直すことができよう。

・単語化によって付与される《＋α》（＝《M 不能》、《M 対立》、《M 周辺》）の源泉はどこにあるのか。

問題は、このことがなぜ問題点になるのかという点であるが、次の二つの理由が考えられる。

第1は、これらの特徴が単語化によって付与されるということはどういうことか、という点に関わる。すなわち、これらが単語化によって与えられるということは、これらの特徴が、i) 語の有する意味のうちいわば非構成的部分に相当するものであること、従って、ii) 他から丸ごと与えられなければならないものであること、を示すものであると考えられるが、そのためには、これらの供給源（＝単語化の源泉）がどこかに存在していなければな

らないはずであるのに、語構成の基本図式にそれが見当たらないのはどうしてか、というわけである。

　第2に、従って、このままだと、単語化による《+α》の付与という従来の考え方は結論先取りの誤謬を犯していることになる、ということである。なぜなら、基本図式のままでは、出来上がった語の有する特徴以外に単語化の供給源を想定することができなくなるからである。しかし、これでは、単語化が作用する時点では本来まだ存在していないはずの語の特徴を利用している(すなわち、結論先取り)のではないか、と批判されても反論のしようがないであろう。

2.3　単語化の源泉

2.3.1　語形成論的観点の導入

　既述のように、単語化の意味的側面によって付与される意味的特徴(＝《+α》)の供給源はどこにあるのか、という問題を解くためには、語構成の基本図式の範囲内だけで考えていたのでは不充分である。ということは、従来の著者の語構成論の立場(＝語形成論的語構造論)では不充分である、ということであるが、従来の立場が本質的に語構造論であることを考慮するならば、この問題を十全に扱うためには、従来より一層語形成論的性格の強い立場に立って考察しなければならないことを意味する。

　著者は、かつて斎藤(1997)において語構成論の語形成論的モデルについて考え、その中に、本論の立場である語形成論的語構造論を位置づけたことがある。そこで、本論でもその考え方を参考として論を進めたい。

　まず、斎藤(1997)において示した語形成論的モデルを若干修正し以下に図3として再掲する。[7]

[図3]（図中、〈　〉は語構成要素レベルの意味、【　】は語レベル（以上）の意味を表す）

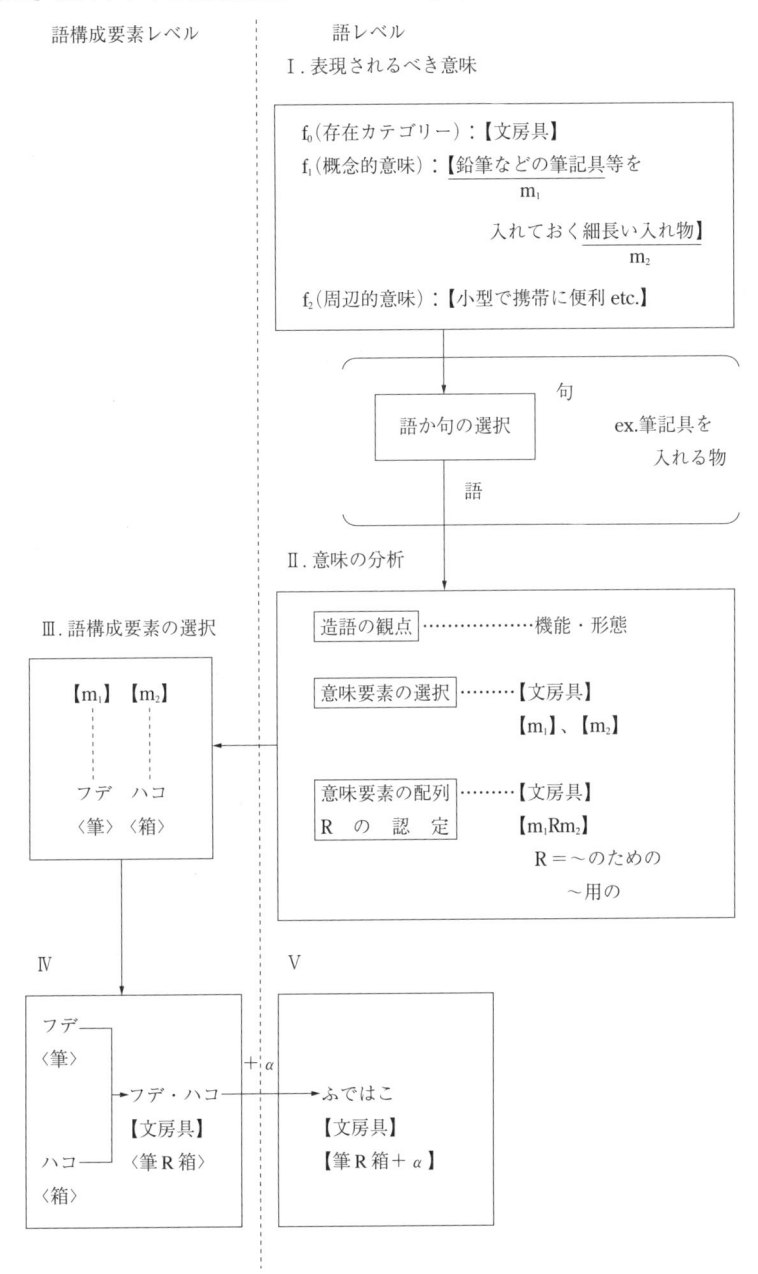

語構成要素レベル　　　　語レベル

Ⅰ．表現されるべき意味

f_0（存在カテゴリー）：【文房具】
f_1（概念的意味）：【鉛筆などの筆記具等を
　　　　　　　　　　　　　m_1
　　　　　　　　入れておく細長い入れ物】
　　　　　　　　　　　　　m_2
f_2（周辺的意味）：【小型で携帯に便利 etc.】

　　　　　　　　　　　　　　　　句
　　　　　　　語か句の選択　　　　ex.筆記具を
　　　　　　　　　　　　　　　　　　入れる物
　　　　　　　　　　　　　　語

Ⅱ．意味の分析

Ⅲ．語構成要素の選択

造語の観点　……………機能・形態

【m_1】【m_2】　　　意味要素の選択　………【文房具】
　　　　　　　　　　　　　　　　　　【m_1】、【m_2】
フデ　ハコ
〈筆〉〈箱〉　　　　意味要素の配列　………【文房具】
　　　　　　　　　Ｒ　の　認　定　　【m_1Rm_2】
　　　　　　　　　　　　　　　　　　　R＝～のための
　　　　　　　　　　　　　　　　　　　　　～用の

Ⅳ　　　　　　　　　　　Ⅴ

フデ
〈筆〉
　　　フデ・ハコ　　　　ふではこ
　　　　　　　　　＋α
　　　【文房具】　　　　　【文房具】
ハコ　〈筆R箱〉　　　　【筆R箱＋α】
〈箱〉

これは、「筆箱」という語を例としてモデル化したものである。詳しい説明は省くが、ポイントは全体が五つの段階（Ⅰ～Ⅴ）に分けられ、それぞれが次のようなレベルに振り分けられている点にある。

　　　第Ⅰ・Ⅱ段階→語レベル（以上）
　　　第Ⅴ段階→語レベル
　　　第Ⅲ・Ⅳ段階→語構成要素レベル

しかし、ここではもう少し簡略化し、全体を以下のように捉えたい。

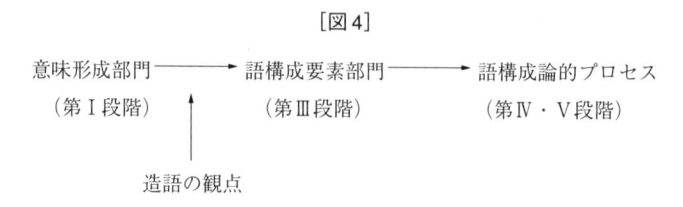

[図4]

意味形成部門 ――――→ 語構成要素部門 ――――→ 語構成論的プロセス
　（第Ⅰ段階）　　　　　　（第Ⅲ段階）　　　　　　（第Ⅳ・Ⅴ段階）
　　　　　　　　　　　　　　↑
　　　　　　　　　　　造語の観点

　すなわち、図3の第Ⅱ段階についてはなお考慮すべき問題がいろいろとあるので思い切って簡略化し、意味形成部門と語構成要素部門との間に「造語の観点（の決定）」として作用するという形にとどめる、という図式である。いずれにしても、図3・図4が示しているのは、造語が行われる場合、最初の段階においてどのような意味がその語に担わせられるのかがほぼ決められ、その後造語の観点等によってその一部に焦点が当てられ、それが語構成要素とその組み合わせによって最終的に表示される、という流れである。
　以上のように考えるなら、語構成の基本図式が図3の第Ⅳ・Ⅴ段階に相当することをもって図3の同段階を図4のように「語構成論的プロセス」と呼び、語形成論的語構造論というのを、要するに、この語構成論的プロセスの内実を明らかにすることを目的とするものである、と見ることができよう。そういう意味では、語形成論的語構造論は基本的に語形成論の一部に位置づけることができるわけである。[8]

2.3.2　単語化の源泉

　以上のように考えて来るなら、単語化の源泉は意味形成部門でしかありえないことがすぐ分かるであろう。つまり、単語化とは、その語形に本来

託された豊かな意味と語構成要素という材料で作られたその語の原型(直接語構成要素[9])の有する意味との落差(=《+α》)をうめる作用なのである。

今、このことを、第1節で挙げた語例を使って簡単に説明するならば、次のようになる。たとえば、「庭石」「有権者」の場合なら、意味形成部門において形成される意味(語として表現されるべき意味)が「庭に趣を添えるためにわざわざ置いた石」「選挙権を有する人」であり、語構成論的プロセスにおける直接語構成要素において表現される意味が「庭にある石」「権利を有する人」であって、その落差「趣を添えるためにわざわざ置いた」「権利のうちでも特に選挙権」というのが《+α》として単語化において付与される、というようにである。[10]

従って、単語化というのは、語構成の基本図式の中だけで考えている際には《+α》を付与するだけの作用ということになるが、語形成論的な枠組みの中で考えるのなら、次の二つの作用を含む複合的な作用ということになる。

①直接語構成要素の意味と意味形成部門における意味との差をチェックする作用
②その落差を《+α》として連結形式の意味に付与する作用

以上見たように、考察の視野を語形成論にまで広げることによってはじめて、先に指摘した語形成論的語構造論の場合に生じるパラドックス(⇒単語化の源泉をこれから作る語に求めざるを得ないということ)を回避することが可能になるわけである。なお、上記①から分かるように、単語化には本来(つまり、語形成論的には)フィードバック機能が備わっていると考えるべきであろう。

2.4 レキシコンの内部構造

2.4.1 問題点

既に述べたように、理論的には語形成論的語構造論は語形成論の一部と見なすことができるが、実際に語形成論的語構造論の立場に立って現存する語の意味的特徴を説明しようとする場合、それらの語が有する全ての意

味的特徴の由来を説明できるとは必ずしも限らない。というのは、それらの特徴が全て語構成論的なプロセスによって形成されたという保証はどこにもないからである。このことは、裏返せば、語が成立した時点では未だ存在せず、その後、語が語彙体系に定着する中で獲得して行った意味的特徴もあるのではないか、ということを意味する。そして、そういった特徴は、その在り方から言って、本来、いかなる点においても語構成論の対象には属さないものであると言うべきであろう。[11] そこで、問題は、ではどういったものがそういった特徴に該当するのか、という点になる。

2.4.2 単語化における《+α》の再検討

上で述べた観点から、単語化における《+α》を構成する三つの特徴、《M_不能》《M_対立》《M_周辺》、をもう一度取り上げ検討してみたい。このことは、これらの特徴を本当に単語化で付与していいのかどうか、再吟味してみるということに他ならないが、検討に入る前に、このことの有する意味について、前節で論じた単語化の源泉との関わりという点から確認しておきたい。

従来、単語化において与えられる意味的特徴に関しては、次の2種類の条件が存在していたと言えよう。

ⓐ 語構成要素の意味とその関係からは説明できない意味的特徴である。（概念的意味）

ⓑ 語レベル固有の意味的特徴である。（概念的意味・非概念的意味）

このうち、ⓐによっていわばすくい取られるのが《M_不能》であり、ⓑによってすくい取られるのが《M_対立》《M_周辺》である。[12] これら二つは、語形成論的語構造論の立場で適用可能な条件である。しかし、上記のような、語の成立に最初から関わる特徴かそうでないか、という観点を導入し単語化の内実をあらためて検討するということは、単語化が意味形成部門で形成された意味と直接語構成要素の意味との落差を埋める作用であることを考えると、ⓐ、ⓑに、

ⓒ 最初から意味形成部門に存在する意味的特徴である。

という条件を新たに付け加えることであると見なされるが、それは、語形成論的語構造論の立場では適用できない条件を課するということに他なら

ない。なぜなら、意味形成部門というのは、語形成論的語構造論の範囲外の存在だからである。そういう意味では、この ⓒ は単語化の源泉を明らかにすることによってはじめて検討することが可能になった条件であると言えよう。

　最初に《M_不能》から見て行くことにする。この特徴は、当該の語を最終的に決定づける、その点ではその語にとって本質的な概念的特徴であり、これが最初から意味形成部門において存在しないとか、一旦語が成立した後から部分的に付け加わるといったことは考えにくい。[13] 従って、この特徴は最初から意味形成部門において作り出されるものであり単語化の内実を構成するものであると考えてよいであろう。

　次に《M_対立》であるが、新しい意味を形成する際に、既存の語の有する意味とは何らかの点で対立するような形で意味を形成するということは、新意味形成に当たって本質的な面であると思われるので、この特徴も最初から意味形成部門において存在するものと考えられる。ただ、厳密に考えれば、一般に意味的対立点は複数存在するため、そのそれぞれにおいて事情が異なるということも理論的には考え得る。しかし、そういった細かい弁別を行なうことは実際上は不可能であろう。従って、ここでは一律に最初から存在するものと考えたい。つまり、この特徴も単語化の内実を構成するということである。

　最後に、《M_周辺》であるが、この特徴が一番厄介である。というのは、この特徴の場合、意味形成部門において、i) 最初から語彙体系を意識し他の語の意味と対立させる形で作り出される場合と、ii) 他の語の意味と対立するわけではないが、最初から存在するものとして作り出される場合と、iii) 最初は存在せず、語ができた後それが語彙体系の中に定着する過程で獲得される場合、があるのではないか、と考えられるからである。そして、もしそうであるならば、理論的には、i) ii) の場合は単語化で付与されると考えられるが、iii) の場合は単語化で付与されるとすることはできない、ということになるであろう。

　以上のように考えると、結局、理論的には次のようになる。
　《M_不能》→単語化の内実を構成する

《M_対立》→一律に単語化の内実を構成すると見なしうる

《M_周辺》→単語化の内実を構成するかどうかはケースバイケースである

しかし、語形成論的語構造論においては、実際問題として、《M_周辺》のケースバイケースを見定めるのは極めて困難である。現存する語の有する《M_周辺》が上のi)からiii)のどのケースに相当するか判断することはほとんど不可能に近いからである。従って、語形成論的語構造論の場合、便宜上これらを全て一律に単語化の内実として扱い、あくまでも語構成論の問題と考えることとしたい。ただ、そうすることによって、語形成論的語構造論と語形成論との間に、理論上は存在しなかったずれが生じることに注意しなければならない。なぜなら、純粋な語形成論の場合には、上記iii)のケースは最初から問題にならないからである。なお、このような処理の仕方をすると、本論で単語化の内実を構成するかどうかに関する新たな条件ⓒを提示したことが無意味であるかのような印象を与えるかもしれないが、決してそんなことはない。条件ⓒそのものは、語形成論において直接関与することはないけれども、逆にそのことを通して、語形成論的語構造論の有する、現存の語を対象にするという特質の有する意味と問題点とを浮き彫りにしてくれるからである。重要なのは、どこまでも立場に従って理論と実際的な処理とを区別して考えることである。

2.4.3 レキシコンの内部構造

以上の考え方は、いわゆる辞書部門 (lexicon) の内部構造の捉え方にも影響を及ぼすことになる。語構成論の観点から見たレキシコンの内部構造については、本書第2部第2章2.3節でも触れているが、ここでもそれと同様の立場から出発することとしたい。従って、まずそこで示されているレキシコンの内部構造図と同じものを以下に図5として掲げる。

[図5]（{a}、{a・b} 等は語構成要素レベルの存在、[a]、[ab] は語レベルの存在を表す）

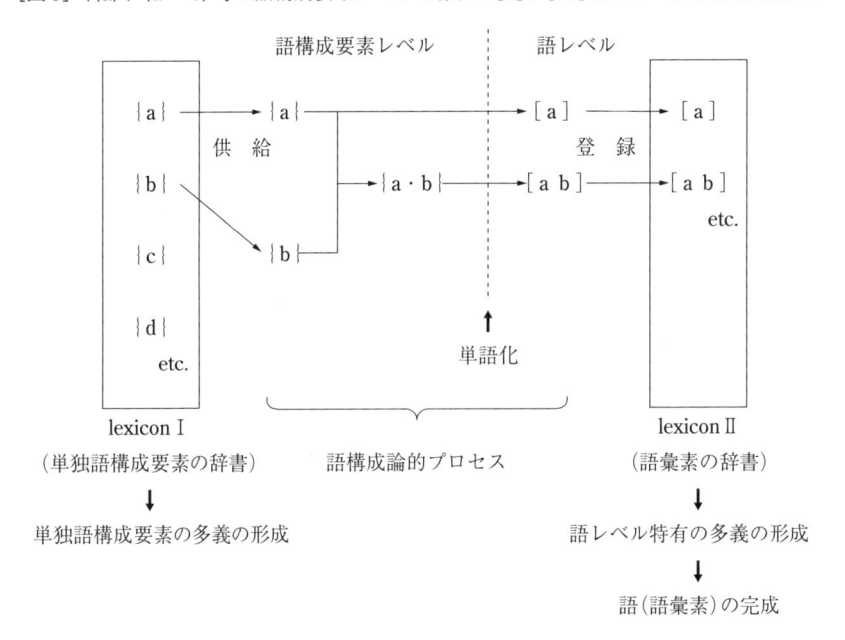

```
                    語構成要素レベル        語レベル

        {a}  ──→  {a} ────────→  [a]  ────→  [a]
                   供  給                    登  録
        {b}       ──→ {a・b} ──→  [a b] ──→  [a b]
                                              etc.
        {c}   ──→  {b}

        {d}
        etc.                      ↑
                                 単語化

        lexicon Ⅰ                            lexicon Ⅱ
   （単独語構成要素の辞書）   語構成論的プロセス   （語彙素の辞書）
           ↓                                      ↓
   単独語構成要素の多義の形成              語レベル特有の多義の形成
                                                  ↓
                                          語（語彙素）の完成
```

　上図について簡単に説明を加える。

　まず、第1に留意すべきことは、図5全体がここで問題となっているレキシコンに相当するということである。従って、図5中にはlexicon Ⅰとlexicon Ⅱの二つのレキシコンが見られるが、それらはいずれもsub lexiconであり、そのうち前者が2.3.1節で語構成要素部門と呼んだ部分に対応し、後者が語彙素（lexeme）の辞書になる。第2には、図5でlexicon Ⅰとlexicon Ⅱとを結ぶ役割を担っている語構成論的プロセスは2.3.1節で呼んだ語構成論的プロセスと同じものである、という点である。第3には、ここでの論点との関わりで最も重要な点であるが、語構成論的プロセスによって出来た語をlexicon Ⅱに登録した後で、語レベル固有の意味が派生することによって語レベル特有の多義が構成されることがあるが、それは一旦語が語構成論的に構成された後の作用であると見なされるので語構成論の対象外の問題として扱われる、という点である。

　では、先に本論で示したような考え方、すなわち、語が形成される最初

の段階から存在するわけではなく、語が語彙体系に定着する過程で獲得される意味的特徴が存在する可能性があるということ、を図5に反映させるとしたらどのようにしたらよいであろうか。すぐ分かるように、この問題は図5のlexicon IIの内部構造に関わるものということができよう。すなわち、そういった特徴はちょうど語レベル固有の意味のように、語構成論的プロセスによって語が構成され、それがlexicon IIに登録された後で付与されることになると考えられるわけである。ただ、問題は、語形成論的語構造論の場合、前述したように、実際的な処理法として、単語化の内実を構成する意味的特徴に関しては一括して単語化で付与されるとしたので、その他に、語構成論的プロセスの後で獲得する意味的特徴として具体的にどのようなものが考えられるであろうか、という点である。この点に関しては、著者は今のところ、いわゆる百科事典的情報、つまり、語によって指示される事物自体が実際に有する情報、が候補として挙げられるのではないかと考えている。[14] 具体的には、たとえば先に挙げた「有権者」の場合なら、《日本では20歳以上の人間に与えられるが、対象となる年齢は国によって異なる》とか、《この権利を有することがその社会において大人として認められることである》といったものがそれに相当するであろうが、時間とともに意味の一種として語に定着する特徴の候補としてはこの種の情報こそが相応しいのではないかと思われる。いずれにしても、こういったことが起こりうるためには、lexicon IIにおける語彙素の意味的特徴に関する記述は基本的に開かれたものでなければならない、ということになろう。

　以上を図示すれば次の図6のようになる。

第2章 「単語化」をめぐって　65

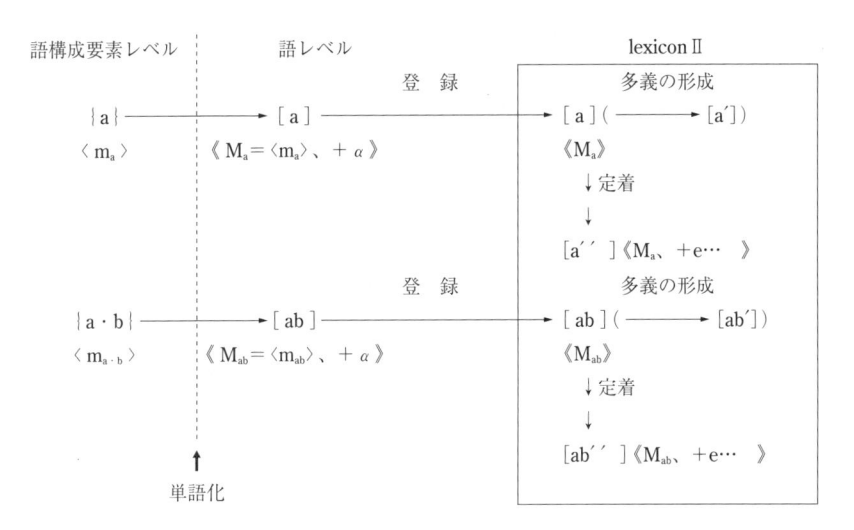

[図6]

```
語構成要素レベル   ：  語レベル           lexicon Ⅱ
                           登　録      多義の形成
  |a|          ─────→  [ a ] ─────→  [ a ]（─────→[a´]）
  ⟨ m_a ⟩          《 M_a=⟨m_a⟩、+α 》           《M_a》
                                              ↓定着
                                              ↓
                                          [a″]《M_a、+e… 》
                           登　録      多義の形成
  |a・b|        ─────→  [ ab ] ────→ [ ab ]（─────→[ab´]）
  ⟨ m_{a・b} ⟩     《 M_{ab}=⟨m_{ab}⟩、+α 》        《M_{ab}》
                                              ↓定着
            ↑                                  ↓
          単語化                          [ab″]《M_{ab}、+e… 》
```

　図6について簡単に説明する。図6は図5のうち直接関わるlexicon Ⅱの部分だけを取り上げたものであるが、留意すべき点は次の点である。
　先に述べたように、語構成論的プロセスによって構成された語がレキシコンに登録された後、語は二つの点において変化しうる。一つは、語レベル固有の意味の派生により語レベル固有の多義が形成される場合であり、図6では[a]（[ab]）から[a´]（[ab´]）への変化（図中の「多義の形成」）がそれに相当する。[15] なお、図中その変化が括弧で括られているのは、それが常に起こるとは限らないプロセスだからである。二つ目は、本論で問題にした百科事典的情報の意味的特徴への付加であり、図6では[a]（[ab]）から[a″]（[ab″]）への変化（図中の「定着」）がそれに相当し、百科事典的情報が付加されたことを《+e》で表してある。なお、意味的特徴となる百科事典的情報そのものが増加したり、その他にも何らかの意味的特徴が付加される可能性が理論的には残っており、その点で語彙素の意味的特徴の欄は基本的に開かれたものであるということは「…」で表示してある。[16]

2.4.4 語構成論の範囲・捉え方

　本論では、本書第2部第2章2.3節と同様、語構成論（＝語形成論的語構造論）とは基本的に語構成論的プロセスの部分を扱うものと考える。そういう意味では、図6のlexicon IIの内部構造に関わる部分は語構成論の直接的な対象からは外れると解釈するが、同時に、そのことは、語構成論だけでは必ずしも語の完成の問題を扱うことはできない、とする本書第2部第2章2.3節の立場をより強化することに他ならないと言えよう。ただ、もちろん、そういった問題も語構成論的プロセスと間接的に関連を有することは否定できない。従って、そういう点では、語形成論的語構造論としては、語構成論的プロセスの部分のみを扱う語構成論をいわば"狭義の語構成論"、造語の観点、語構成要素部門、lexicon IIといった前後の部分をも含めた広い範囲を扱う語構成論を"広義の語構成論"という形で区別するのも一つの考え方かもしれない。

　ところで、語構成論的プロセスの部分が（狭義の）語構成論の対象であるとした場合、語構成論に対して次のような疑問が投げ掛けられるかもしれない。それは、もしそうであるならば、語構成論というのは出発点（語構成要素の種類と意味）と到着点（語の意味）が予め決まっていて、単にそれを結びつけているだけの存在なのではないか、どこに語構成論の独自性が存在するのか、という問い掛けである。確かにそういう見方もできるかもしれない。しかし、間をどのように繋ぐかということに関してはいろいろな可能性が存在するわけであり、その中のどれが最も妥当であるのかを明らかにすることは重要、かつ意義のあることではないだろうか。本論の語構成論（＝語形成論的語構造論）は、その点を、具体的には、

　a) 連結形式とその内実の決定
　b) 単語化の内実の決定

の2点（＝語構成論的プロセスの内実の決定）を通して明らかにしようとするものであり、そこに語構成論の独自性が認められるのである。[17]

2.5 おわりに

　以上、本論では、標題に掲げた
　1) 単語化の源泉
　2) レキシコンの内部構造
の2点を問題点として取り上げ論じて来た。その結果、1) については、意味形成部門が単語化の源泉になること、2) については、語の定着する過程において百科事典的情報などが語の意味的特徴として新たに付与されるということ、およびそういった点で、レキシコンにおける語の意味的特徴の記載は開かれた集合としてあること、を明らかにした。また、これらを論じる過程において、本論の語構成論の基本的性格についても言及した。すなわち、1) との関わりでは、本論の語構成論は、基本的に既存の語を対象としその形成過程を理論的に再現するもので、「語形成論的語構造論」と呼ばれるべきものであるということ、2) との関わりでは、語構成論の㋐範囲・対象、および㋑意義、について論じ、その結果、㋐については、狭義では語構成論的プロセスの部分を対象とし、広義ではその前後をも含めるということ、㋑については、語構成論的プロセスの内実をどのように決定するかという点に本論の語構成論の独自性が存在するということ、を明らかにした。

　なお、最後に強調しておきたいのは、上記のごとく本論の語構成論はあくまでも語形成論的語構造論であり、今回、語形成論的観点を取り入れたのは、あくまでも単語化の源泉を明らかにするという目的のために他ならない、という点である。従って、逆に言えば、語形成論でもその目的に直接関わる部分にしかスポットライトを当てておらず、そういう意味では、語形成論そのものとして見ればいかにも不充分なものしか提示できなかったという点は否めない。たとえば、そういった例の一つとして、意味形成部門の内実をどう考えるのか、という問題を挙げることができようが、その他にも同様の例は多い。全て今後の課題としたい。

注

1. 語には意味的な側面（語彙的な側面）ばかりでなく文法的な側面も存在するが、本論では前者にのみ問題を限定する。
2. 単語化は、そういう点では、語連続が文へと質的転換を果たす際に必要とされる「陳述」の作用と平行する概念である。
3. 単語化全体の内実について詳しくは本書第1部第1章を参照されたい。
4. 語構成要素の意味は〈m〉、語の意味は《M》で表示することにする。
5. この点に関しては、後に2.4.3節で若干修正する。
6. この立場の背景には、著者の語構成論が宮島（1994、第2部第1章）などの言う「単語中心主義」の立場から影響を受けているということがあるが、この点について詳しくは本書第1部第1章を参照されたい。
7. 著者は、現時点において、斎藤（1997）で提示した語形成論的モデルを全てそのまま受け入れるわけでは必ずしもないが、本論では、特に問題となる部分以外については手を加えないことにする。
8. 斎藤（1997）では、語形成論的モデルと語構造論的モデルとは微妙に重なり合わさないとしたが、現時点では、理論的には両者は（後者が前者の一部という形で）基本的に重なり合うと考えている。ただし、実際の処理上、両者の間に若干のずれが生じる場合がある。この点については後に2.4.2節で触れる。
9. 図1において、語構成要素a、および連結形式abをそれぞれ語a、abの「直接語構成要素」、また、語構成要素a、bを語abの「間接語構成要素」と呼ぶ。
10. ここでの説明は、《+α》のうちでも特に《M不能》の付与に重点を置いたものになっている点をお断りしておく。
11. 語構成論の範囲については、2.4.4節において厳密に規定する。
12. 先に2.2.2節で、「単語化の意味的側面の内実とは、要するに、語レベル固有の意味的特徴を語構成要素レベルの存在へと付加することである」と述べたのは、いわば一つの理念であるのに対し、ここでのⓑは、どこまでも実際的な条件として提示されたものである。なお、さらに注17を参照のこと。
13. ただし、次の注14参照。
14. 本論では、認知言語学の考え方に従い（John R. Taylor [1995] 第5章、野村 [2001] 参照）、百科事典的情報も個人的なもの以外は語の意味の一部を構成すると考えている（この点で、2.2.2節で示した語の意味に関するイメージは若干修正される）。なお、百科事典的情報には概念的なものも非概念的なものも含まれるが、概念的なものと《M不能》とは本来連続的であり区別は難しい。この点に関し、本論では、後者は語の意味にとって本質的に重要な存在であり語の意味の中核部分を占めるが前者は必ずしもそうではない、という点で区別される場合が多いと考えている。たとえば、「有権者」の場合、本文中に百科事典的情報の例として挙げた二つの特徴を《M不能》に組み込むのは難しいのではないかと思われる。
15. 図5と図6では、「語レベル固有の多義の形成」の位置がlexicon IIの外部と内部というように異なっているが、それは本質的な相違ではない。
16. 二つ目の変化も常に起こるとは限らないわけであるから、括弧で括って表示してもよ

いのであるが、語レベル固有の多義の形成よりは一般的かと思われるのでそうはしなかった。
17. 本論では詳しく論ずることが出来なかったが、a) と b) とは密接に関連する。そういう意味では、単語化によって与えられる意味的特徴の条件として、2.4.2 節で挙げたⓐⓑⓒ三つの条件の他に、「ⓓ 連結形式の内実を構成しない意味的特徴である。」という条件も存在すると言えよう。しかし、連結形式の内実をどのように設定するのが最も妥当であるか、という点に関しては今のところ明確な規定がない。従って、この条件ⓓと条件ⓐⓑ（ⓒは差し当たって関わってこない）との相互関係については、2.2.2 節末尾に述べた本論の語構成論の立場と絡めて今後あらためて考えなければならない。本論の語構成論に課された課題の一つである。

第3章

語構成要素の有する意味

1.1　はじめに

「暗室」という語がある。この語を国語辞典で引くと、「光線が入らないように密閉した部屋。写真の現像や理科の実験などに使う。」(『新明解国語辞典』第五版)といった説明がされているが、まずここで二重下線部の部分に注目したい。というのは、「暗室」という語の構成を「暗＋室」と考えた場合、そこから予想される語の意味は、基本的には「暗い部屋」、すなわち、上記の辞書の説明における単一下線部に相当する部分であり、残りの二重下線部の部分は、語の構成要素とその関係(「暗」が「室」を意味的に修飾するという関係)からだけではその由来を直接的には説明できない部分であると思われるからである。[1]

注意すべきは、このような現象は他の合成語においても多かれ少なかれ生じることである、という点である。[2] そこで、この点を一般化して言えば、次のようになる。すなわち、合成語の意味にはその構成要素の意味と関係とからだけでは説明できない部分が存在する、というようにである。従って、今、合成語 a b の意味を《M_{ab}》、語構成要素 a の意味を〈m_a〉、語構成要素 b の意味を〈m_b〉と表示するならば、語構成要素の意味と合成語の意味と

の間には、次の(1)に示すような関係が存在すると言うことができよう。

(1)　a　＋　b　→　ab
　　〈m_a〉〈m_b〉　《M_{ab} ＝〈m_a R m_b〉,＋α》

ここで、〈m_a R m_b〉というのは、語構成要素a、bの意味と両者間の関係によって構成される意味を表わし(Rはそれぞれの語構成要素間の意味的関係である)、《＋α》は、それだけでは説明することのできない合成語の意味的要素を表わす。

　さて、本論では、以上のように、合成語の意味の中に語構成要素の意味とその関係とからだけで説明できる部分(上記〈m_a R m_b〉)と、それだけでは説明できない部分(上記《＋α》)とを区別することを前提として受け入れた上で、語構成要素そのものの意味(〈m_a〉、〈m_b〉)とそれらによって構成される意味(〈m_a R m_b〉、以下、この3者をあわせて(Ⅰ)と呼ぶこととする)の内実を明らかにすることを目的とする。[3] もちろんそのためには、本来、合成語をも含めた語の意味の全体像、および《＋α》の全容を明らかにすることが必要となるはずであるが、本論では、それらの点については必要最小限の点に触れるにとどめる。

1.2　語と語構成要素との関係－語構成要素の意味を求めて(その1)－

　前節で規定した(Ⅰ)の内実を明らかにするためには、語構成要素そのものの意味を明らかにする必要があるが、そのためには、まず語構成要素自身に注目することが重要である。なぜなら、語構成要素の意味というのは語構成要素の意味的側面に他ならず、従って、語構成要素という言語単位の在り方そのものに即応する形で存在していると考えられるからである。そこで、本節では、語構成要素という単位を語との関わりでどのように捉えるか、という点を明確にし、そのことを通して、語構成要素の意味を考える手掛かりを得ることととしたい。

　さて、語と語構成要素という言語単位間の関係を理論的に考える上で参考になるのは、鈴木重幸の考え方である。すなわち、鈴木(1996、第3部第3章)によれば、基本的に両単位間の関係は「単語が基本的な単位であって、

形態素は単語に対して派生的な、従属的な関係にある。」(276ページ) とされるが、[4] このことは、「形態素は語いと文法の発達にともなって単語から分化した単位」であるということ、および「形態素は単語を媒介にして語い体系・文法体系とかかわる」ということから言えるという。このうち、本論では特に後者の点を重要視したいが、そこで言われていることは、要するに、「現実と直接むすびついているのが単語であってその要素でない」(宮島[1994、第2部第3章] 122ページ) ということに他ならない。そして、そのことは、宮島達夫の言う「無意味形態素」の存在や、湯本(1978)の言う「あわせ単語の意味のできあい性」といった現象を考えれば十分に納得のいくことであると言えよう。

以上述べたことは、語との関わりから見た語構成要素の言語単位としての位置づけであるが、ここで注意すべきは、このことが、語構成要素の認定、あるいは設定といった実際的な問題と密接に関連しているという点である。というのは、語構成要素とは幾つかの語群を比較・対照することによって抽出される言語単位であると言えるが、[5] そのことは取りも直さず、我々に実際に与えられているのはあくまでも単語であって語構成要素ではないということであり、[6] 上述の語構成要素の把握に関する理論的立場と呼応するものであると考えられるからである。

ところで、先に述べたように、語構成要素の意味は、こういった語構成要素の在り方そのものに即応した形で存在していると考えられるが、このことは、語構成要素の意味は幾つかの語の意味の共通部分として語の意味から抽出されるものであり、現実世界と直接関わるものではない、ということを基本的に意味するものと思われる。そこで、今、ある語群からaという語構成要素、また別の語群からbという語構成要素が抽出されたと仮定しよう。そうすると、その意味的側面はそれぞれの語群に共通する意味であると一応考えられるが、それを$\boxed{m_a}$、$\boxed{m_b}$と表示することとする。すると、合成語abの意味は次の(2)のように表わすことができよう。

(2) 《M_{ab}》 = 《$\boxed{m_a R m_b}$, + α'》[7]

しかしながら、これら$\boxed{m_a}$、$\boxed{m_b}$を直ちに語構成要素a、bの意味とするわけにはいかないし、従ってまた、それらによって構成される$\boxed{m_a R m_b}$という意

味（以下、$\boxed{m_a}$、$\boxed{m_b}$、$\boxed{m_aRm_b}$をあわせて（Ⅱ）と呼ぶ）を直ちに語構成要素a、bによって構成される意味とするわけにはいかない。なぜなら、"語構成要素の意味が語構成要素の在り方に即応した形で存在している"というのは、言い換えれば、語構成要素の意味というのが語構成要素という言語単位に特有な意味的在り方の一様式として存在しているということであり、単に、個々のケースにおいて幾つかの語に共通する意味としてそのまま設定されるものでは必ずしもなく、その在り方の条件として、全ての語構成要素の意味は基本的に同質である、という点を含んでいると見なされねばならないからである。

以上、本節では、語との関わりから見た語構成要素の位置づけから出発し、その点から導かれる語構成要素の意味とその意味的和の候補として（Ⅱ）を提示するに至ったが、それは必ずしも本論で求める語構成要素の意味とその意味的和としての（Ⅰ）と全同とは言えない、ということが明らかになった。従って、本論における次節以降の課題は、この（Ⅰ）と（Ⅱ）との差をどのようにして埋めるのか、ということになる。

1.3 語構成に関する理論的枠組み

前節で確認した（Ⅰ）と（Ⅱ）との相違というのは、語構成要素の意味が有する、語の意味の共通部分として抽出されるという操作的な側面と、語の意味内部においてどう位置付けられるのかという理論的な側面とのずれから生じるものであると考えられるが、両側面は対等ではなく、両者の間には後者が前者を制限するという関係が想定されるべきであると思われる。つまり、後者の方が語構成要素の意味の内実を決定する力が強いわけである。従って、（Ⅰ）と（Ⅱ）との差を埋めるためには、語構成要素の意味の有する理論的な側面の内容をもう少し明確にすることが重要になってくる。そこで、そのために本節では本論における語構成の理論的枠組みの大要を提示することとしたい。

最初に、本論における語構成の基本的な捉え方を次ページの図1に示す。

図1は、語構成要素aと語構成要素b（語構成要素レベルの存在は以下

で括って示す)とが結合して合成語ａｂ(語レベルの存在は以下 [　] で括って示す)が出来る有様をモデル化したものである。ただし、|a| は自立形式、|b| は結合形式という形でモデル化しているので、|a| が自立して単純語 [a] が出来るプロセスをも含んでいる。なお、前節までの表示法と同じく、〈m〉は語構成要素の意味であり、《M》は語の意味である。

さて、図1で重要な点は二つである。第1は、|a| と |b| とが結合して直ちに合成語 [a b] が出来るのではなく、途中に、|a・b| という中間段階を踏むという点である(両要素間の黒丸は、両要素が未だ完全には結合していないことを示す)。このような形式を設定する主な理由は、単純語にせよ合成語にせよ、全ての語は語構成要素レベルの形式が自立することによって成立する、という形に統一して扱えるようにするためである。

第2は、第1の点と関わるが、語構成要素レベルと語レベルとの間には大きな断絶があり、前者の存在が後者の存在になるためには必ず「単語化」というプロセスを経なければならない、と考える点である。このプロセスは、語構成要素と語との間には言語単位として質的な相違が存在し、前者によって後者が形成されるためには一種の質的転換が必ず必要である、という考えに基づいて設定されるものである。なお、このプロセス自体は、言語単位間の変換に関わる総合的な作用であるが、その意味的側面を表示したのが図中の《＋α》である。

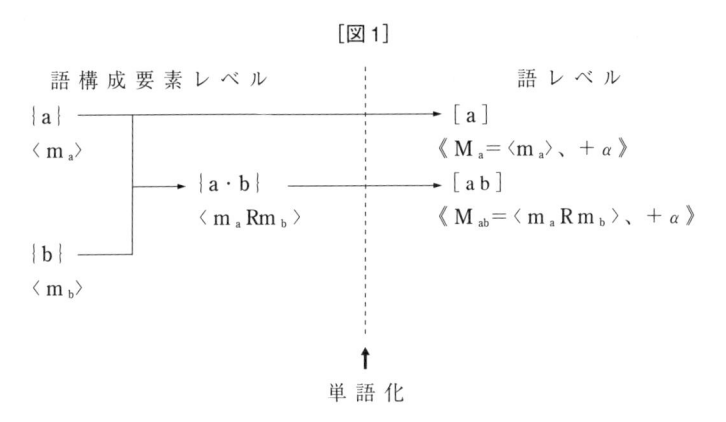

[図1]

```
        語構成要素レベル              語レベル
  |a| ─────────────────────────→ [a]
  〈m_a〉                          《M_a=〈m_a〉、+α》

           ┌→ |a・b| ─────────→ [a b]
           │  〈m_a R m_b〉        《M_ab=〈m_a R m_b〉、+α》
  |b| ────┘
  〈m_b〉
                    ↑
                  単 語 化
```

以上、本論における語構成の基本的な考え方を述べたが、本論での議論

との関わりでは次の2点が重要である。

　第1点は、語構成要素の捉え方についてである。上で述べたように、本論では合成語 [a b] の直接的な語構成要素を通常のように |a|、|b| ではなく |a・b| と考える立場に立つ（|a|、|b| は間接的な語構成要素であると見なす）。従って、今まで本論で（Ⅰ）という形で言及してきた〈m_a〉、〈m_b〉、〈$m_a R m_b$〉は、それぞれ単純語 [a]、[b]、合成語 [a b] の「（直接）語構成要素の意味」と一括することができるようになるわけである（以下、特に断らない限り、「語構成要素」という語をこの拡張した意味で使用する）。なお、それと平行し、（Ⅱ）を「（複数の語の意味に共通する部分としての）語構成要素の意味の候補」と一括することにする。

　第2点は、語構成要素の意味と《+α》との関係についてである。第1節では、《+α》を、合成語 [a b] の意味のうち（間接）語構成要素 |a|、|b| の意味とその関係とからだけでは説明できない部分、という形で導入したが、図1を見ても分かるように、《+α》は単純語の場合にも存在するわけであるから、そういった説明では充分でない。そこで、ここでは、語構成要素の意味と《+α》との両要素を図1に示した語構成の考え方に基づいて捉え直してみたい。

　さて、図1の説明で述べたように、《+α》というのは「単語化」の意味的側面であるから、《+α》を構成する意味的要素は、「単語化」が作用する際、すなわち、語構成要素レベルの存在が語レベルの存在へと質的転換する際に付与されるものと考えられる。ということは、《+α》の構成要素はあくまでも語レベルに至って初めて存在するものであり本質的に語レベルに属する要素である、ということに他ならない。一方、語構成要素の意味は、当然ながら語構成要素レベルの存在である。従って、単純語にせよ合成語にせよ、語の意味の内部には、語構成要素レベルからそのまま持ち越す本質的に語構成要素レベルの意味的要素（＝語構成要素の意味）と、語レベルにおいて初めて生ずる本質的に語レベルの意味的要素（＝《+α》）という2種類の異なった意味的要素が共存し、それらの間には、

　(3)　語の意味＝語構成要素の意味＋「+α」

という関係が成立するものと考えられる。[8]

以上、本節では、本論における語構成の基本的な捉え方を提示し、それに基づいて次の点を明らかにした。

$$\begin{cases} \cdot（Ⅰ）：\langle m_a\rangle、\langle m_b\rangle、\langle m_aRm_b\rangle \to 語構成要素の意味であり、語構成要素レベルの意味的要素 \\ \cdot 《+\alpha》\to 語レベルの意味的要素 \end{cases}$$

1.4 語構成要素の意味－語構成要素の意味を求めて（その2）－

前節では、語の意味の内部に、語構成要素レベルの意味的要素と語レベルの意味的要素が存在することを指摘したが、この2種の要素を具体的にはどのようにして選り分けたらよいであろうか。語構成要素の意味の内実を明らかにする、という本論の目的を達成するためには、その点を明確にしなければならない。

1.4.1 意味的限定

語の意味の全体像をどのように描くか、という問題はなかなか難しい問題であるが、本論では、大雑把に次のように捉えることとする。すなわち、中心部分に、現実世界のどのような断片を指し示すのかという点を一般的な形で表わした「概念的意味」と呼ばれる部分が存在し、その周りに、概念的意味によって指し示される対象に対する言語主体の感情的なニュアンス（「感情的意味」と呼ばれることがある）や、その語が使用されうる文体を示す文体的特徴、といった幾つかの意味的要素が存在している、というようにである。そして、今、そういった周辺的な意味的要素を一括して語の「周辺的意味」と呼ぶならば、語の意味は、大きくは、中心部に概念的意味が存在しその周りを周辺的意味が取り囲んでいる、といったイメージで捉えることができよう。

さて、以上のように考えた場合、語構成要素の意味を明らかにするという本論の問題意識との関わりからは、次のように言うことができる。すなわち、一般的に語の周辺的意味は語レベルの存在であり《+α》に属するものであって語構成要素の意味には属さない、[9]というようにである。従って、

第2節で提示した語構成要素の意味の候補としての(Ⅱ)はまずこの点で限定を受けることになる。つまり、たといある場合において抽出された共通部分に周辺的意味が含まれていたとしても、その部分は語構成要素の意味とは見なさない、ということである。

　しかしながら、語構成要素の意味を明確化するには、すなわち、本論での議論の流れから言えば、(Ⅰ)と(Ⅱ)の差を埋めるためには、これだけではまだ充分でない。「語構成要素の意味＝語における概念的意味」というわけでは必ずしもないからである。以下、この点を明らかにするために、単純語における語構成要素(以下、「単純形式」と呼ぶ)の意味(図1における$\langle m_a \rangle$、$\langle m_b \rangle$)の場合と、合成語における語構成要素(以下、「合成形式」と呼ぶ)の意味($\langle m_a R m_b \rangle$)の場合とに分けて論じることとする。[10]

　単純形式の意味の場合特に問題となるのは、類義語間の意味的相違(対立点)を構成する要素の扱いである。そして、結論を先に言うなら、そういった要素は全て語レベルの存在であり語構成要素の意味には属さない、と本論では考える。なぜなら、類義語というのは小さいながらも一つの語彙体系であり、そういった体系に支えられて類義語間の意味的対立が生じることを考えると、その対立点を構成する意味的要素というのはあくまでも語レベルの存在と判断せざるを得ないからである。そこで、この点を具体的に見るために、以下、「干す」と「乾かす」という類義動詞を例に取り、柴田編(1976)の記述を参考にしながら、「干す」の語構成要素¦ほす¦の意味(¦m_h¦とする)について考えてみたい。

　同書によれば、「干す」と「乾かす」の意味的対立の内実は大きく次の3点にまとめられるという(いずれも前者の特徴が「干す」で後者の特徴が「乾かす」のものである)。

　①対象→a：《対象の内部の水分》／a′：《対象の表面の水分》
　②手段・場所→b：《日光・日陰》／b′：《制限無し》
　③力点→c：《動作そのもの》／c′：《結果》

なお、同書には、両動詞の意味的共通部分について特に言及がないが、ここでは、《対象の水分を無くする》(以下、m_kとする)と捉えておきたい。

　以上は、単純語「干す」と「乾かす」の場合についてであるが、次に合成

語(複合語)の場合を考えてみよう。ただし、「乾かす」はほとんど複合語を作らないので、問題となるのは専ら「干す」の場合だけである。ここでは同書でも言及されている「干し柿」と「飲み干す」の2語を取り上げるが、同書によれば、「干し柿」の「干し」には単純語「干す」の有する上記 a、b の意味的特徴が含まれており、「飲み干す」の「干す」には上記 a の意味的特徴が含まれているとされている。

　さて、以上の柴田編(1976)の記述を本論の問題意識に従って捉え直せば次のようになろう。すなわち、「干す」「干し柿」「飲み干す」の3語の意味を比較・対照し、語構成要素|ほす|を抽出しようとする場合、3語の「ほす」の部分の意味はそれぞれ

(4)　「干す」：$m_k + a + b + c$
　　　「干し柿」：$m_k + a + b$
　　　「飲み干す」：$m_k + a$

となるから、|ほす|の意味〈m_h〉としては、その共通部分、つまり、「干す」と「乾かす」の意味的共通部分である《m_k＝対象の水分を無くする》という意味と、両語の対立点の一つである《a＝対象の内部の水分》という意味の2要素が候補として抽出されることになる、というようにである。

　しかしながら、〈$m_h = m_k + a$〉とするのには問題がある。というのは、先に述べたように、意味的特徴 a は「干す」と「乾かす」という語を対立させることによって取り出されたものであり、類義語という語彙体系によって支えられた語レベルに属する要素であると考えられるからである。従って、a を語構成要素の意味である〈m_h〉の中に含めるわけにはいかない。

　以上のように考えるなら、結局、語構成要素|ほす|の意味〈m_h〉の実質については〈m_k〉とするのが最も妥当である、ということになろう。つまり、類義語「干す」と「乾かす」との意味的共通部分である。なお、それとの関わりで言うなら、語「干す」と「乾かす」の意味は、それぞれ

(5)　「干す」の意味＝《〈m_k〉, ＋α（＝a、b、c…）》
　　　「乾かす」の意味＝《〈m_k〉, ＋α（＝a´、b´、c´…）》

と表示されることになる。

1.4.2 素材概念的意味

1.4.1節では、語構成要素の意味には語の周辺的意味は含まれないと見なす本論の立場を示した上で、単純形式の場合を取り上げ、類義語との意味的対立を構成する要素は語レベルの存在であり語構成要素の意味には含まれない、という点を明らかにしたが、このことから導かれるのは、結局、単純形式の意味は、概念的意味の中核的部分と考えるのが最も妥当である、という結論である。今、それを「素材概念的意味」と呼ぶことにしよう。

次に合成形式の場合を考えることにするが、まず確認しておきたいのは、合成語の意味には、間接語構成要素の意味とその和とからだけは説明できない部分が存在する、という点である。本論の冒頭で「暗室」の例を挙げたが、ここではそれとはまた少し性格の異なった例について考えることを通し、合成形式の意味の実質を明らかにすることにしたい。

具体的には、「投げ」という形を後項に持つ8個の複合名詞（網羅的なものではない）、「円盤投げ」「すくい投げ」「背負い投げ」「ハンマー投げ」「砲丸投げ」「槍投げ」「雪投げ」「輪投げ」を例として取り上げよう。今、これらの複合名詞の語構造を簡単に述べれば、「すくい投げ」と「背負い投げ」は前項が「投げ方」の様態を表わし、その他は前項が「投げる対象物」を表わしている、と言うことが出来る。従って、これらの複合名詞の意味を大雑把に示すなら次の(A)のようになろう。

(A) ・すくい投げ→(相手を)すくうようにして投げること
　　・背負い投げ→(相手を)背負うようにして投げること
　　・円盤投げ→円盤(のようなもの)を投げること
　　・ハンマー投げ→ハンマー(のようなもの)を投げること
　　・砲丸投げ→砲丸(のようなもの)を投げること
　　・槍投げ→槍(のようなもの)を投げること
　　・雪投げ→雪(の玉)を投げること
　　・輪投げ→輪を投げること

しかし、これだけではそれぞれの語の意味の重要な部分が抜け落ちてしまう。それは、それぞれの語がそもそも一体何に対する名付けなのか、という点に関する情報である。そこで、その点を示せば次の(B)のようになる。

(B) ・すくい投げ：相撲の技　・雪投げ ⎫
　　・背負い投げ：柔道の技　・輪投げ ⎬ 子供の遊びの名称
　　　　　　　　　　　　　　　　　　⎭
　　・円盤投げ ⎫
　　・ハンマー投げ ⎬
　　・砲丸投げ ⎪ 陸上競技の名称
　　・槍投げ ⎭

　問題はこの種の指定をどう扱うかということであるが、すぐ気が付くように、こういった要素はこれらの複合語の直接語構成要素の意味に直に含まれているとは考えにくい。従って、これらは《+α》に属する要素であると見なすのが穏当である。しかしながら、ここで注意すべきことは、こういった指定はそれぞれの複合語の概念的意味の一部を構成すると見られる、という点である。なぜなら、これらの指定はそれぞれの複合語が指し示す対象がどのようなものであるか、という点に関わるものだからである。ということは、逆に言うなら、これらの複合語の直接語構成要素の意味(上記(A)がほぼそれに該当する)は複合語の概念的意味の一部にすぎない、ということである。この点は、本論の冒頭に挙げた「暗室」の例の場合も同様である。

　さて、以上の点を本論の議論の流れの中に位置付けるならば次のようになろう。すなわち、合成形式の意味は合成語の概念的意味の一部である、というようにである。そこで、今、上で問題にしたような、合成語の意味のうち《+α》に属するような概念的側面における限定要素を除いた、[11] 合成形式の意味そのものがどのような性格のものであるかを考えてみるならば、合成語の概念的意味の中核的部分と捉えるのが最も妥当であると思われる。なぜなら、上で示した(A)の内容を見れば分かるように、合成形式の意味は合成語の意味のいわば骨格部分に相当するからである。そこで、改めてこれをも先の単純形式の意味と同様に「素材概念的意味」と呼び、合成形式の意味の実質とするならば、単純形式、合成形式を問わず、一般に語構成要素の意味を「素材概念的意味」と統一的に捉えることが可能になるわけである。

　以上、本節では、(Ⅱ)を語構成要素の意味と考えた場合の問題点を明ら

かにすることを通して、（Ⅰ）、すなわち語構成要素の意味を素材概念的意味と規定しうることを述べた。

1.4.3 問題点

1.4.1節、1.4.2節で述べた考え方には、注9で触れた点以外にも幾つか問題点がある。本節の最後に、それらについて簡単に論じたい。

まず、単純形式の場合について論じた問題に関してである。既述のように、類義語において対立点を構成する意味的要素は語構成要素の意味には含まれない、と本論では考えるが、もしそうだとすると、類義語を構成するそれぞれの語の語構成要素の意味は全て同じであるということになるがそれでよいのか、という問題が生じる。実際、1.4.1節で例として取り上げた「干す」と「乾かす」の場合を見ても、両者の語構成要素｜ほす｜、｜かわかす｜の意味は同じ〈m_k〉であり、これでは両者は意味的に区別できないことになる。

しかし、本論ではこれで構わないと考える。というのは、一つには、先に1.2節で述べたように、語構成要素の意味というのは、あくまでも語の意味から抽出されるものであり現実世界と直接結び付いているわけではないので、全く同一の意味を複数の形式が有していても構わない、と考えられるからであり、もう一つには、それらの語構成要素がお互いに区別できないのはあくまでも意味的な側面においてだけであり、その他の面、たとえば造語力（この点については、既述のように｜ほす｜の方が旺盛である）の面、あるいは、語の文法的な面に対応する側面、[12] から見れば、それぞれの語構成要素は独自の存在であり、お互いに区別することが充分可能であると考えられるからである。

次に、合成形式の場合について論じた問題に関してである。本論では、合成語の意味のうち間接語構成要素の意味とその和とから直接説明しうる部分のみを合成形式の意味とし、それ以外の部分については、概念的性格を有する要素であっても《+α》に属すると考えた。しかしながら、ここで注意しなければならないのは、1.3節で述べたように、一方で、語構成要素の意味と《+α》との間には、本質的に前者が語構成要素レベルの存在であ

り後者が語レベルの存在である、という対立が存するという点である。というのは、改めてこの観点から見直してみると、合成語の意味のうち本論で《+α》に属するとした概念的要素（これを《MR》とする）が本質的に語レベルの存在である、という保証がどこにもないことに気付かされるからである。従って、逆に言えば、この《MR》を本質的に語構成要素レベルのものとし、語構成要素レベルの内部において何らかの仕方（具体的方法の可能性については本論では省略する）で合成形式の意味の内部に付与されるとしても理論的には構わない、ということになる。確かに、《MR》は間接語構成要素の意味とその和とからは直接説明しにくい要素なので、直感的には本論のように扱うのが最も自然であると考えられるが、その理論的根拠が明確であるとは言えず、その点で、単純形式の意味において論じた類義語の意味的対立点を構成する要素の場合とは異なると言える。

1.5 おわりに

本論は、語構成要素の意味の内実を明らかにすることを目的とし、語構成要素の意味とは「素材概念的意味」、すなわち、語の概念的意味の中核的部分である、という結論を提示したが、結論を導く上でポイントになったのは以下の点である。

1) 語構成要素には直接語構成要素と間接語構成要素との2種類がある。単純語 [a]、[b] の場合には、|a|、|b| が直接語構成要素であり、合成語 [a b] の場合には、|a|、|b| が間接語構成要素、|a・b| が直接語構成要素である。従って、語構成要素の意味を求めるというのは、単純語の直接語構成要素（＝単純形式）の意味 $\langle m_a \rangle$、$\langle m_b \rangle$、および合成語の直接語構成要素（＝合成形式）の意味 $\langle m_a R m_b \rangle$ の実質を明らかにするということである。

2) 語の意味には、語構成要素の意味によってのみ説明できる部分とそれだけでは説明できない部分（＝《+α》）とが存在する。

3) 語構成要素の意味というのは、語構成要素という言語単位に特有の意味的在り方の一様式であり、幾つかの語の意味の共通部分であること

を必要条件とするが、それだけでは充分でなく、次の点から制限を受ける。

3-1) 語構成要素の意味は語構成要素レベルの存在であり、《＋α》は本質的に語レベルの存在である。

3-2) 語構成要素の意味には語の周辺的意味は含まれない。

3-3) （単純語の場合、）類義語の意味的対立点を構成する要素は語レベルの存在であり、単純形式の意味には含まれない。

3-4) （合成語の場合、）概念的性格でありながら合成形式の意味には含まれず《＋α》に属する部分（＝《MR》）が存する。

本論では、語構成要素の意味を考えることを直接的な目的としたため、《＋α》の全容については深入りすることができなかった。1.4.3節で述べた問題点を含め、それらについては全て今後の課題としたい。

注

1. 「暗室」の場合、二重下線部は問題となっている部屋の使用目的、あるいは使用状況に関する限定を表わしていると考えられる。
2. 複合名詞を対象とし、この問題について詳しく論じたものに湯本（1978）がある。参照されたい。
3. 後に（1.3節）「語構成要素」の外延を拡大するので、本論の目的を、最終的には、語構成要素の有する意味を明らかにすることである、と一括しうるようになる。
4. 鈴木の言う「形態素」と本論の「語構成要素」とは必ずしも全同ではないが、その点がここでの議論に直接影響することはない。
5. 語構成要素（あるいは形態素）の認定に関しては、従来から様々な基準が提出されているが、その点については本論の直接的な問題ではないので省略する。なお、この問題については、森岡（1994）「第1部第1章形態素の認定」などを参照されたい。
6. この点については、宮島（1994、第2部第1章）98ページ参照。
7. 《＋α》ではなく《＋α′》となっているのは、この段階では、両者は必ずしも同じではないと考えられるからである。
8. 語構成要素と語との間には質的相違が存在し、言語単位として属するレベルが異なると考えられるわけであるが、意味的には、両者の間に際立った質的相違が存在するわけではない。これは、意味という現象の有する本質的に連続的な性格によるものと思われる。
9. この点に関しては、本書第1部第4章を参照していただきたい。なお、語の中には、感動詞等ここで言う「概念的意味」を有さないと思われるものも存在するが（本論で言う「概念的意味」には、対象の指示に関わるものばかりでなく機能的・関係的な性格のものをも含む）、そういった語の語構成要素の意味については、本論では触れな

い。それは、そういった語の意味自体をどのように規定したらよいかという点が語の意味論において未だ充分明らかにされていない、と本論では考えるからである。
10. 1.3節で述べたように、本論では、単純形式も合成形式も共に語構成要素と捉えるが、それは、両者は基本的に同質であるという把握の仕方があるからである。従って、以下、単純形式、合成形式に場合を分けて論ずる点は、どちらか一方の形式にしか当てはまらない論点ということではなく、どちらかと言えばその形式に特に目立つ問題である、という意味であって、本質的にはどちらの形式においても生じうる問題である、という点を強調しておきたい。
11. 合成語の意味の《+α》に属する意味的要素には、当然、概念的意味以外のものも存在するわけであるが、その点は別の問題である。
12. 本論では、語構成要素には、語の意味的な面に対応する意味的側面と、語の文法的な面に対応する機能的側面、との2面が存在すると考えているが、この点については、これ以上触れない。

第4章

語構成と語の周辺的意味

1 周辺的意味の付与のされ方（自立形式の場合）
　－「つら（面）」を構成要素とする複合名詞を対象として－

1.1　はじめに

1.1.1

　具体例から話を始めたい。たとえば「がき大将」「食い道楽」という語を例に取ろう。これらは複合語である点を除けば、特に意味的に難しいところはないと思われる。辞書では、「子供の仲間の中で、腕力が強く一同を従えている子。」「うまいものや珍しいものなどを食べて楽しむ道楽。また、そのような人。しょくどうらく。」（いずれも『大辞林』［三省堂、第二版］）と説明されている。しかしながら、これらの語には語構成論的に見て興味深い共通点がある。それは、これらの語の構成要素、具体的には前者における「がき」、後者における「食い（食う）」が、単独の語（単純語）として存在する場合には特定の感情的ニュアンスや文体的偏りを有しているのにもかかわらず、複合語の構成要素として存在する場合には、それ自身にも、あるいは

複合語全体にも単純語の場合と同様の感情的ニュアンスや文体的偏りが備わっているようには見えない、という点である。

この点をもう少し具体的に言えば、次のようになろう。「がき」という語には、「〔食物をむさぼることから〕子供を、卑しめて言う語。『うるさい－どもだ』」、「食う」という語には、「食べ物をかんで飲み込む。食べる。『飯（めし）を－・う』『小鳥が猫に－・われる』（略）〔現代語では、人の場合『たべる』よりもぞんざいな言い方で、普通、男性が用いる〕」（以上、『大辞林』。下線は引用者）と説明されるように、それぞれ「卑しめて言う」「ぞんざいな言い方」といった感情的ニュアンス、文体的偏りが存在するが、[1]「がき大将」、「食い道楽」といった複合語になると、そういった特徴が少なくともそのままの形では見られなくなるのではないか、ということである。

一方、『現代用語の基礎知識 1999』（自由国民社）所収の「外来語カタカナ語 マスコミに出る外来語・略語辞典」（堀内克明執筆）には、同じ「がき」を有する複合語として「ガキタレ」という語が載っており、「子供のタレント。子供の芸能人。」（見出しは「ジャリタレ」）という説明が付されているが、これなどは、構成要素「ガキ」の部分（あるいは複合語全体）に「卑しめて言う」という感情的ニュアンスが込められていると言えるのではないだろうか。また、同様に、「食い（食う）」を構成要素とする複合語に「食い物」があるが、この語にも、「食べ物」と比較してみた場合明らかなように、「ぞんざいな言い方」という文体上の偏りがそのまま見られると言えよう。[2]

このように見てくると、単純語に特定の感情的ニュアンスや文体的偏りが存在するからといって、それと同じ構成要素からできている複合語において、同一の特徴が何らかの形で存在しているとは必ずしも限らない、ということが分かる。まず、このことを確認しておきたい。

1.1.2

ところで、上で「感情的ニュアンス」「文体的偏り」と呼んだものを、語の有する意味（「語彙的意味」と呼ぶ）の一部として位置づけ、「感情的意味」「文体的特徴」と改めて呼び直すならば、次のように言うことができよう。語彙的意味の中で中心的部分を占めるのは、ふつう「概念的意味」と呼ばれる部

分、すなわち、語によって指し示される対象がどのようなものであるかということを一般的な形で表わしている部分、であるのに対して、これらの感情的意味や文体的特徴といったものは、語彙的意味の周辺的部分に位置すると考えられ、その点でこれらの意味を一括して「語の周辺的意味」と呼ぶことができる、というようにである。[3]

本論は、この、語の周辺的意味と語構成との関わりについて考察しようとするものである。すなわち、より具体的には以下の2点について考察することを目的とする。

①語の有する語彙的意味のうち、概念的意味については語構成要素も同様に有すると考えて構わないと思われるが、[4] 語の周辺的意味も語構成要素に存在すると考えられるのかどうか。

②上記①に関してどちらの立場を取るにせよ、先に示したような、同一の語構成要素を有していながら単純語と複合語とで周辺的意味が一致する場合としない場合とがある、ということを語構成論的にどのように説明するのか。

これら二つの問題は、

③語に周辺的意味が付与される語構成論的プロセスをどのようなものと理論的に考えるか。

と一括することができよう。本論は、この点を、副題に掲げたように、「面構え(つらがまえ)」「馬面(うまづら)」等「つら(面)」を構成要素とする複合名詞を分析対象とし考察しようとするものである。

1.2 「つら(面)」を構成要素とする複合名詞について-具体例の検討-

1.2.1 分析対象の選定

本論では、前節で述べた目的のために、「つら(面)」を構成要素とする複合名詞を具体的な対象として取り上げ分析を行なうが、対象をこのように設定した理由としては次の点が挙げられる。第一に、何らかの強い周辺的意味を有する語は、一般的に言って、それと同じ構成要素を含む合成語を作りにくいということがあるのだが、[5] この「つら(面)」に関しては、あま

りそういうことがなく比較的多くの合成語を作るということ。第二に、複合名詞という限定についてであるが、「つら（面）」を構成要素とする合成語に関してはほとんどが複合名詞であり、それ以外は複合形容詞である「面憎い」と派生語である「しゃっ面」ぐらいしかなく、それであれば、分析対象の等質性を確保するために複合名詞に初めから対象を限定した方がよいと思われたからである。

　さて、具体的分析に入る前に、まず語例の確定を行ないたい。「つら（面）」を構成要素とする複合名詞という場合、「つら」を前項に持つ場合と後項に持つ場合とがあるわけだが、いずれの場合も『岩波国語辞典（第五版）』（以下『岩波』と略称する）『新明解国語辞典（第五版）』（以下『新明解』と略称する）『大辞林（第二版）』のうち複数の辞書に載っているものをまず候補として取り上げた。ただし、「つら」を後項に持つ場合については、『日本語逆引き辞典』（北原保雄編、大修館書店）によって見出しを選定した。これが第1段階である。

　一方、意味の面からの対象の絞り込みも行なった。というのは、語構成要素としての「つら（面）」には、"顔"の意味の他に"物の表面"（『大辞林』）という意味もあるからである。たとえば、「川面」「字面」「帳面面」等に見られる「づら」がそれである。[6] この意味は、語構成要素としての「つら（面）」の基本義である"顔"から"顔"の有する特殊な位置関係（相対した時直接目にする）に基づいて派生した派生義であると思われるが、"顔"とは全く別の意味であると判断される。従って、今回は扱わないこととし、この意味の「つら（面）」を構成要素とする複合名詞を上記辞書に基づく候補から除くという操作を行なった。これが第2段階である。

　以上の二つの段階を経て選んだのは以下の16語である。
　・「つら（面）」を前項に有する複合名詞
　　1. つらあて（面当て）
　　2. つらがまえ（面構え）
　　3. つらだましい（面魂）
　　4. つらつき（面付き）
　　5. つらよごし（面汚し）

・「つら(面)」を後項に有する複合名詞
  6. うちづら(内面)
  7. うまづら(馬面)
  8. しかめっつら(顰めっ面)[「しかめづら」「しかめつら」とも言う]
  9. そとづら(外面)
  10. なきつら(泣き面)[「なきっつら」とも言う]
  11. ばかづら(馬鹿面)
  12. ひげづら(髭面)
  13. ふくれっつら(膨れっ面)
  14. ぶっちょうづら(仏頂面)
  15. ほえづら(吠え面)
  16. よこっつら(横っ面)[「よこつら」とも言う]

この16語に、上記辞典の例文や他の辞典の記述などを参考にして、著者の責任で次の4語を付け加え、計20語を最終的な対象として認定した。[7]

  17. あほうづら(阿呆面)
  18. しんしづら(紳士面)
  19. にょうぼうづら(女房面)
  20. むこうづら(向こう面)[「むこうっつら」とも言う]

1.2.2 単純語「つら」の周辺的意味

分析対象が確定したので、以下、周辺的意味の具体的分析に入るが、まず最初に取り上げるべきはやはり単純語の「つら」であろう。

語「つら」の有する意味、すなわち「つら」の語彙的意味は、辞書にあるように、「顔の、乱暴なまたはののしった言い方。」(『岩波』、下線は引用者)でいいと思われるが、問題がないわけではない。それは、「つら」の周辺的意味を基本的に感情的意味と捉えるか、文体的特徴と捉えるか、という点である。上記『岩波』では、意味説明の後半部分(下線部)が周辺的意味に相当すると考えられるが、「乱暴な」は文体的特徴、「ののしった」は感情的意味のような印象を受ける。他の辞書を見ても、たとえば『学研国語大辞典』(学習研究社、第二版、以下『学研国』と略称する)では「〔俗〕顔。〔やや下

品な言い方で、卑しめた感じを伴う。いい意味では使わない]」となっており『岩波』と同様である。しかし、また一方、「顔。おもて。『顔』よりもぞんざいな言い方。」(『大辞林』)、「『顔』の意の口頭語的表現。〔いい意味では使わない]」(『新明解』)のように、どちらか一方に関する指摘(いずれも文体的特徴か)しか見られないものもある。

　さて、この問題については、既に宮島(1994、第3部第1章)が、感情的意味と文体とは基本的に異なるものであり、

　　このことは文章語の例をかんがえてみればあきらかであって、「昨日」という単語が「きのう」にくらべてかたい文体に属することはたしかだが、どちらの単語にも「きょうの1日まえの日」という対象についてのなんらの感情もこめられていないことは、いうまでもない。(228ページ)

と述べつつも、

　　問題は微妙であり、感情的意味と文体とはちがう、という原則論をのべただけでかたづくほど単純ではない。これらはしばしば語感という名のもとにいっしょにされる。(同上)

と留保し、そのような「混同がおこる理由」を4点にわたって指摘したことがあるが、両者を明確に区別するのは確かになかなか厄介である。また、だからこそ本論のように両者を周辺的意味と一括する立場も生きてくるわけである。しかし、ここでは、「つら」が有しているのは基本的に感情的意味でありそれが文体的特徴にも反映している、と考えることにしたい。なお、その場合の感情的意味とは西尾(1988、第五部第一篇)がまさに同語に対して指摘するように具体的には「待遇的感情」であり、その内実は「さげすみや非難・反感の感情」(282ページ)ということになろう。[8]

　以上のように考えた場合、今、語彙的意味の内容を《M》、語の有する周辺的意味の内容を《m_p》、概念的意味の内容を《m_c》と表示するなら、単純語「つら」の場合、《M＝顔を罵っていう言い方》、《m_c＝顔》、《m_p＝罵りの気持ち》となり、3者の間に一般に次のような関係が設定できることになる。

　　　《M》＝《m_c》＋《m_p》

1.2.3 「つら(面)」を構成要素とする複合名詞の周辺的意味

単純語「つら」の周辺的意味が確定したので、次に、「つら（面）」を構成要素とする複合名詞20語の周辺的意味を確定することにしたい。以下、辞書の記述に従いながらその作業を行なうが、20語における周辺的意味は必ずしも等質ではないので、類似の周辺的意味を有する複合名詞ごとに幾つかのグループに分けグループごとに記述を進めて行きたい（各語の意味記述の引用は、『岩波』『新明解』『大辞林』の順に斜線で区切って示すが、語によっては、明示の上『学研国』から引用した場合もある）。

・Aグループ

阿呆面＝(項目なし)／(項目なし)／愚かな顔つき。まのぬけた顔つき。馬鹿面。／cf.『学研国』：頭のにぶそうな、まのぬけた顔。ばかづら。

馬面＝馬の顔のように長い顔。／長い顔（の人）をあざけって言う語。／長い顔を評していう悪口。うまがお。

馬鹿面＝ぬけた顔つき。／ばかのように見える顔。／まのぬけた顔つき。あほうづら。

髭面＝(項目なし)／髭をたくさん生やしたままの顔。／ひげを生やした顔。また、その人。

吠え面＝泣きつら。泣き顔。(略)▽相手をののしった言い方。／〔口頭〕泣き顔。／大声をあげて吠えるように泣く顔。

向こう面＝(項目なし)／〔口頭〕向き合った相手の顔。 向こうっつら。／顔の前面。また、向かい合っている相手の顔をののしって言う語。(見出しは「むこうっつら」)

横っ面＝〔俗〕顔の側面。(略)▽「よこつら」を強めた言い方。／〔「よこつら」の口頭語形〕顔の横がわ。／顔の横がわ。よこっつら。(見出しは「よこつら」)

・Bグループ

面当て＝憎く思う人の前でわざと意地悪なことをして困らせること。その言動。あてつけ。／快く思っていない人を困らせてやろうとして、その人の前で、わざと意地悪（皮肉）な事を言ったりし

たりすること。／憎らしく思う人の面前で、わざと意地悪な言動をして嫌がらせをすること。あてこすり。

面構え＝その者の性格がうかがえるような、つらつき。／普通と違って強(悪)そうな顔つき。／(悪そうな、または強そうな)顔つき。

面魂＝強い気性が、顔に現れている様子。／不屈の精神の現われている顔。／強くはげしい性格や精神が表れている顔つき。

面付き＝顔の様子。顔つき。／「顔つき」の意の口頭語的表現。〔いい意味では使わない〕／顔のようす。顔つき。

面汚し＝名誉を傷つけること。面目を失わせること。／その人の属する仲間や社会の名誉を傷つけること。／不名誉なことをして、世間に対して対面をそこなうこと。その人の属している家や仲間の恥となること。顔汚し。

顰めっ面＝機嫌の悪い顔。しかめた顔。しかめづら。／不快な事などが有ったりして、まゆのあたりにしわを寄せた顔。渋面。／不快そうに眉や額の辺りにしわを寄せた顔。渋面。

紳士面＝(項目なし)／(項目なし)／(項目なし)[9]

泣き面＝泣き顔。／泣いている顔。／泣いた顔つき。また、泣き出しそうな顔つき。泣き顔。なきっつら。ほえづら。

女房面＝(項目なし)／(項目なし)／(項目なし)／cf.『学研国』：妻でもないのに、その男の妻であるような態度をとること。女房気取り。

膨れっ面＝頬をふくらませた、不平そうな顔つき。／(不平・不満の気持が現われた)ほおをふくらませた顔つき。／不平・不満などでむっとした顔つき。

仏頂面＝ぶあいそうな顔つき。ふくれっつら。／無愛想な(ふくれた)顔つき。／(略)無愛想な顔。不機嫌な顔。ふくれっつら。

・Cグループ

内面＝家族や内輪の人に対する顔つき・態度。／家族や内輪の人に対する態度。／家族や内輪の人に見せる顔つきや態度。

外面＝他人との応対の時に見せる顔つき・態度。／世間(外部)の人に

与える、愛想のよしあしなどの印象。／外部の人と接するときの態度・顔つき。

　Aグループは、「馬面」「吠え面」「向こう面」の意味記述に典型的に見られるように、基本的に、特定の顔やそういった顔の持ち主に対する嘲りや罵りの気持ちが周辺的意味として込められた複合語のグループである（ただし、「髭面」はその点が比較的弱く、後述Bグループの第3下位グループに入れてもよい）。従って、例えば「馬面」の場合なら、その語彙的意味の基本的な在り方は、おおよそ次のように捉えることができよう。[10]

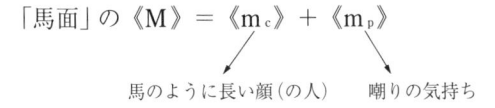

　　「馬面」の《M》＝《m_c》＋《m_p》
　　　　　　　　　　↙　　　　　　↓
　　　　馬のように長い顔（の人）　嘲りの気持ち

この点では、このAグループに属する複合語の周辺的意味は、単純語「つら」と基本的には同質であると言える。

　次にBグループは、属する語も多く、周辺的意味もその分多様である。すなわち、このグループに属する複合語は、その有する周辺的意味の内容からさらに四つに下位区分することができる。

　第1の下位グループには、「面汚し」「紳士面」「女房面」が属する。これらの複合語に込められている周辺的意味は、確かに上記Aグループと同様"罵り"であると思われるのだが、その"罵り"の向けられている対象、あるいは"罵り"を誘発する原因は決して「顔」そのものではなく、むしろ、相手の卑劣、または忌むべき行為にあると思われ、その点でAグループの複合語とは異なる。この点は、特に「紳士面」と「女房面」とに典型的に見られるのであるが、[11]たとえば、「紳士面」の場合なら、その語彙的意味の実質を次のように理解することができよう。

　　「紳士面」の《M》＝一見、紳士のような態度、振る舞いを見せてはいるが、実際には紳士でないことを罵って言う

すなわち、"罵り"はあくまでもそういった外見と実際との落差そのものに向けられており、それが「つら（面）」という構成要素に反映されていると解釈すべきであると思われるのである。従って、その語彙的意味の在り方は次のように示すことができよう。

「紳士面」の《M》=《m_c》+《m_p》
　　　　　　　　↙　　　　↘
　外見は紳士的な態度だが内実は異なること　　罵りの気持ち

　なお、「面汚し」は他の2語と若干語彙的意味の在り方が異なると考えられるが、周辺的意味（"罵り"）が「顔」そのものではなく、相手の行為（あるいはそういった行為を起こした人）に向けられており、それが「つら（面）」という構成要素に表われている（ただし、この「つら（面）」は相手ではなく自分たちの側の「つら」であるという点に注意）という点で、同じグループに入れておく。

　第2の下位グループには、「面構え」「面魂」「面付き」が属する。これらの複合語に込められている周辺的意味は、辞書の意味記述から察せられるように、"強さ・激しさ"と捉えることができるが、そこには特に悪いニュアンスは含まれていないと思われる。「面構え」と「面魂」とにその点が明確に出ていると思われるが、「面付き」も基本的には同じであると考えてよいであろう。従って、「面構え」を例に取れば、その語彙的意味の在り方は次のように捉えることができる。

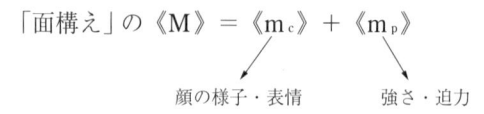

「面構え」の《M》=《m_c》+《m_p》
　　　　　　　　↙　　　　↘
　　　　顔の様子・表情　　　強さ・迫力

　第3の下位グループには、「顰めっ面」「泣き面」「膨れっ面」「仏頂面」が属する。これらの複合語に込められている周辺的意味は、"何らかの点で正常な状態とは違う顔から受けるユニークさ、おかしさ"であり、これも前の下位グループの場合と同様にマイナスのイメージを伴うものでは必ずしもない。「泣き面」はその点があまりはっきりしないかもしれないが、「泣き顔」と比べるとそういうイメージがあるように思われる。従って、「膨れっ面」を例に取れば、この下位グループの複合語の語彙的意味の在り方は次のように表わすことができよう。

「膨れっ面」の《M》=《m_c》+《m_p》
　　　　　　　　　↙　　　　↘
　　　不平・不満でむっとした顔　　何とないおかしさ

最後に第4の下位グループには、Bグループでまだ残っている「面当て」一語が属し、これ単独で一つの下位グループを構成する。この語の語彙的意味の特徴は、諸辞書の意味記述に見られるように、基本的に相手に対する憎しみや不快感が底流として存在しているという点である。従って、ここではその点を重視し、この語の語彙的意味を、マイナスの周辺的意味を有する形で次のように捉えることにしたい。

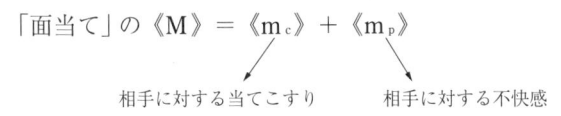

「面当て」の《M》＝《m_c》＋《m_p》

　　　　　　　　　　↓　　　　　　　　↓
　　　　相手に対する当てこすり　　相手に対する不快感

さて、以上、Bグループを4つに下位分類したが、ここで、これらの下位グループ間の関係と、Bグループとしての共通性について考えてみたい。

まず、Aグループに最も近いのは、同じ"罵り"という周辺的意味を有する第1下位グループであろう。そして、これと同じく"不快感"というマイナス的な周辺的意味を持つ第4下位グループが結び付き、マイナスの周辺的意味を有する一つの大きなまとまりを成すと考えられる。一方、この大きなまとまりと直接結び付くのは、"強さ・激しさ"という周辺的意味を有する第2下位グループであると思われる。この周辺的意味は必ずしもマイナス的なものではないが、先に引用した辞書の意味記述にも見られたように、[12]「悪」のファクターも"強さ・激しさ"を醸し出すことがあるからである。そして、これに第3下位グループが結び付き、第2下位グループを挟んで第1・第4下位グループと対極の位置を占めるという形に全体がなると思われる。今、これを分かりやすく図示したのが以下の図1である。なお、図1を見ると分かるように、Aグループが単純語「つら（面）」と同質の周辺的意味を有するグループであったのに対し、このBグループは、単純語「つら（面）」の有する周辺的意味が何らかの点で変質したものを周辺的意味とするグループであると一括することができよう。

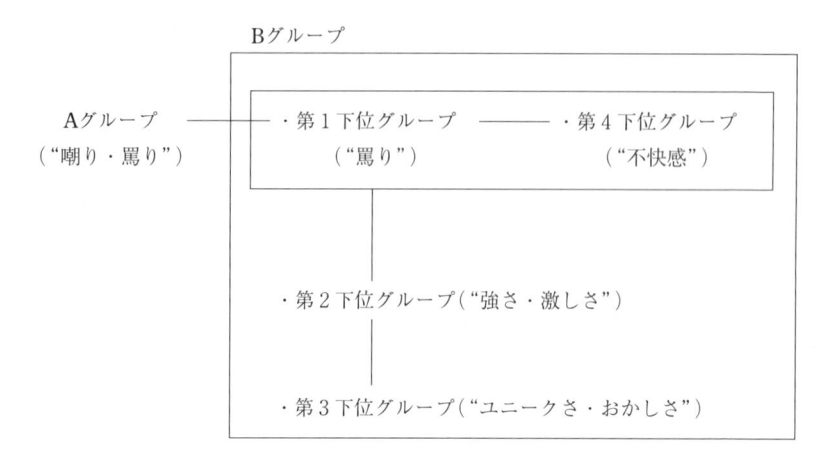

[図1]

```
                    Bグループ
                 ┌─────────────────────────────────────┐
  Aグループ ──── │ ・第1下位グループ ──── ・第4下位グループ │
 ("嘲り・罵り")  │   ("罵り")              ("不快感")      │
                 │                                     │
                 │ ・第2下位グループ("強さ・激しさ")        │
                 │                                     │
                 │ ・第3下位グループ("ユニークさ・おかしさ")  │
                 └─────────────────────────────────────┘
```

　最後にCグループであるが、このグループに属する複合語の特徴は、諸辞書の意味記述を見ても分かるように、何ら特別の周辺的意味を有していない、という点である。[13] 従って、例えば「外面」の場合なら、語彙的意味の在り方は概略次のように捉えることができよう。

　　　「外面」の《M》=《m_c》+《m_p》
　　　　　　　　　　　　↓　　　　↓
　　　　　　　　　　外部の人に対する態度　ϕ

　以上、本節では、単純語「つら」と「つら(面)」を構成要素とする複合語の周辺的意味の内容について記述的に論じた。

1.3　周辺的意味付与の語構成論的解釈

1.3.1　本論の語構成論の基本的枠組み

　本節では、前節で明らかにした個々の語の周辺的意味の具体的内実が、単純語「つら」、あるいは構成要素「つら(面)」を有する複合名詞によってどのようにして獲得されるのか、という点を、語構成論的な観点から、すなわち、どのような語構成論的プロセスによってそれらの語に周辺的意味が付与されると理論的に考えられるのか、という問題として考察することと

する。

　具体的な考察に入る前に、まず、本論における語構成論の基本的枠組みについて説明する。最初に、概略図を図2として以下に示す。

[図2]

語構成要素レベル　　　　　　　　語レベル

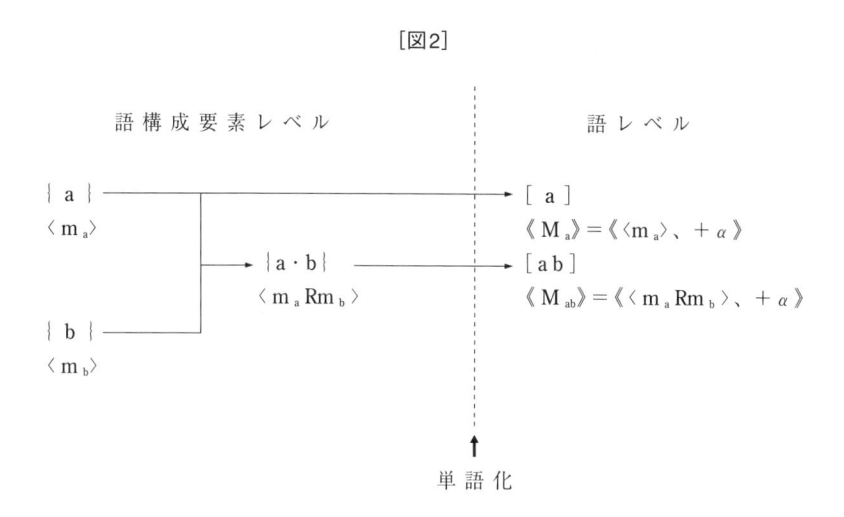

｜a｜ ─────────────→ [a]
〈 m_a 〉　　　　　　　　　　　《 M_a 》=《〈 m_a 〉、+ $α$ 》

　　　　　　→ ｜a・b｜ ─────→ [a b]
　　　　　　　〈 $m_a R m_b$ 〉　　《 M_{ab} 》=《〈 $m_a R m_b$ 〉、+ $α$ 》

｜b｜
〈 m_b 〉

↑
単 語 化

　図2は、語構成要素aと語構成要素b(語構成要素レベルの存在は｜　｜で括って示す)とが結合して合成語ab(語レベルの存在は[　]で括って示す)が出来る有様をモデル化したものである。ただし、｜a｜は自立形式、｜b｜は結合形式という形でモデル化しているので、｜a｜が自立して単純語[a]が出来るプロセスをも含んでいる。なお、〈m〉は語構成要素の意味であり、《M》は既述のように語彙的意味である。

　さて、図2で重要な点は二つである。第1は、｜a｜と｜b｜とが結合して直ちに合成語[ab]が出来るのではなく、途中に、｜a・b｜という中間段階を踏むという点である(両要素間の黒丸は、両要素が未だ完全には結合していないことを示す。またRは両要素の意味上の関係を表わす)。このような形式を設定する主な理由は、単純語にせよ、合成語にせよ、全ての語は語構成要素レベルの形式が自立することによって成立する、という形に統一して扱えるようにするためである。従って、本論では、合成語[ab]は語[a]を構成要素としてではなく、あくまでも語構成要素｜a｜を構成要素として

成立すると考える。本論において、「馬面」の類を、語「つら」を構成要素とする複合名詞と言わず、単純語「つら」と同一の構成要素（|つら|を指す）を有する複合名詞、という一見回りくどい言い方をしてきたのはそのためである。

　第2に重要な点は、第1の点と関わるが、語構成要素レベルと語レベルとの間には大きな断絶があり、前者の存在が後者の存在になるためには必ず「単語化」というプロセスを経なければならない、と考える点である。このプロセスは、語構成要素と語との間には言語単位として質的な相違が存在し、前者によって後者が形成されるためには一種の質的転換が必ず必要である、という考えに基づいて設定されるものである。なお、このプロセス自体は、言語単位間の変換に関わる総合的な作用であるが、その意味的側面を表示したのが図中の《＋α》である。すなわち、《＋α》の内実は、語の有する語彙的意味《M》と語構成要素の有する意味〈m〉との差異である（合成語［ab］の語構成要素は直接的には|a・b|であると考える）。

1.3.2　語構成論的観点から見た語の周辺的意味の位置付け

　上で本論における語構成論の基本的な枠組みを示したが、ここで問題になるのは、本論のテーマとなっている周辺的意味は図2の中にどのように位置づけられるのか、という点である。この問題に答えることは、取りも直さず、第1節で提示した問題③（問題①と②）に答えることに他ならないが、ここでは、まずその内の問題①（語構成要素が周辺的意味を有するかどうかということ）について考えることにしたい。

　さて、この問題を考えるためには、本論で周辺的意味と呼んだものをどのように捉えるか、すなわち、周辺的意味を語構成要素レベル、語レベルのどちらのレベルに本質的に属するものと見なすのか、という点について明らかにする必要がある。そして、本論では、周辺的意味は語レベルのものである、という立場に基本的に立ちたいと思う。

　理由の第一は、「子供」と「がき」、「言う」と「ほざく」（または「ぬかす」）、「死ぬ」と「くたばる」、「薄い」と「薄っぺらな」、「小さい」と「ちっぽけな」（以上、感情的意味）、「かね」と「銭」、「きのう」と「昨日」、「ひたい」と「お

でこ」、「食べる」と「食う」、「話す」と「しゃべる」、「どちら」と「どっち」（以上、文体的特徴）などの対に見られるように、[14]本論で言う周辺的意味において対立する類義語の対が数多く存在するからである。というのは、類義語のセットというのは、小さいながらも一つの語彙体系を形成するわけであり、周辺的意味がその中における類義語間の差異を構成するということは、周辺的意味が語彙体系によって支えられ付与されるということであり、それは、取りも直さず周辺的意味が語レベルの存在であるということを示すものに他ならない、と考えられるからである。本論で分析対象とした「つら（面）」を構成要素とする複合名詞の場合にも、「面付き」と「顔付き」、「泣き面」と「泣き顔」等「かお（顔）」を有する複合名詞と周辺的意味において対立する類義語の対を構成するものが見られる点に注目されたい。

　第二に、語と語構成要素との関係を言語単位の面から考えてみた場合、我々言語使用者に直接与えられているのは語であって語構成要素ではない、という点が理由としてあげられる。[15]というのは、このことをそれぞれの単位の有する意味の面から見るならば、現実世界、あるいはその断片と直接関わるのはあくまでも語の有する語彙的意味であって語構成要素の有する意味ではない、ということに他ならないからである。すなわち、先に述べたように、語彙的意味が概念的意味と周辺的意味とから成るということを考え合わせると、現実世界（の断片）と直接関わるのは語彙的意味の中でも特に概念的意味であるということになるが、もしそうだとするならば、その存在をいわば前提として存在する周辺的意味は語レベルの存在ということにならざるをえない、というわけである。語構成要素の有する意味は、あくまでも語の有する意味から抽象されたものであって現実世界と直接関わるものではないのである。[16]

　もちろん、こういった考え方を取らない立場も存在する。上の第二の理由で引用した宮島（1994、第3部第1章）自身がそうで、宮島は、本論が上で第一の理由として挙げた文体的特徴と類義語との関係について以下のように述べ、「たま」と「つつ」、「球」と「円筒」「円柱」「円錐」を具体例として挙げる（「たま」と「球」、「つつ」と「円筒」「円柱」がそれぞれ類義語で、「円錐」が対応する類義語を欠く）。

文体のちがいは、「きのう」と「昨日」、「かえる」と「帰還する」のように、対象的意味がほぼおなじ類義語のあいだで、いちばんつよく感じられる。「きのう」という類義語があるかぎり、「昨日」はつかわれる範囲がつねにあらたまった場面やかきことばにかぎられるだろう。こうして「昨日」の文体的特徴はたもたれる。もし、「きのう」がなにかの理由でつかわれなくなったとすれば、「昨日」は、やむをえず、ほかの場面でもつかわれるようになるだろうから、その文章語としての文体的特徴はうすれて、日常語になるにちがいない。

しかし、文体のちがいが、いつでも類義語によってささえられているとかんがえることはできない。いまあげた「昨日」は、日常生活にかかせない概念をあらわしているから日常語化するだろうと予想されるのであって、あまり日常生活に関係がふかくなく、学問など特殊な世界だけに必要な概念をあらわす単語は、類義語のささえがなくても文章語の範囲にとどまっていることがある。(226～227ページ)

また、宮島はこれとは別の箇所で(つまり、両者を関わらせることなく)、「単語をつくっている要素(形態素)についても、やはり文体を問題にすることができる。原則として、一定の要素はおなじ文体的特徴をもつ、つまり、構成要素がおなじなら、できあがった単語の文体もおなじなのがふつうである。」(230ページ、下線は引用者)と指摘する。

確かに、文体的特徴と類義語との関係については、原則的には宮島の言う通りであると思われるが、両者の間に密接な関連性が存在することは否定できないし、宮島の指摘が正しいとしても、文体的特徴が単語レベルの存在であるための十分条件が否定されたのに過ぎない。

また、上記宮島(1994、第3部第1章、230ページ)の下線部については確かに本論と対立するが、問題になっている形態素が自立形式の場合には、本論との語構成に対する考え方の違い(語を合成語の構成要素と考えるか否かという点)があり、必ずしも本論と実質的に対立するとは限らない。むしろ本当の意味で問題となるのは、拘束形式の語構成要素の場合、すなわち、字音形式とか、接辞とかに関して文体的特徴をどう考えるか、という点であろう。[17] また、上記引用の二重下線部については、宮島自身例外を幾つか

指摘しており、そういう点では、宮島と本論との相違は、例外的現象にどれくらい重きを置いて考えるかの違いということができる。

1.3.3 語の周辺的意味付与に関する語構成論的モデル

以上明らかにしたように、周辺的意味が本質的に語レベルの存在ということになると、図2で示した本論の語構成論の枠組みでは、語にそれが付与されるのは「単語化」のプロセスにおいてである、ということになる。なぜなら、先に述べたように、「単語化」とは語構成要素レベルの存在を語レベルの存在へと質的転換させる作用であり、一般に語レベル固有の要素はそのプロセスの中で当該形式に与えられると考えられるからである。そして、周辺的意味の場合には、それが意味的要素であることを考えると、その実質的内容は「単語化」の意味的側面である《＋α》の一部を構成するということになる。そこで、今、図2の理論的枠組みに基づき、単純語「つら」と複合名詞「馬面」を例に取ってその点を具体的に示すなら、次の図3のようになるであろう。

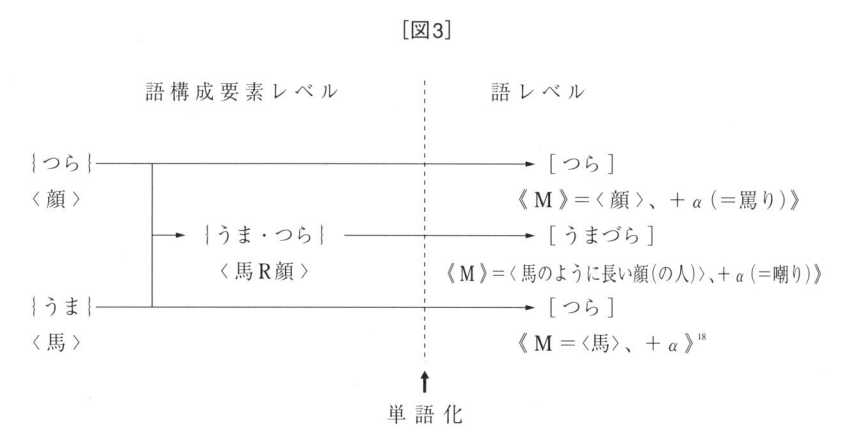

[図3]

```
       語構成要素レベル        ：       語レベル

  |つら|                      ：   → [つら]
  〈顔〉                       ：      《M》=〈顔〉、+α(=罵り)》
                              ：
         → |うま・つら|        ：   → [うまづら]
            〈馬R顔〉           ：      《M》=〈馬のように長い顔(の人)〉、+α(=嘲り)》
  |うま|                      ：   → [つら]
  〈馬〉                       ：      《M=〈馬〉、+α》[18]
                              ：
                              ↑
                            単 語 化
```

基本的には、今回対象とした20語全てについて、図3と同様の形で周辺的意味が付与されると考えられるが、ここで重要なのは、図を見れば明らかなように、周辺的意味は複合名詞全体に付与されるのであり構成要素「つら(面)」の部分にのみ付与されるのではない、という点である。ただ、では、

「単語化」というプロセスのいわば内部において具体的に周辺的意味がどのように語に付与されると考えるのか、という点については本論の段階では未だ明らかでない。残念ながら今後の課題とせざるをえない。

なお、周辺的意味の付与（語の方から言うならば周辺的意味の獲得）が上図のような形で行なわれるとするなら、先（1.2.3節）に示した、周辺的意味の性質に基づく20語の3分類（A～Cグループ）は、単純語「つら」を独立した1グループとして加え、次のように捉え直すことができるであろう。

- 単純語「つら（面）」→周辺的意味の単純獲得
- Aグループ→周辺的意味の維持獲得のグループ
- Bグループ→周辺的意味の変更獲得のグループ
- Cグループ→周辺的意味の非獲得のグループ

各グループの命名の仕方を見れば分かるように、本論では、語構成論的には単純語と複合語とを同じレベルの存在として扱うといっても、周辺的意味に関しては、あくまでも単純語における周辺的意味が複合語の周辺的意味の基本になっていると捉える立場に立つ点に注意されたい。

以上が、第1節で提示した問題②（同一の構成要素を有しながらも、単純語と複合語、および幾つかの複合語間で周辺的意味の内実が異なるということの語構成論的解釈如何）に対する本論の解答であり、これと先の問題①に対する解答とを合わせて、問題③（語に周辺的意味が付与される理論的な語構成論的プロセス如何）に対する本論の解答としたい。

1.3.4 問題点

以上のように考えた場合、次のような疑問が生じる。

i) 上記それぞれのグループにおいては、そこに属する複合名詞が構成されるごとに同一の周辺的意味が「単語化」によって付与されることになるが、それは不経済なのではないか。

これは、換言するならば、次のような疑問であるとも言えよう。

ii) 上記複合名詞が本論で示したような幾つかの周辺的意味を有することと、それらが、単純語「つら」と同一の構成要素を有しているということとの間にはどのような関係が存在するのか。

これらの点に関して本論では次のように考える。

　既に1.2.3節の図1において示したように、本論では、単純語「つら」、および「つら（面）」を構成要素とする複合名詞の有する周辺的意味の間に一定の関連性が存在することを認める。しかし、周辺的意味がどこまでも語レベルの存在である以上、この関連性そのものはあくまで語レベルにおいて示されなければならないと考える（図1はそのスケッチである）。つまり、この関連性の説明自体は語構成論の範囲外である、ということである。従って、もしこの関連性が何らかの形で語構成要素レベルで説明できる（具体的には、語構成要素の多義性として処理するか、語構成のプロセスの過程で説明するかのどちらかであろう）というのであれば、それに基づいて上記i)、ii)の疑問を解決する道も開けるのであるが、本論では、今のところそういった立場には立っていないので、上記の疑問をそのまま残した形で語構成論を構成することにしたいと思う。[19] もちろん、このような考え方には異論があろうが、それは残された課題としたい。

1.4　おわりに

　以上、本論は単純語「つら」と「つら（面）」を構成要素とする複合名詞20語を対象とし、各々の有する周辺的意味の内実を明らかにするとともに、その点と語構成との関わりについて考察を加えた。その結果、

①複合名詞の有する周辺的意味は等質ではなく、必ずしも単純語「つら」の有する周辺的意味と同じであるとは限らないこと。

②周辺的意味は本質的に語レベルの存在であり、語構成要素「つら（面）」そのものには周辺的意味が備わっていないと考えられること。

③単純語「つら」、および複合名詞の有する周辺的意味は、語構成要素「つら（面）」が自立する際（単純語の場合）、または前項と後項とが結合しそれが語へと自立する際（複合名詞の場合）に作用する、「単語化」という質的転換のプロセスにおいて付与されること。

④単純語「つら」、および複合名詞の有する周辺的意味の間には何らかの関連性が存在するが、その関連性は語レベルのものであり、その内容

明らかにすることは語構成論の対象外であること。
の4点を明らかにした。

　さて、既に本論中においても幾つか問題点を指摘したが(1.3.4節、あるいは注17など)、その他にも本論に残された課題は多い。ここでは、最後にその中から一つだけ指摘して本論を終えたい。

　今回扱った「つら(面)」を構成要素とする複合名詞のうち、1.3.2節で「周辺的意味の変更獲得」と呼んだグループのうち、第3下位グループに属するものについて、本論では周辺的意味を「何らかの点で正常な状態とは違う顔から受けるユニークさ、おかしさ」と述べたが、このうちの前半部(波線部)は、周辺的意味というよりも構成要素「つら(面)」の有する概念的意味に関する部分であると考えられる。そして、この点が重要なのだが、こういった側面が第3下位グループの複合名詞が「つら(面)」を構成要素として有することと何らかの関係があるように思われるのである。すなわち、先にも述べたように、単純語「つら」の有する周辺的意味が複合名詞の有する周辺的意味の基本になっていることは確かなのだが、それと同時に、前者が複合名詞の概念的意味にも何らかの形で影響を与えている、あるいは比喩的に言うなら、複合名詞の概念的意味にも何らかの形で浸透している、という現象が存在すると思われるのである。第4下位グループが「周辺的意味の非獲得」と一括されるのもそういった現象の中で捉えるべきなのではないか、と考えられる。[20] そういう意味では、1.3.4節で述べたように、周辺的意味間の関係だけを語レベルで扱っても、実は「つら(面)」を構成要素とする複合名詞の全体像の充分な語構成論的分析はできないのではないか、という不安が残ると言えよう。この点を本論で提示した語構成論の枠組みの中にどのように取り込んでいけばよいのか、今のところ明確でない。本論に残された課題である。

注

1. 『大辞林』では、「がき」に2義を認め、本文中に引用した意味の他に、「俗に子供の意。『―の頃から』『―大将』」という意味を記している。確かにこの捉え方によれば、「がき大将」の「がき」に感情的ニュアンスが含まれていないことの説明にはなるが、「がきの頃から」は元々の「子供を、卑しめて言う」用法から派生した謙譲用法であり、

誰に対しても適用できる「がき大将」と同列に扱うことはできないと思われる。
2. 宮島 (1994、第3部第1章) に次のような言が見られる。「『くう』は『たべる』にくらべて俗語的だが、このちがいはそのまま『くいもの』と『たべもの』との文体的なちがいにもちこまれている。」(231 ページ) なお、国語辞典の記述に基づき、「食う」と「食べる」との相違について種々の観点から論じたものに出野 (1990) があるので参照されたい。
3. 著者が語の周辺的意味と考えているものは感情的意味と文体的特徴の2種類だけではないが、その点は本論の議論に直接関わってこないので、本論では、周辺的意味に属するそれ以外の特徴についてはひとまず無視することとする。
4. 語の有する概念的意味と語構成要素の有する概念的意味とが全く同じものであるとは限らないが、この点についても本論では触れない。
5. このこと自体、どうしてそうなるのか考察を要する問題であると思われるが、本論ではその点については触れない。
6. この意味は、「つら (つら)」が構成要素として使用される場合に限り現われ、単独の語として使用される場合には現われないという点で特殊な意味であるが、語構成論においてこのような意味をどう位置付けるかについては本書第2部第2章第2節で論じているので参照されたい。
7. 正確に言うと、この20語における「つら (面)」の有する意味は "顔" ばかりではない。というのは、厳密には、語構成要素としての「つら (面)」は、"顔" 系列の意味として他に "態度" "体面" "人" といった意味を有する場合があるからである (これらは全て基本義である "顔" から換喩によって派生してきた意味として一括しうる)。その点を今、具体的に示すと、20語の内訳は次のようになる。1) "顔" の意味：面構え、面魂、面付き、阿呆面、馬面、顰めっ面、泣き面、馬鹿面、髭面、膨れっ面、仏頂面、吠え面、向こう面、横っ面、2) "態度" の意味：内面、紳士面、外面、女房面、3) "体面" の意味：面汚し、4) "人" の意味：面当て。なお、語構成要素の多義性と複合語の多義性との関わりについて本書第2部第1章で論じているので参照されたい。
8. 『古語大辞典』(小学館) によれば、「つら」は中古から中世にかけては "頬" の意味を表わし、"顔" の意味になるのは中世以降、さらに、"顔の卑称" となるのは近世以降とのことである。なお、「かお」と「つら」の歴史的変遷については、小林 (1983) などを参照されたい。
9. 「紳士面」は、現行の辞書には独立の見出しとして立てられていないようであるが、『岩波』『新明解』『大辞林』全てにおいて、「つら」あるいは「-づら」という見出しの中に用例として出てくるので、本論では分析対象として取り上げた。
10. 本論は概念的意味の記述を直接的な目的とするものではないので、以下における本論の概念的意味の記述は概略的なものである。
11. 「紳士面」「女房面」と同様の語彙的意味を構成する語構成要素「-づら」は、辞書には載らないが、「兄貴面」「教師面」「リーダー面」等の派生語を比較的自由に作り、現在でもかなり造語力を有すると思われる。
12. 「面構え」における『新明解』『大辞林』の意味記述参照。
13. 注3参照。なお、「内面」「外面」には "そこに見られるのはその人本来のではなく仮の

態度である。"といったニュアンスが存在するように感じられるが、それは感情的意味というより概念的意味の一部であると考えられる。

14. 既述（1.2.2節）のように、感情的意味と文体的特徴とは明確に分けられない場合が多く、ここも、どちらの特徴がより強いかを一応の目安として記したに過ぎない。

15. 宮島（1994、第2部第1章）では語と形態素との関係について次のように述べられている（下線は引用者）。

> では、なぜ、そのような単純明快な形態素という単位のほかに、単語という単位が必要なのか。これは、現実にそのような単位が基本的なものとしてあるから、という以外に、しかたがない。現実にあるということは、言語活動をするにあたって、はなし手にそのような単位があたえられている、ということである。言語活動とは要素をくみあわせて文をつくる作業であり、この文をつくるという作業において直接の単位となるものこそ、言語にとって基本的なはずである。（97～98ページ）

16. 宮島（1994、第2部第3章）の「無意味形態素」（「それ自身では積極的な意味をもっておらず、つねにほかの特定の（有意味的な）要素と結びついてあらわれる要素」）に関する次の言参照。

> このような特殊な形式が言語のなかにありうる根拠は、現実と直接むすびついているのが単語であってその要素でないという点にある。われわれは「ビー玉」の意味はしらなければならないが、「ビー」や「玉」の意味はしらなくても、この単語をつかうことはできるのだ。（122ページ）

なお、湯本（1978）は、宮島のこの部分を、「あわせ単語」（複合語のこと）の意味の特質を考える際にも重要であるとして引用する。

> あわせ単語の意味のできあい性、つまり、できあがったひとまとまりとして意味上の単位をなして存在していることとと、あわせ単語の意味のひとまとまり性、すなわち、全体の意味が要素の意味から完全にはひきだすことができないこととの関係をとらえるうえで、いいかえれば、全体の意味と要素の意味との関係をとらえるうえで、文献24〔引用者注：宮島論文〕の無意味形態素についての説明〔引用者注：上記引用部分〕は、原則的なことを示唆してくれる。（91ページ）

17. 宮島にも接頭辞「あい-」（「『あいなる』『あいならぶ』の『あい-』のように、文体的特徴をしめすことをおもな役わりとする接辞もある。」231ページ）や字音形式「げん（原）」（「『草原、高原、雪原、氷原、地雷原』などにならって構成される新語は、単なる「はらっぱ」よりも、ずっと大きいものを連想させるだろう。つまり、「-げん」は、ややかたい文体的価値と、かなりひろい空間をさすという意味的特徴とを本来備えた要素として、新語をうみだす。」281ページ）に関する言及が見られるが、そのほかにも、「ど-」（<u>ど</u>素人、<u>どけ</u>chetc.）、「くそ-」（<u>くそ</u>真面目、<u>くそ</u>度胸etc.）等、一般的に感情的意味を担うとされている接辞が存在する。本論のような立場に立った場合、これをどのように扱うかが問題となろう。なお、接頭辞における語の周辺的意味の付与のされ方については、本書第1部第4章2節（以下、「本書次節」と呼ぶ）で考察しているので参照されたい。

18. 「馬」の《+α》の具体的内容については、本論では省略する。

19. 先に1.3.3節で指摘した、「単語化」のプロセスにおいて具体的に周辺的意味がどのよ

うな形で語に付与されるのか、という点を明確化することによって、周辺的意味間の関連性の説明を語レベルの問題と位置付けたままで、ここでの疑問を語構成論の問題として解決する道が新たに開けるように思われるが、その具体的な方法については今後の課題である。なお、この点については本書次節で取り上げ考察しているので参照されたい。

20. 具体的には、注13で述べたような第4下位グループの概念的意味に関するニュアンスが、単純語「つら」の有する周辺的意味と何らかの関連性を有する可能性があるということである。

2 周辺的意味の付与のされ方（結合形式の場合）
― 接頭辞「反-」を有する語を対象として ―

2.1 はじめに

2.1.1

　語の有する意味のうち、一般に感情的意味や文体的特徴と呼ばれる部分は、現実世界との関わりを示す概念的意味（対象的意味）が語の意味の中心部に存在するのに対し、その外側、すなわち、語の意味の周辺部に存在すると見なすことができるという点で、語の「周辺的意味」と呼ぶことができよう。「感情的意味」とは、たとえば「子供」と「がき」、「言う」と「ほざく」といった対を比較してみた場合、それぞれの対の後者に見られる、指示される対象、あるいはそこで示されている動作を行なう主体に対して込められている"侮蔑のニュアンス"の類を指し、「文体的特徴」とは、たとえば「食べる」と「食う」、「きのう」と「昨日(サクジツ)」という対を比べてみた場合、それぞれの対の後者に見られる、くだけた場での話し言葉にしか使われない（「食う」の場合）、書き言葉か改まった場での話し言葉にしか使われない（「昨日」の場合）といった使用上の制約を課している特徴の類を指す。[1]
　こういった語の周辺的意味（以下、pm[←peripheral meaning]と略す）と語構成との関わり、すなわち、pmがどのようにして語に付与されるのかを語構成論の立場から明らかにすることについては、本書第1部第4章1節（以下、「本書前節」と呼ぶ）で「つら（面）」という自由形式を共有する複合名詞（「面構え」「馬面」「女房面」「ひげ面」etc.）を対象として論じたが、そこでは次のように主張した。

・本書前節主張
　　pmは語レベル固有の意味的要素であり、単語化のプロセスによって語構成要素の意味に付与される。[2]

しかし、本書前節では、同時に次のような問題点も残された。
　①上記の主張が結合形式の場合にも適用できるのか。

②単語化によってpmが具体的にどのように付与されるのか。
従って、この2点を明らかにすることが、本論における基本的な目的となる。

2.1.2

上記の目的について補足説明を加えたい。

①については、特定の結合形式を含む語群の有するpmがどのようにしてそれらの語に付与されたのかを語構成の観点から理論的に論じたものは少ない、という点をまず確認しておく必要がある。例外的にこの問題を取り上げたものとして、「-っぽい」を扱った影山（1999、2.2）があるが、そこで取り上げられているpmが「好ましい（プラス）か好ましくない（マイナス）かという主観的評価に係わる含蓄的意味」[3]という比較的単純なものである上に、本論と語構成論上の立場が基本的に異なるので、残念ながらそこでの考察をそのまま本論に取り入れるわけにはいかない。ただ、結合形式が固有にpmを持っているわけではない、という立場は本論と共通しており参考になる。

①について次に問題になるのは、本書前節においてはその主張の根拠として以下の3点（i）は理論的側面、ii）、iii）は状況的側面）が提示されていると見なされるが、このうち結合形式の場合にも適用できるのはどれか、という点である。

 i) pmは語（類義語）の意味的対立点になることが多く、本質的に語レベルの要素であると考えられる。
 ii) 単純語の有するpmと、同一形式を有する合成語（複合語）の有するpmとが一致しない場合がある。
 iii) 同一の（概念的）意味を有する語構成要素において、pmが語ごとに異なる場合がある。

ii）とiii）について具体例を改めて確認するなら、ii）については、本書前節では「がき」と「がき大将」、「食う」と「食い道楽」という対を挙げた。いずれも、共通の形式（前者の対では「がき」、後者の対では「食う」）を有していながら、それぞれの対の前者（単純語）の有するpmと後者（複合語）の有

するpmが一致していないものである。他の例を補うとすれば、「めし」と「握り飯」「イタ飯」などの対が挙げられようか。またiii)については、本書前節で示された、＜顔＞という概念的意味を共有していながら、「馬面」の場合には《嘲り》、「面魂」の場合には《強さ・激しさ》、「膨れっ面」の場合には《おかしさ》というようにpm（《　》に括られた部分）が異なる場合が例となる。

問題は、上記i)～iii)はあくまでも自立形式の場合についての根拠であり結合形式の場合に適用できるとは限らない、ということである。たとえば、すぐ分かるように、ii)は単純語に関わる話なので結合形式の場合には関与しない。また、i)は著者の語構成論における基本的立場から出てくるものであり、[4] そういう点では結合形式の場合にも引き継がざるを得ないものであるが、逆に厳密な意味で根拠とするわけにはいかない。従って、実質的にはiii)が結合形式の場合にも適用可能性を有する唯一のものとなり、実際にそういう状況が結合形式の場合にも成り立っているかどうかが問われるということになる。

次に②についてであるが、本書前節の枠組みでは、単語化によって、それぞれの複合語がそれぞれのpmをお互い無関係に付与されているに過ぎない。しかし、それでは明らかに不充分である。少なくとも、それぞれの複合語がそのpmを獲得することと、それぞれが同一の形式（＝「つら」）を共有することとの間には何らかの関連性があるはずであり、そのことが明確にされなければならない。そして、その役割を担うのが本書前節で提示したpm間の相互関連性である。しかし、それだけでは、ある複合語の獲得するpmがなぜまさにそれであるのかの説明はできない。

このように考えると、②の目的を明らかにするためには、次の二つのプロセスを経る必要のあることが分かる。

（イ）それぞれの合成語がそのpmを獲得するということと、その合成語が一定の形式を有しているということの間の関連性を確認する。

（ロ）その合成語が獲得するpmがなぜまさにそれになるのかを単語化の作用として説明する。

①、②について以上のように考えて来ると、本論の目的は、結局次のよ

うに表現することができよう。

・本論の目的
本書前節の主張が結合形式による派生語形成の場合においても成立するということを、上記iii)で示した状況が確かに存在していることを確認した上で、上記(イ)(ロ)を実践することを通して示す。

本論では、このことを、副題に示したように、具体的には接頭辞「反-」による派生語形成を対象として行なう。

2.2 分析対象の設定

本節では、本論における具体的な分析対象、すなわち、接頭辞「反-」を有する派生語をどのようにして選定するか、という点について考えたいが、その際問題になるのは、字音形態素「反-」の中から語基ではなく接頭辞としての「反-」をどのようにして選別するか、ということである。そして、そういった観点から諸辞書における「反-」の記述を見た場合、諸辞書の記述がこの点に関し次の二つに大きく分かれる点は重要である。

ⓐ 接辞用法を認める。
ⓑ 接辞用法を認めない。

以下、それぞれの立場について簡単に見て行くことにする。ⓑの方から始める。

この立場において実際上問題となるのは、ⓐの立場が接辞としている「反社会的」「反陽子」等(㋐類とする)の「反-」の処理である。すなわち、この立場では、これらを「反感」「反抗」「反則」「違反」等(㋑類とする)などと同じ「そむく」「反対する」といった意味を有する字音語基のグループに入れることになるがそれでよいのだろうか、ということである。[5]

この点に関し、著者の考えは、㋐類は「反-」と結合している部分(「社会的」「陽子」)の独立性が高く、意味的にも、「反-」が「～にそむく」「～と逆の性質を有する」といった、結合部分との関わりの在り方を示しているので接辞と認めるべきではないか、というものである。

次に立場ⓐについてであるが、この立場で問題となる点は、どこまでを

「反-」の接辞用法として扱うか、という点である。特に、「反日」「反戦」等（⑦類とする）の「反-」の処理がその場合問題になる。というのは、この立場ⓐに立つものでもこれら⑦類の「反-」を語基としているものがあるからである。

確かに⑦類は二字漢語であり、結合相手も結合形式の字音語基である。しかし、著者は、以下の理由から、これらの「反-」も接頭辞的用法として今回の対象に組み込みたいと思う。

　i) 結合相手の有する意味が明確である。
　ii) 結合相手の語基に対して、「反対する」「対抗する」という意味を付け加える。
　iii) 以上の点で、自立形式と結合する「反核」「反軍」「反米」と同じ仲間と見なすことができる。

なお、これら⑦類の語は、「反日-運動」「反日-感情」「反戦-運動」「反戦-思想」等のより大きな熟語を作ることが多く、本論でも、そういった形で取り上げることとする。

以上の基本的な考え方に立った上で、1)『大辞林』『大辞泉』のどちらかに見出し語として立項されていること、2) 手持ちの複数の辞書に語例や用例として出てくること、[6] といった技術的な基準を立て、以下の30語を分析対象としてひとまず選んだ。

　・分析対象（五十音順）
　　反右派闘争、反核運動、反革命、反強磁性、反軍思想、反ケインズ主義、反原発運動、反彩層、反作用、反磁性、反社会的、反宗教改革、反主流、反世界、反措定、反政府、反戦運動、反対称律、反体制、反ダンピング関税、反中性子、反帝運動、反帝国主義運動、反定立、反トラスト法、反日運動、反比例、反物質、反陽子、反粒子

2.3　接頭辞「反-」の意味

本節では、接頭辞「反-」の意味について考えるが、最初に確認しておくべきことは、接頭辞「反-」の意味を問うということは語構成要素の意味を問題

とすることに他ならない、という点である。その上で、先に結論を示すなら、本論では「反-」の意味として次の四つを区別することとする（前掲30語における「反-」がそのどれに相当するのかも併せて示す）。

①反対、あるいは逆の性質の。
　　ex. 反強磁性、反彩層、反作用、反磁性、反世界、反措定、反対称律、反中性子、反定立、反比例、反物質、反陽子、反粒子
②〜にそむく。ex. 反社会的
③〜に反対する、対抗する。
　　ex. 反右派闘争、反核運動、反革命、反軍思想、反ケインズ主義、反原発運動、反宗教改革、反主流、反政府、反戦運動、反体制、反帝運動、反帝国主義運動、反日運動
④〜を阻止する。ex. 反ダンピング関税、反トラスト法

本論で「反-」にこの4つの意味を区別するに当たっては、次の3つの基準を適用した結果に基づき総合的に判断した。
　Ⓐ 語構造
　Ⓑ 結合相手
　Ⓒ 機能
以下、Ⓐから順に見ていく。

派生語の語構造、およびそれとの関わりから見た意味①の在り方については、次のように表わすことができよう。

　　　［反-X (V)N］(V)N……Xとは逆（反対）の性質を有するX′

ここで(V)Nは名詞的、あるいは動名詞的な語構成要素を指すが、語全体とXのカテゴリーが一致するとは必ずしも限らない。[7] また、X′というのは、Xの同位概念かXの上位概念を指す。

　┌ 同位概念の場合：反物質…（普通の）物質と逆の性質を有する物質
　│　　　　　　　　反粒子…（普通の）素粒子とは逆の性質を有する素粒子
　└ 上位概念の場合：反作用…作用とは逆方向の力
　　　　　　　　　　反中性子…（普通の）中性子とは逆の性質を有する素粒子

なお、この場合、Xと［反-X］で一つの対を構成すると考えられる。

次に意味②の場合であるが、派生語の語構造、およびそれとの関わりか

ら見た意味②の在り方については、次のように表わされる。

　　　［反-X_AN］AN……Xにそむくような性質の

ここでANはいわゆる形容動詞語幹を指す。意味②の場合、全体として形容動詞語幹を構成するので、［［反社会的］行動］（＝反社会的な行動）のように更に大きな合成語を構成することが多い。

　意味③に関しては、語構造から見た場合、派生語が大きく二通りに分けられる（意味的には同じである）点に注意する必要がある。今それをタイプ㋑とタイプ㋺とするならば、それぞれのタイプには次の語が属する。

　　⎰タイプ㋑：反革命、反ケインズ主義、反宗教改革、反体制、反主流、
　　⎱　　　　　反政府
　　⎰タイプ㋺：反右派闘争、反核運動、反軍思想、反原発運動、反戦運動、
　　⎱　　　　　反帝運動、反帝国主義運動、反日運動

タイプ㋑の場合、語構造、およびそれとの関わりから見た「反-」の意味の在り方は次のようになる。

　　　［反-X_N］N……Xに反対するX´

ここで、X´はXと関連がある場合もない場合もあり、その点で、意味①と語構造的には似ていても異なる。

　⎧関連性がある場合：反ケインズ主義…ケインズ主義に反対する立場・
　⎪　　　　　　　　　　　　　　　　　　　　主義
　⎨　　　　　　　　　反主流…主流派に反対する流派・一派
　⎪　　　　　　　　　反体制…体制側と対立する立場・人々
　⎩関連性がない場合：反革命…革命に反対する立場・人々
　　　　　　　　　　　反宗教改革…宗教改革に反対する立場・人々
　　　　　　　　　　　反政府…政府と対立する立場・人々

なお、この場合、あくまでもXあってのX´であり（X：主、X´：従）、両者が対等な関係で対を構成するわけではない。この点もこのタイプと意味①とが異なるところである。

　タイプ㋺の場合、語構造、およびそれとの関わりから見た「反-」の意味的在り方は次のようになろう。

　　　［［反-X_N］Y_VN］N……Xに反対するY

ここでVNは動名詞的な語構成要素を指す。また、この場合、「Xに反対する」という連体修飾節と被修飾名詞（動名詞）との関係は、いわゆる「外の関係」であるのを基本とする。[8]

　　反軍思想：軍隊に反対する（という）思想
　　反原発運動：原発に反対する運動
　　反日運動：日本に対立（対抗）する運動

しかし、常にそうであるとは限らない。今回対象とした語例には見られなかったが、タイプ回の語の語構造が全て「外の関係」であると言うわけにはいかない。たとえば、以下のような語も考えられよう。

　　[反核]市長：核に反対する市長→市長が核に反対する
　　[反権力]集団：権力に対抗する集団→集団が権力に対抗する

なお、タイプ④の語の中にはタイプ回の語に拡大することができるものが存在するし、逆に、タイプ回の語の中にはタイプ④の語に縮約することができるものが存在する。

　　タイプ④→タイプ回：[反革命]闘争、[反政府]運動 etc.
　　タイプ回→タイプ④：[反帝国主義]（運動）、[反日]（運動）

最後に意味④の場合であるが、派生語の語構造、およびそれとの関わりから見た意味④の在り方については、次のように表わすことができよう。

　　[[反-X_N] Y_{VN}]$_N$……Xを阻止する（ための）Y

ここで、YのカテゴリーがNに限定される点が意味③のタイプ回と異なる。また、「Xを阻止する（ための）」という連体修飾節と被修飾名詞Yとの関係は「内の関係」である。

　　反ダンピング関税：（その）関税がダンピングを阻止するor（その）関税
　　　　　　　　　　でダンピングを阻止する（Y：前者は主格解釈で、後
　　　　　　　　　　者は具格解釈）
　　反トラスト法：（その）法がトラストを阻止するor（その）法でトラスト
　　　　　　　　を阻止する（Y：前者は主格解釈で後者は具格解釈）

次に基準Ⓑに移る。この基準から見た場合、意味①〜④についてそれぞれ次のように解釈できよう。

意味①の場合の派生語：反＋理数的存在

意味②の場合の派生語：反＋規範的在り方

意味③の場合の派生語：反＋政治的・社会的・文化的な存在（在り方or行為）

意味④の場合の派生語：反＋経済上の在り方・行為

このうち、意味③と意味④の場合とを一括して、「反＋非自然科学的存在・在り方・行為」と捉えれば、大きく意味①の場合と対立すると見ることができるであろう。その上で、更に、意味③と意味④の場合については、後者を「反＋経済上の在り方・行為」と特定し、前者をそれ以外の種々雑多な場合と考えればよい。

最後に、三つ目の基準ⓒであるが、この基準から見た場合、「反-」の機能が大きく以下の二つに分けられる点にまず注目する必要がある。

 ⓐ ［反世界］のように、結合相手Xに「逆の」「反対の」といった属性を付与する形容詞的な機能→形容詞的機能（A機能）

 ⓑ ［［反原発］運動］のように、「Xに反対する・反抗する」といったXを項とする動詞的な機能→動詞的機能（V機能）

今、この観点から、「反-」の意味を見てみると次のようになる。

 意味①…A機能

 意味③・④…V機能

しかし、これでは意味②がうまく処理できない。そこで、意味②をも扱えるように、A機能の捉え方を次のように少し変えることにする。

 A機能：〔X＝［世界］$_N$〕→〔X′＝反-X＝［反［世界］$_N$］$_N$〕…$X_N → X'_N$

すなわち、この場合の「反-」の機能を、"$X_N → X'_N$"という、大きくは同質でありながら表面的には対立するものを作り出す一種の関数と捉えるわけである。そうすると、次のように、意味②をも同様に取り込むことができるようになる。

 ［社会的］$_{AN}$→［反［社会的］$_{AN}$］$_{AN}$…$X_{AN} → X'_{AN}$

以上から、意味①～④における「反-」の機能を次のようにまとめることができる。

 意味①・②…関数的機能

意味③・④…V機能

なお、このように考えると、先に基準Ⓐ（語構造）の意味③のところでタイプ㋑とした「反主流」の類に関して、次のような捉え方ができる点に注意したい。

　　反主流：主流→反-主流＝主流派とは反対の流派…関数的機能／主流派
　　　　　　に対立する流派…V機能
　　反体制：体制→反-体制＝体制側と反対の人々…関数的機能／体制側と
　　　　　　対立する人々…V機能

すなわち、タイプ㋑における「反-」の機能については関数的解釈もV機能の解釈も可能であり、その点で、タイプ㋑は、意味①・②と意味③・④とを繋ぐ存在と位置付けることができるというわけである。

　以上、Ⓐ～Ⓒの三つの基準に基づき「反-」の意味について考えて来たが、最後に、「反-」の意味①～④と三つの基準との関係の全体図を以下に図1（次ページ）として提示する。

　本節では、接頭辞「反-」に意味①～④の四つの意味が区別されることを述べたが、このような見方を取るならば、先に2.2節で辞書に基づき分析対象として設定した30語の他にも、著者の言語意識からすれば、次のような語も接頭辞「反-」を含む派生語として考えることができるように思われる。従って、以後これらも適宜分析対象に加え考察を進めることとしたい。

　　意味②…反近代的、反道徳的、反人間的、反倫理的
　　意味③…反権威主義、反機能主義

120　第1部　語構成原論

[図1] 基準Ⓐ～Ⓒ から見た接頭辞「反-」の意味の相互関係

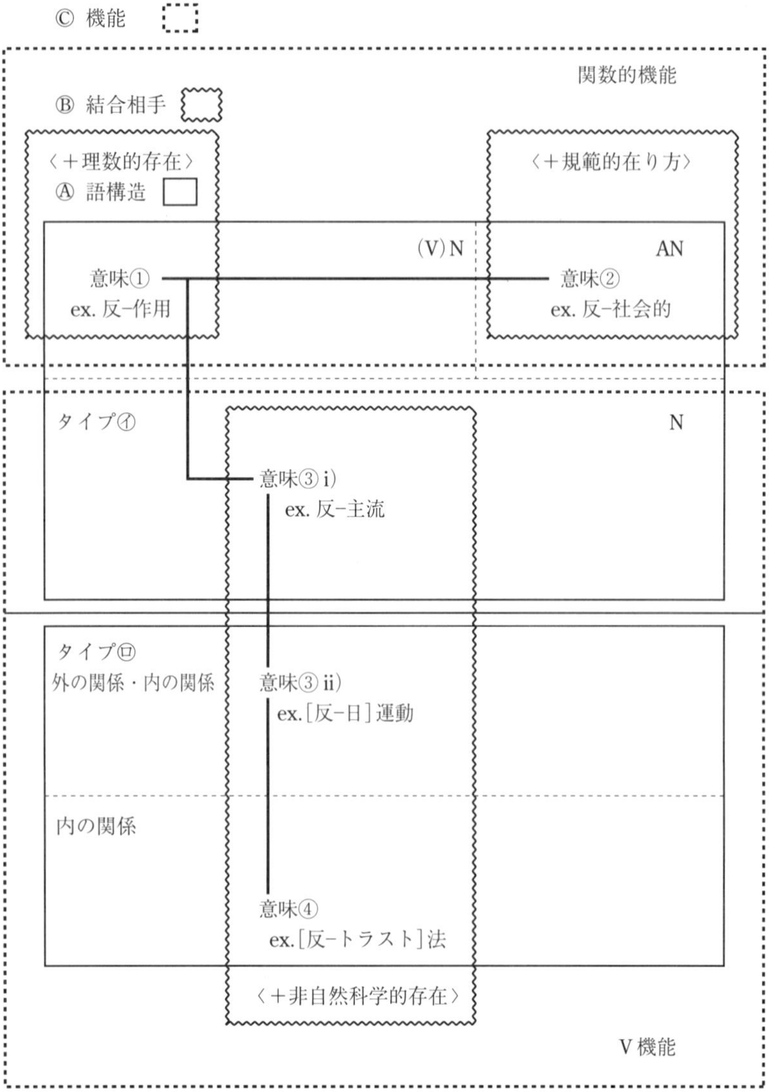

Ⓒ 機能

関数的機能

Ⓑ 結合相手

〈＋理数的存在〉
Ⓐ 語構造

〈＋規範的在り方〉

(V) N　　　　　　　　　AN

意味①　　　　　　　　意味②
ex. 反-作用　　　　　　ex. 反-社会的

タイプ㋑　　　　　　　　　　　　　　N

意味③ i)
ex. 反-主流

タイプ㋺
外の関係・内の関係

意味③ ii)
ex. [反-日] 運動

内の関係

意味④
ex. [反-トラスト] 法

〈＋非自然科学的存在〉

V 機能

2.4 接頭辞「反-」を有する派生語の周辺的意味

　一般に或る語がどのようなpmを有しているかを記述するのはなかなか難しい作業であり、本論で分析対象とする接頭辞「反-」を有する派生語の場合も例外ではない。ただ、本節では、著者の基本的立場である、語のpmは語レベルの意味的要素であるという考え方を支える理由となっている、語のpmは類義語の意味的対立点を構成することが多いという事実をうまく利用することによって、当該の派生語のpmをできるだけ客観的に記述することを試みてみたい。

　まず、当該の派生語にpmが確かに存在することを、「反主流／非主流」といった対を対比することを通して確認する。

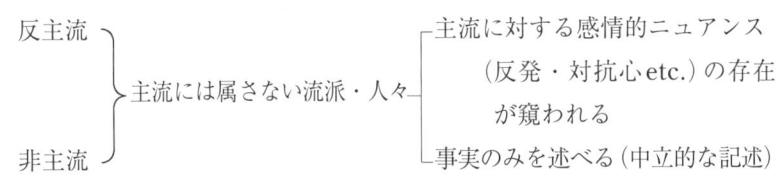

```
反主流 ┐                          ┌ 主流に対する感情的ニュアンス
       ├ 主流には属さない流派・人々 ┤   （反発・対抗心 etc.）の存在
非主流 ┘                          │   が窺われる
                                  └ 事実のみを述べる（中立的な記述）
```

以後、「反主流」という語に見られる上記のような「感情的ニュアンス」を、語「反主流」の有する「感情的意味」と呼ぶことにする。従って、本論で具体的に問題とするpmとは、派生語の有するこのような感情的意味のことである。なお、本論では、感情的意味はあくまでも（派生）語の意味全体に付与されるものと考える。

　以上の観点から「反-」の意味①～④を有する派生語の意味を検討してみると、次のようなことが言える。

1) 感情的意味を有するのは、意味②、③の場合の派生語であり、意味①、④の場合の派生語には基本的に感情的意味が存在しない。
2) 感情的意味が存在しないということを証明するのは難しいが、意味①に関する派生語の場合には、「反比例／逆比例」のような感情的意味に関して対立することのない対の存在を傍証として挙げることができるかもしれない。
3) 意味②に関する派生語の場合には、語例が少ないこともあり、比較的簡単に感情的意味を指摘できる。すなわち、

・意味②の場合の派生語（「反社会的」etc.）の感情的意味
　→よくないこと、忌むべきことである
4) 意味③に関する派生語の場合には、等質的な感情的意味を抽出することは難しい。

ここではこれらの点を承け、以下、上記4)についてもう少し詳しく考えてみたい。

さて、意味③の派生語について言えることは、「反権威主義／反機能主義」という対を比較してみれば分かるように、ここには少なくとも感情的意味の強いものと弱いものとが存在する、という点である。

　　反権威主義…反発、対抗心といった感情的ニュアンスが強く感ぜられる
　　反機能主義…感情的ニュアンスがほとんど感ぜられない

そこで、そういった観点に基づいて意味③に関する派生語を分類できないだろうか、という考え方が生じる。たとえば、すぐ思い付くのは、先に語構造の観点から意味③に属する派生語をタイプ㋑とタイプ㋺とに二分したが、そういった分類と感情的意味の強弱との間に何か関連性はないだろうか、という可能性である。そして、この点については次のようになろう。

　　タイプ㋑…上で見たように（「反権威主義」「反機能主義」はいずれもタイプ㋑である）、感情的意味は均等ではない。
　　タイプ㋺…多くの場合、"反発・対抗心"といった感情的ニュアンスが強く感ぜられるが、その中で「反軍思想」だけは感情的ニュアンスが強くは感ぜられない。

従って、両者は必ずしも対応するわけではないが、次のような点に気づかされる。まずタイプ㋺の方であるが、上の捉え方が妥当であるならば、そこで直接的に強い感情的ニュアンスを醸し出しているのは [[反-X] Y] という語構造の中の要素Y（あるいは [反-X] とYとの関係）なのではないか、という点である。実際、この予想は次の2つの事柄によって確かめられる。

一つは、[[反-X] Y] のYを次のように置き換えることによって感情的ニュアンスの強弱が変化するという現象が観察される、という点である。

　　反軍思想→反軍主義：感情的ニュアンス弱⇒強
　　反核運動→反核思想：感情的ニュアンス強⇒弱

もう一つは、前述したように、タイプ㊁の語の中にはタイプ㊀に縮約することができるものが存在するが、そうした語の場合には感情的ニュアンスがより強くなるように思われる、という点である。

　　　感情的ニュアンスの程度性：反日運動＜反日[9]

これは、要素Yが担っていた様々な意味合いが［反-X］という語の中にいわば読み込まれることによって生じる現象であると解釈できる。

一方、タイプ㊀に属する派生語の感情的意味については、個々の語ごとに強弱を判定しなければならないことになる。[10]判定結果は次のようになろう。

　　　感情的ニュアンス弱い：反ケインズ主義・反機能主義
　　　感情的ニュアンス強い：それ以外

以上の考察から、接頭辞「反-」を有する派生語の感情的意味については、最終的には次のようにまとめられる。

　　⎧ 意味①・④の派生語…感情的意味なし
　　⎨ 意味②の派生語…感情的意味（＝よくないこと、忌むべきことである）
　　⎪　　　　　　　　　あり
　　⎩ 意味③の派生語…感情的意味（＝反発・対抗心等が感ぜられる）に強弱
　　　　　　　　　　　あり

　　　⎰ 弱い感情的意味あり：反ケインズ主義、反機能主義、反軍思想
　　　⎱ 強い感情的意味あり：それ以外

2.5　感情的意味の与えられ方

2.5.1　基本的な考え方

前節で述べたように、本論では、感情的意味は語全体として有すると考える立場に立つが、そういった状況が生じる理由として考えられるのは次の可能性である。

　　⎰ ①「反-」の有する感情的意味が語全体のものとなった
　　⎱ ②「反-」とその結合相手Xとが結合した後で感情的意味が生じた

　　　⎰ ②-1：語構成要素レベルで感情的意味が生じた
　　　⎱ ②-2：語が成立する際に感情的意味が生じた

以下、それぞれの場合について説明を加える。

まず①について。一般に、語構成要素の有する特徴が語全体の特徴としても存続するという現象はよく見られるが、それを説明する概念にpercolation（浸透）という考え方がある。しかし、この考え方は、i)語構成要素の有する形態論的、統語論的特徴が中心的な対象であり、それ以外についてはどのような特徴までが対象になるのか明確でない、ii)対象となるのは専ら主要部の特徴である、という点でここでの説明原理としては問題がある。なぜなら、「反-」の場合、i)′問題になっているのは感情的意味という意味論的特徴である、ii)′基本的に非主要部である、からである。ただ、適用の理論的可能性が全くないとは言えない。[11]

　従って、むしろ、ここではもっと実際的な側面から①の考え方が感情的意味の場合に成立し難いことを示したい。

　ポイントは、本書前節における主張の根拠として挙げた第3の点、すなわち、同一の（概念的）意味を有する語構成要素の構成する語においてpmが語ごとに異なる場合がある、という状況の存在である（本論2.1.2節参照）。なぜなら、上記percolationの考え方では、そういった状況の由来を説明しにくいと思われるからである。すなわち、こういった状況を説明するためには、どのような考え方を取るにせよ、当該の語構成要素と結合相手との関わりを問題にしなければならず、当該語構成要素と語全体との関わりにしか目を向けないpercolationの考え方では処理しきれないというわけである。従って、今求められているのは、本書前節における主張の根拠の一つとして挙げた状況が、本論の「反-」の場合にも成り立っていることを示すことであるが、前節で記述した「反-」を有する派生語の感情的意味を見れば分かるように、問題となるのは、「反-」の四つの意味のうち意味③に関わる派生語の有する感情的意味である。

　既述のように、これらの派生語はその有する感情的意味から次の二つのグループに分けられた。

　　・《反発・対抗心》といった感情的意味が強いグループ：反権威主義、反革命etc.
　　・そういった感情的意味がほとんどないグループ：反ケインズ主義、反軍思想etc.

確かに、これらの有する感情的意味は意味そのものとしては同質であるが、ここで注意しなければならないのはその程度性である。すなわち、程度性に関しては、"強～弱"という段階の異なりが見られるわけであり、これは本書前節で述べた自立形式の場合の問題の状況に準ずるものと見なすことができるのではないだろうか。なぜなら、この場合にも、percolationの考え方ではその程度性をうまく説明することができないと思われるからである。

　次に②の場合の説明に移るが、まず最初に、②-1の立場を取るにせよ②-2の立場を取るにせよ、派生語の有する感情的意味が接頭辞「反-」と密接な関わりを有するということ、すなわち、問題の感情的意味が「反-」そのものに所属するわけではないものの「反-」が介在することによって生じたものであるということ、を確認しておく必要がある。そして、そのためには、本論2.1.2節で指摘しておいたように、派生語の有する感情的意味の間に何らかの相互関係が存在することが必要であるが、今の場合、それは具体的には、「反-」の意味②に関する派生語の有する感情的意味と意味③に関する派生語の有する感情的意味との間に、ということになる。[12] しかし、実際問題として、既述の

　　意味②の場合の感情的意味：よくないことである
　　意味③の場合の感情的意味：（強い～弱い）反発・対抗心が感ぜられる

の間に、自立形式の場合（本書前節）に見たような相互関係を設定するのは難しい。では、どうしたらよいだろうか。

　派生語の有する感情的意味間に一見相互関係が設定できないというのであれば、それぞれの感情的意味がどのようにして生じるのか、という記述を通して感情的意味間の関係を明らかにするしかない。つまり、感情的意味間の表層的な相互関係の記述を目指すのではなく、もっと深いレベルでの相互関係の記述を目指すわけである。しかし、派生語の感情的意味の生ずる由来を明らかにするというのは、2.1.2節で述べたように本論全体の目的の一つであり、節を改めて論ずるべきものである。従って、この問題は次節以降（2.5.3節）へと先送りということになる。なお、前節で見たように、「反主流／非主流」という対において、前者には「強い反発や対抗心」といった感情的意味が感ぜられるのに対し後者には特にそういったものが感ぜら

れない、といった対立が見られたが、このことは、両者の形式的相違が接頭辞の部分だけであることを考えると、前者に上述のような感情的意味が生じた直接の原因は「主流」が接頭辞「反-」と結合したためである、ということを示すものであると言える。つまり、この点をもって上の②の立場の説明の最初に述べた確認すべき事柄の傍証と見なすことも可能なわけである。

　②の立場については、さらに②-1か②-2かが問題となるが、2.1.2節で述べた本論の目的から分かるように、基本的に本論の目指しているのは後者の立場である。しかし、前者の立場ではなぜいけないのか、という点については、上で先送りした問題の結果を見て決めることにならざるを得ない。従って、そういう点ではこの問題に対する答えも先送りということになる。

2.5.2　感情的意味発生の仕組み

　本論では、感情的意味（以下、am［←affective meaning］と略記する）の発生に関して、amは概念的意味（以下、cm［←conceptual meaning］と略記する）を基盤として発生する、という基本的立場に立つ。[13] これは、amは単語化によって付与されると考える本論の立場からは当然の要請であると言えよう。そして、このことは、接頭辞「反-」を有する派生語の場合次のことを意味する。すなわち、amの発生に当たっては以下の2点が問題となる、ということである。

　　ⓐ　「反-」の結合相手がどのような性格のcmを有するか
　　ⓑ　「反-」が結合相手とどのようなcmを形成するか

なお、ここで言うcmには、具体的な内容そのものを指す場合と、そのタイプを問題とする場合との二通りの場合がある。また、ⓐに関しては、当然、2.3節で問題にした「基準ⓑ　結合相手」が関わってくる。以下、こういった観点から「反-」の意味①～④に関する派生語におけるamの発生・不発生について見て行きたい。

　最初に意味②に関する派生語の場合を取り上げる。「反社会的」を例としてam発生の仕組みを説明すれば、おおよそ以下の図2のようになろう。

[図2] am発生の仕組み（意味②に関する派生語「反社会的」の場合）

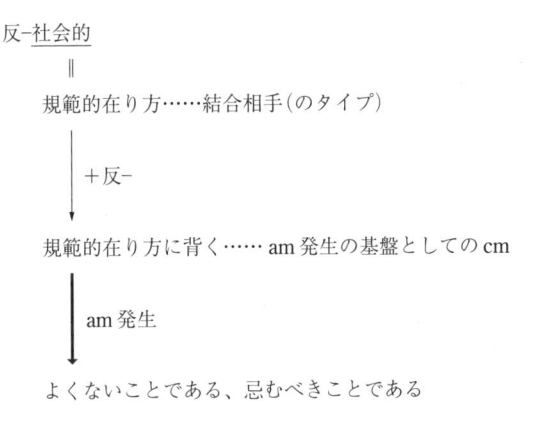

```
反-社会的
  ‖
規範的在り方……結合相手（のタイプ）
  │
  │ ＋反-
  ↓
規範的在り方に背く…… am発生の基盤としてのcm
  │
  │ am発生
  ↓
よくないことである、忌むべきことである
```

　なお、ここで、最終的にamが発生するかどうか、発生するとすればそれはどのようなものになるか、ということに関する判断は、あくまでも現実世界に関する知識に基づき、その言語社会の言語使用者によって下されるものと考えられる。この点は、以下の意味①、④、③に関する派生語の場合も同様である。
　次に意味①、④に関する派生語の場合である。これらの場合、既述のようにamは見出されないが、amが発生しない理由について明らかにする必要があると思われるのでここでは対象として取り上げる。それぞれ別々に説明する。

128　第1部　語構成原論

　　　　［図3］am不発生の仕組み（意味①に関する派生語「反作用」の場合）

反‐作用
　‖
理数的存在……結合相手（のタイプ）…X

　　│　＋反‐
　　↓

　Xとは反対の（逆の）性質を有する存在……am発生の基盤としてのcm
　　　　　　　　　　　　　　　⇒これも一つの理数的存在

　　　　　　　　　　　　　　　　　　　am発生の余地なし
　　　　　　　　　　　　　　　　　　　　　　↓
　　　　　　　　　　　　　　　　　am発生せず

　　　　［図4］am不発生の仕組み（意味④に関する派生語「反トラスト法」の場合）

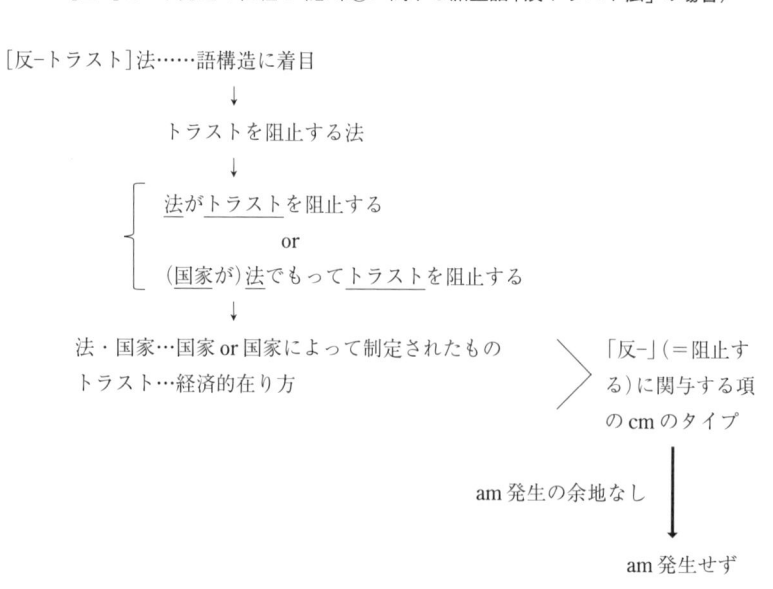

［反‐トラスト］法……語構造に着目
　　　　　↓
　　トラストを阻止する法
　　　　　↓
　┌──法がトラストを阻止する
　│　　　　　or
　└──（国家が）法でもってトラストを阻止する
　　　　　↓
法・国家…国家or国家によって制定されたもの　　｝　「反‐」（＝阻止する）に関与する項
トラスト…経済的在り方　　　　　　　　　　　　　のcmのタイプ

　　　　　　　　　　　　　　　　　　am発生の余地なし
　　　　　　　　　　　　　　　　　　　　　↓
　　　　　　　　　　　　　　　am発生せず

第4章　語構成と語の周辺的意味　129

　最後に一番面倒な意味③に関する派生語の場合を取り上げる。これらの場合、まず確認しておかなければならないのは、amに強弱の程度性が存在することである。

　　　強：反発・対抗心が強く感ぜられる
　　　弱：反発・対抗心がほとんど感ぜられない

そこで、最初に問われるべきことは、なぜamにこのような程度性が生じるのか、ということであるが、この点については、am発生の基盤がcmであることを考えると、amの基になるcmに何らかの程度的側面が存在するからである、と考えざるを得ない。従って、ではその程度性とは何か、ということが次の問題となるが、ここで考慮しなければならないのは、2.3節の「基準Ⓐ　語構造」で見た意味③に関する派生語の語構造における次の二つのタイプである。

　　　タイプ㋑：［反-X］　　ex. 反革命
　　　タイプ㋺：［［反-X］Y］　　ex.［反日］運動

というのは、それぞれのタイプの語構造に応じて、程度性を想定すべきcmが次のように異なってくると思われるからである。

　　　タイプ㋑の派生語の場合：Xのcmに見られる程度性
　　　タイプ㋺の派生語の場合：Yのcmに見られる程度性[14]

　以上のような捉え方をした上で、本論では、XやYに見られる「程度性」というのを、次のような対立軸に見られる程度性と解釈し、上段に属するcmと結合する場合ほど派生語全体のamが強くなる、と考えることにしたい。

　　　動的or感情・感覚的or優位的・抑圧的存在　⟶　am強
　　　　　⇕　　　　⇕　　　　　⇕
　　　静的or　理知的　or（そういう存在ではない）⟶　am弱

なお、上段に属するcmと「反-」が結合する場合、すなわち、"am強"の方が意味③の派生語の場合のam発生における基本であると言えよう。

以上の捉え方を具体的な語例に当てはめれば次のようになる。

- タイプ㋑：Xがポイント（括弧内は上記の対立軸で示した程度的側面のどれに基づくものかを記したもの。「縮」については後述）
  - am強：反革命（動的・縮）、反宗教改革（動的）、反主流（優位的）、反政府（優位的・縮）、反体制（優位的・縮）、反権威主義（優位的）
  - am弱：反機能主義（理知的）、反ケインズ主義（理知的）
- タイプ㋺の場合：Yがポイント
  - am強：「[反軍]思想」以外（理由は全て「運動」：動的）
  - am弱：[反軍]思想（静的・理知的）

なお、上記中「縮」というのは、タイプ㋺からタイプ㋑の語に縮約されたと解釈しうるものであり、既述（2.4節）のように、その場合、amは強くなるのが一般的である。これは、そこでも述べたように、省略されたタイプ㋺の様々なYを以下に示すように重層的に読み込んでしまうためであると考えられる。

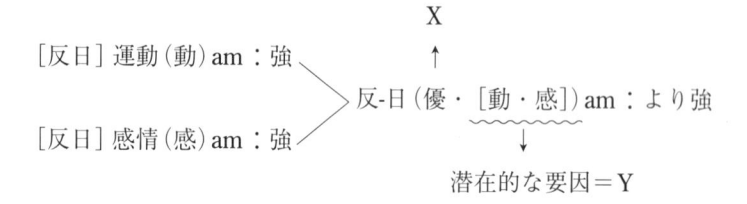

$$
\begin{array}{l}
\text{[反日]運動（動）am：強} \\
\text{[反日]感情（感）am：強}
\end{array}
\Bigg\rangle
\begin{array}{c}
X \\ \uparrow \\
\text{反-日（優・[動・感]）am：より強} \\ \downarrow \\
\text{潜在的な要因＝Y}
\end{array}
$$

以上、本節（2.5.2節）ではam発生の仕組みについて述べたが、重要な点は、am発生の有無、およびその内容を最終的に決めるのはあくまでも現実世界に関する知識である、という点である。

2.5.3 感情的意味間の相互関係

ここでは、2.5.1節で先送りしたam間の相互関係を取り上げる。

既述（2.5.2節）のように、本論では、amはcmを基盤として発生すると考える。従って、ここから、基本的に、次のような関係がまず想定できる。

- am：発生せず→cmがam発生の基盤とならない
- am：発生する→cmがam発生の基盤となる

そこで、この点と2.5.2節で考察したam発生の仕組みとを組み合わせると、次のような関係図が描けるが、これが取りも直さず今求めるam発生の由来に基づいたam間の相互関係ということになる。

・am間の相互関係
 ⎰ am：発生せず→cmがam発生の基盤にならない
 ⎪ ⎰・「反-」がam発生に関与しないcmと結合し、同様のcmを形成する
 ⎪ ⎨ →cm：理数的存在⟹意味①に関わる派生語の場合
 ⎨ ⎩・「反-」がamと無関係なcmと関わる（「反-」：述語［＝阻止する］、cm：項）
 ⎪   →cm：国家（によって制定された制度）・経済的概念
 ⎪   ⟹意味④に関わる派生語の場合
 ⎩ am：発生する→cmがam発生の基盤となる
   →「反-」の結合相手のcmが程度性の観点から把握しうる
   〈結合相手のタイプ〉
    ⎰ 規範的在り方→⊕（価値的）⟹意味②に関わる派生語の場合
    ⎨ 政治・社会・文化的存在────⊕（行動的・優位的etc.）
    ⎩ （在り方・行為）   ➡ am：強
           ─────⊖（静的・理知的etc.）
             ➡ am：弱
   ⟹意味③に関わる派生語の場合

なお、この相互関係に関して一つ確認しておかなければならないのは、この図は、あくまでもどういう場合にamが発生するのか（またはしないのか）、という観点からam間の関係を示したものであり、なぜその場合にamが発生するのか（またはしないのか）という点に関しては、既述（2.5.2節）のようにこれとは別にどこまでも現実世界に関する知識に基づいて判定される、という点である。

2.5.4 単語化による感情的意味の付与のされ方
2.5.4.1 単語化による am 付与のシステム

2.1.2節で述べたように、本論の目的は結合形式の場合にも本書前節での主張が成り立つことを示すところにあるが、このことを、著者が従来提示して来た語構成論の枠組みに従って簡単に言い直すなら、派生語の場合にも、amは《M不能》《M対立》などと同じく、《+α》を構成する特徴として単語化における意味的プロセスによって一挙に付与されるということを明確にすること、というようになろう。[15] ただし、そこで述べたように、その際、当該の派生語が獲得するamがなぜまさにそれであるのかを単語化の作用の結果として説明すること、という付帯条件が同時に付されていることを忘れるわけにはいかない。そして、この「当該の派生語が獲得するamがなぜまさにそれであるのか」を説明するというのには、実は次の二つの側面がある。

　　ⓐ 当該派生語とそのamとの結び付きをそれなりの理屈の上で説明する
　　ⓑ 単語化の意味的プロセスが当該派生語にそのamをあてがう仕組みを説明する

ⓐは「am発生の仕組み」において説明済みであり、ⓑがここでの目的になる。ただし、実は単語化にこのような機能を担わせるというのは、従来の単語化の在り方に変更を加えるということに他ならない。このことについては後（2.6節）にもう一度触れる。

以上の基本的な枠組みと要請とに基づいて考えるなら、単語化によるam付与のシステムとして次のような方法が考えられよう。

1) 単語化の中に2.5.3節で示したようなam間の相互関係と同様のものを設定する（ただし、実際に発生するamを記す）。ここで、相互関係は主に「反-」がどのような相手と結合するかという情報に基づいて作成されている点に注意していただきたい。

2) 一方、語構成要素レベルに存在する形式（直接語構成要素…単語化を受ける形式）にも同様の情報が記載されていると考える。この点は、従来の著者の語構成モデルにはなかった部分である。

3) 上記1)と2)における情報の照合が行なわれ、当該形式に付与されるべきamが決定される。
4) そのamが当該形式に関する《＋α》(→単語化の中に別に存在すると考える)の内実に付加される。このステップは、《＋α》を構成する特徴は一挙に付与されると考えることから必要になるものである。
5) 当該形式が語になる際に、意味的プロセスによって他の意味的特徴と一緒にamが付与される。

このシステムを図式化すれば次の図5のようになるであろう。

[図5](「反社会的」を例にする)

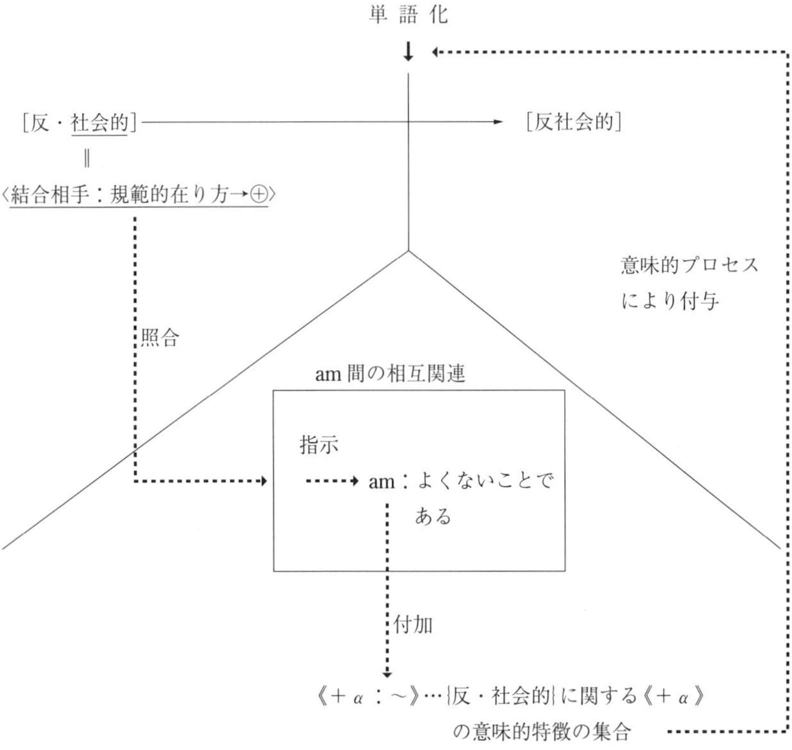

単 語 化
↓

[反・社会的] ──────────→ [反社会的]
‖
〈結合相手：規範的在り方→⊕〉

照合

意味的プロセス
により付与

am間の相互関連

指示
┄┄→ am：よくないことで
        ある

付加

《＋α：〜》…|反・社会的|に関する《＋α》
         の意味的特徴の集合

2.5.4.2 am 発生の仕組みと単語化による am 付与との関係

2.5.2節のam発生の仕組みで述べたのは、いわば語構成論とは関わりなく、語レベルの立場から見た場合amがどのような仕組みで発生すると考えられるか、ということである。その際重要なことは、amの発生が全て一定のルールに従って自動的に説明できるのであれば、何もわざわざ単語化に頼る必要はないのであり最初から語構成要素レベルで発生させればよいのであるが、今回の場合残念ながらそうはなっていないという点である。なぜなら、am発生の有無に関する最終的な判断は現実世界に関する知識に基づいており、その判断は何らかの形で規則化できるものではないからである。そして、このことは次のことを意味する。

　ⓐ am発生には単純にルール化できない部分が含まれる
　ⓑ am自体は語レベルに属するものである。

このうち問題になるのはⓑであるが、このように結論づけられる理由は、著者の考えでは、語以上の単位のみが現実世界と直接関われるのであり、その点で、現実世界に関する知識は語レベル以上の存在であると見なされるからである。つまり、語レベル以上の存在に従って導入されるものは語レベル以上の存在に他ならない、というわけである。[16] このことは、先(2.5.1節)には「反-」そのものにamが存在するという立場をpercolationの観点から否定したが、たとえ別の考え方を取ったとしても、本論のような枠組みで考える以上やはり「反-」そのものにamが存在するという立場は維持しがたい、ということを示す。2.5.1節で先送りした問題、すなわち、なぜ語構成要素レベルでamが生じたと考えるわけには行かないのかに対しても、このように考えることによってはじめて答えることができると言えよう。

以上のように考えて来れば、2.5.4.1節で行なった単語化によるamの付与というのは、このようなam発生の仕組みを、著者の語構成論の枠組みの中で2.1.2節の要請に添うように述べ直したものに過ぎない、ということが分かろう。そして、その際に不可欠の道具立てとなったのがam間の相互関係の把握であったわけである。

2.6 おわりに

　本論は、本書前節を承け、そこでの主張（＝pmは語レベル固有の意味的要素であり、単語化によって語構成要素の意味に付与される）が結合形式の場合にも同じように成り立つかどうかを、接頭辞「反-」を共有する派生語の有するamを対象として検討したものである。具体的な検討過程は以下に示す通りである。

1) 「反-」の意味として①〜④の四つを認定した。
2) それぞれの意味の場合の派生語に見られるpm（ここではam）を記述した。この場合、次のような結果になった。

$$\begin{cases} ①・④の場合 \rightarrow \phi \\ ②の場合 \rightarrow よくないこと、忌むべきことである \\ ③の場合 \rightarrow （強い〜弱い）反発・対抗心が感ぜられる \end{cases}$$

3) それぞれのam発生の仕組みを明らかにし、そのことを通し、amが語レベルの存在であることを示した。
4) それぞれのam間の相互関係を明らかにした。
5) am間の相互関係を利用し、単語化によって個々のamが付与されるシステムを明示的に示した。

　以上の検討を通じ、結論的には、本書前節の主張が結合形式の場合にも成立することが明らかにされたと考える。ただし、本論における検討、および結論は、あくまでも著者の語構成論の枠組みに従って進められたものであり、著者の語構成論とは異なった前提に則った語構成論（たとえば、レベルの峻別を受け入れない立場）に基づいた考察を行なえば、当然また違った結果が出るであろう。しかし、本論における記述的な部分、すなわち、i)「反-」の意味の記述、ii) 派生語の有するamの記述、iii) am発生の仕組み、などは、どういう立場に立つにせよそのまま利用できるものと思われる（本論で、am発生の仕組みと単語化によるam付与とをわざわざ別立てにして論じた意味はそこにある）。そして、そのことが重要であると著者は考える。また、本論の考察は、言語理論的には、語彙論における説明モデルというものが、統語論の場合とは違って、現実世界から完全に独立した形では存在

しにくいものであるということを示唆するという点でも有意義なものであると考えられる。

　一方、本論には様々な問題点・課題が残されているが、その中で理論的に重要なのは単語化の性質についてである。従来、著者の語構成論では、単語化というのはあくまでも一つの作用であった。しかし、本論では、作用であるとともに、内部に一定の情報（具体的には、am間の相互関係）を有することになった。これは、言ってみれば単語化のレキシコン化である。そういう意味で、本論における単語化は従来のものとは性格が異なっている。従って、単語化の源泉の問題をも含め、[17] 今後、単語化という作用全体の理論的見直しが必要となって来るであろう。残された課題とする所以である。

注
1. 感情的意味については様々な捉え方があるが、それらについて詳しくは小野（1987）を参照されたい。また、感情的意味と文体的特徴との関わり等については宮島（1994、第3部第1章）を参照されたい。
2. 「単語化」というのは、著者の語構成論における主要概念の一つである。語の連なりを文へと質的転換させる陳述と平行し、語構成要素レベルの存在を語へと質的転換させる働きを指す。意味的プロセスと文法的プロセスとに分かれるが、本論で問題となるのは専ら前者である。意味的プロセスの実質的な機能は、語構成要素の有する意味的特徴に語固有の意味的特徴（これを《＋α》と表示する）を付加することにある。詳しくは本書第1部第1章を参照されたい。
3. 「主観的評価に係わる含蓄的意味」というのは、本論の立場からは感情的意味の一種ということになる。
4. ここで、直接関わる著者の基本的立場とは、「語構成要素に対する語の基本性・優位性／語に対する語構成要素の派生性・二次性」に基づく「語の所与性・語構成要素の抽象性」といったものであるが、この点について詳しくは本書第1部第1章を参照されたい。
5. 「反-」の字音語基としての意味・用法としては、他に、1）裏返る。もとにもどる。かえす。ex. 反映、反響、反省、反応、2）繰り返す。ex. 反芻、反復、3）「叛」の書き換え字。ex. 反逆、反乱、謀反、などが諸辞書にて挙げられている。
6. 使用した辞書は、『岩波国語辞典』（第六版）、『新明解国語辞典』（第五版）、『学研国語大辞典』（第二版）、『外国人のための基本語用例辞典』（第三版）、『日本国語大辞典』（第二版）、『新潮現代国語辞典』（第二版）、『三省堂現代国語辞典』である。
7. ここに属する13語のうち、「反作用」「反措定」「反定立」の3語については、語基の範疇（VN）と語の範疇（N）とが一致しない。そういう点では、ここでは「右側主要部の

規則」が厳密には成立しないことになる。
8. 連体修飾構造における「内の関係」と「外の関係」については、寺村 (1992) 参照。なお、益岡・田窪 (1992) では、ここで問題となっている「外の関係」の連体修飾節構造が連体節の一種として「内容節」と呼ばれている。
9. 本論では取り上げなかったが、「反米」「反共」という語も同様の例と見なすことができよう。
10. 個々の派生語において感情的意味の強弱が決まる原理については後述する (2.5.2節)。
11. percolationについては、原口・中村編 (1992)、A. Spencer & A. M. Zwicky (ed.) (1998) などを参照。なお、percolationでは、語構成要素の有する特徴がそのまま語全体へ引き継がれると考えるが、本論の立場からは、一旦、語構成要素の連結形式を介した上で語全体へ引き継がれると考えることになる。
12. 後述 (2.5.3節) するように、実際に感情的意味間の相互関係を考える際には、感情的意味が存在しない場合をも ϕ の感情的意味として相互関係を設定する対象に含めることになる。
13. amが基盤となって別のamが発生するという可能性もゼロではないが (ちょうど語レベル固有の意味が存在したように、語レベル内部で新たなamが発生するということ)、この点については今後の課題としたい。なお、「語レベル固有の意味」という考え方については本書第2部を参照されたい。
14. 本論で扱うタイプⓓの派生語は、全て [反-X] がYの内容節になっているものばかりであるのでYがポイントとなるが、既述 (2.3節) のように、タイプⓓであってもそういう関係にない派生語が存在しうる。本来、それらについてはまた別に考えなくてはならない。
15. 《M不能》とは、合成語の意味のうち語構成要素の意味とその関係からだけでは説明できない意味的特徴であり、《M対立》とは、当該の語と類義語との意味の対立点である。いずれも《+α》の内実を構成する特徴であるが、これらの具体的内容とこれらが語レベルの意味的要素である理由については、本書第1部第1章を参照されたい。
16. この点は、注4に挙げた事柄同様、著者の語構成論の基本的な考え方の一つである。
17. 単語化の源泉の問題については、本書第1部第2章2節参照。

第2部

語構成と多義

第1章

語構成と多義との関わり
－「なが-(長)」を前項とする複合名詞を対象として－

1.1 はじめに

　一般に語構成と意味との関わりについて考えるということを、著者は
・語構成要素の意味と一語全体の有する意味とをどのようにしてつなぐか
ということについて考えることであると捉えているが、このことは、裏を返せば、著者の語構成論においては、語構成と意味との関わりと言う場合、一語全体の有する意味の在り方が語構成要素の有する意味との関わりにおいて説明できる場合のみを対象とする、ということに他ならない。
　そこで、今、そういった立場に基本的に立った場合、語構成の観点から見た(合成)語における多義性の源泉としてどのような場合がありうるかを考えてみると、以下の三つの場合が候補として挙がってくる。
　①語構成要素自体が多義である場合
　②語構成要素同士が結合することを契機として新たな意味が発生する場合
　③語レベルにおいて新たに意味が派生する場合
　以下、上記3点について簡単に説明を加えるとともに、本論で扱う問題を限定しかつ位置づけることを試みる。

第一に、上記①②は語構成要素レベルの問題であるのに対し、③は語レベルの問題である、という点に注意する必要がある。従って、その点からするならば、③自体は厳密には語構成の問題ではないと言えよう。③で述べられているのは、あくまでも語が一旦構成された後の話だからである。しかし、③を考えるということは、実は①②と③とを区別するということであり、それは語構成の問題の範囲を確定するのには役立つ。そういう意味で、③はいわば間接的に語構成に関わると言えるので、ここで取り上げたわけである。なお、この問題については、本論ではこれ以上は触れない。

　第二に、上記②の具体例として著者が考えているのは、「意味の転化」という現象である、という点である。「意味の転化」とは、具象的な意味を基にしそこから主に比喩を介して新たな意味が派生することを指すが、著者は、同現象は基本的には語構成要素レベルの問題であるという立場に立っている（もちろん、語レベルにおける「意味の転化」を認めないわけではない。ただし、それは上記③の問題になる）。なお、この点について詳しくは斎藤（1995a）を参照していただきたい。本論ではこれ以上触れない。

　第三に①についてであるが、これについては述べるべきことが多い。
　まず、以下のような点が問題点としてすぐに思い浮かぶ。
　㋐語構成要素自体に多義性を認めることの是非
　㋑語構成の観点から見た語構成要素の有する意味の種類如何
　㋒語構成要素の多義性の由来とそれをどこで記述するかという問題
これらについては、これまで部分的に述べたこともあるが（㋑については、斎藤［1995b］で簡単に触れた）、本論では一切省略する。[1] また、以上とは別に、原理的な問題として、
　㋓そもそも、語構成要素の有する意味と語の有する意味とを同質のものと考えていいのかどうか
という問題が存する。これについても、これまでに若干論じたことあるが（斎藤［1996］等参照）、本論では省略する。

　さて、以上述べた点を踏まえ、語構成と多義性との関わりについて本論で具体的に取り上げるのは次の問題であり、上記①〜③の中では①を機縁とする多義性に関わる問題の一つとして位置づけることができる。

- （語構成要素の多義性を前提とした場合、）少なくともどちらか一方が多義的であるような語構成要素同士が結合することによって、語構成要素の有する意味がお互いにどのように結びつき一語全体の多義性を構成するのか

従って、本論の直接的な目的は、これを、副題に示したような"形容詞語幹「なが-(長)」を前項とする複合名詞"を実際の分析対象として明らかにすること、ということになる。なお、上で「多義的な語構成要素」と言っているのは、本論の場合、第一義的には「なが-(長)」のことを指す。

1.2 記述の枠組み

1.2.1

語構成を記述するに当たって、著者は次に示すような図式を基本的な枠組みとして使用する。

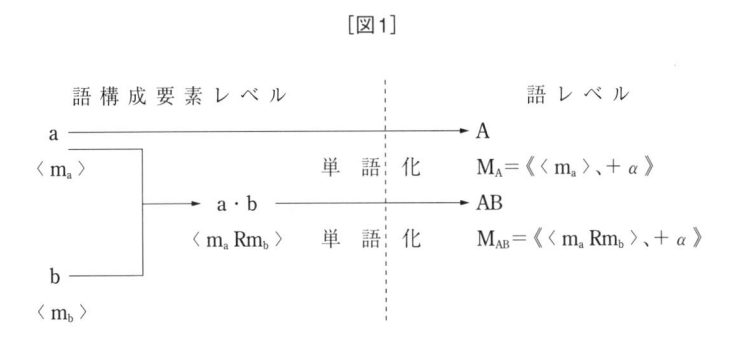

[図1]

```
    語構成要素レベル              語レベル
a ─────────────────────→ A
⟨m_a⟩                単 語 化   M_A＝《⟨m_a⟩、+α》
    └──→ a・b ─────────→ AB
           ⟨m_a Rm_b⟩   単 語 化   M_AB＝《⟨m_a Rm_b⟩、+α》
b
⟨m_b⟩
```

細かいことは省略するが、図1が示すのは、語構成に対する以下のような捉え方である。

語構成要素aと語構成要素bとが結合して合成語ABができると考える。ただし、図1では、aは自立形式、bは結合形式にしてある。一般的には、語構成要素が結合することによって直接語が形成されると考えるようであるが、著者の場合、語は必ず語構成要素が自立することによってできると考えるので、語構成要素レベルに途中の段階ab（構成要素連結形式と呼ぶ）を設定

する。このような考え方の背後には、語構成要素と語とは言語単位として本質的に異なった存在であり、語構成要素レベルの存在が語になるためには質的転換が必要である、という捉え方がある。それが図1に見られる「単語化」というプロセスである。

一方、意味的には、合成語ABの意味（《M》のように表示する）は基本的には語構成要素aの意味〈m_a〉と語構成要素bの意味〈m_b〉、そして両者の関係Rによって構成され、Rは構成要素連結形式が形成される段階において生じると考えられる。また、合成語の意味を考える際に重要なのは、語の意味には語構成要素の意味だけからは説明のできない要素が存在している、という点であり、それを図1では《＋α》と表示してある。語構成要素の意味と語の意味との本質的相違に対応するが、実質的には「単語化」の意味的側面と位置づけることができよう。なお、単純語の場合にも、語である以上《＋α》は存在すると考える。

1.2.2

さて、以上に示した語構成に対する基本的な捉え方を踏まえ、本論の考察対象である、語構成要素の多義性によって合成語が多義性を獲得する場合の語構成モデルを考えてみるとどうなるであろうか。以下の図2に、語構成要素a、bがともに多義的である場合の暫定的なモデルを示す。

[図2]

語構成要素レベル　　　　　　　　　語レベル

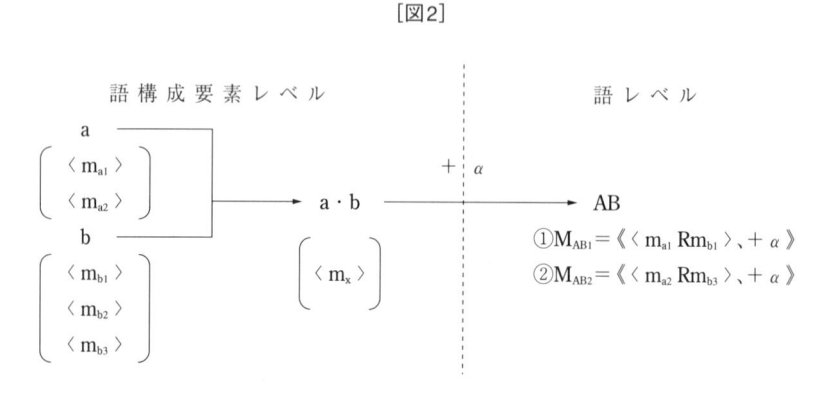

$$\begin{pmatrix} a \\ \langle m_{a1} \rangle \\ \langle m_{a2} \rangle \\ b \\ \langle m_{b1} \rangle \\ \langle m_{b2} \rangle \\ \langle m_{b3} \rangle \end{pmatrix} \longrightarrow a \cdot b \begin{bmatrix} \langle m_x \rangle \end{bmatrix} \xrightarrow{+\alpha} \begin{array}{l} AB \\ ①M_{AB1} = 《\langle m_{a1}\ Rm_{b1} \rangle、+\alpha》 \\ ②M_{AB2} = 《\langle m_{a2}\ Rm_{b3} \rangle、+\alpha》 \end{array}$$

図2を「暫定的」と述べたのは次の理由による。

第1章 語構成と多義との関わり－「なが-(長)」を前項とする複合名詞を対象として－ 145

　図2は、二つの意味を有する多義的な語構成要素aと三つの意味を有する多義的な語構成要素bとが結合して二つの意味を有する多義的な合成語ABが構成される場合のモデルであるが、[2] ここで問題になるのは、合成語ABの有する意味はどのようにして決まるのか、という点である。そして、この問題を解決するためには、性格の異なった次の二つの点を明らかにする必要があると思われる。

　1. 語構成要素aとbとの意味がどのように結合するのか
　2. 上記1において成立した意味がどのように合成語に引き継がれるのか
これら二つの点は、要するに、図2における構成要素連結形式a・b段階における意味表示をどのようにしたらよいか、という問題であると言えよう。図2において、a・bの意味表示がmxになっているのは、そこにおける意味表示が未だ明確でないということを示すものであり、図2が「暫定的」であるというのもまさにその意味においてに他ならない。

　従って、図2を完成させるには、a・b段階における意味表示を決定する必要があるわけであるが、ここで留意すべきことは、その際に次の二通りの考え方が可能である、という点である。

　イ) 語構成要素aとbとが結合する際に、それぞれの意味の全ての組み合わせが一旦実現され、その上で、i) 現実に実現されない組み合わせ、が削除されると考える
　ロ) 上記i)の中に、i-1) 意味的に不可能な組み合わせ、とi-2) 意味的には可能であるが実際には実現されない組み合わせ、とを区別し、語構成要素が結合する段階においてi-1)は最初から生成されず、i-2)のみが後で削除されると考える

問題はこの二つの考え方のうちどちらがより妥当か、[3] ということであるが、本論ではロ)の立場に立つ。イ)では語構成論的プロセスにおいてあまりにも意味の過剰生成が行なわれ現実的でない、と考えられるからである。しかし、そのためには、

　i-1) 実現不可能な意味的組み合わせ、とi-2) 現実に実現されない意味的組み合わせ、をどのようにして区別するのか

という点が大きな問題となる。もちろん、これには語構成要素間の意味的

関係Rの内実も関係してくる。

　この問題に関して、著者は未だ体系的な解決案を得ていないが、ここでは、語構成要素の意味に結合相手に対する選択制限を設ける、という案を提示したい。すなわち、図2において、語構成要素aが何らかの作用、あるいは形状を叙述する意味を有する要素で、bが実体的な意味を有する要素であるとした場合、aの有する意味のそれぞれに結合相手に対する意味的条件を付与するわけである。たとえば、

　　　〈m_{a1}：＋モノ, R〉、〈m_{a2}：＋コト, R〉

のようにである。ここで、〈モノ〉、〈コト〉、がそれぞれ〈ma1〉、〈ma2〉が結合相手に要求する意味的条件であり、Rがその際の意味的関係である。[4] したがって、この条件に合致しない場合には、語構成要素同士が結合しても意味的には結合しないということになる。一方、bの有する意味の存在範疇を、たとえば

　　　〈m_{b1}〉：〈モノ〉、〈m_{b2}〉：〈モノ〉、〈m_{b3}〉：〈コト〉

とするなら、構成要素連結形式の段階で生じる意味は

　　　〈$m_{a1}Rm_{b1}$〉、〈$m_{a1}Rm_{b2}$〉、〈$m_{a2}Rm_{b3}$〉

だけであり、

　　　〈$m_{a1}Rm_{b3}$〉、〈$m_{a2}Rm_{b1}$〉、*〈$m_{a2}Rm_{b2}$〉

は理論的には生じないということになる。

　しかし、これでもまだ図2を完成したことにはならない。というのは、構成要素連結形式の段階で生じる意味は、実現可能な意味的結合の集合であって、必ずしも実際に実現される意味とは限らないからである。実際、図2では、〈$m_{a1}Rm_{b2}$〉が実現されていない。従って、これを削除するプロセスが必要である。そうして初めて図2が表わす事態と符号するようになる。

　以上述べたことを図2に織り込んで示せば、以下の図3のようになろう。これで、図2が完成したことになる。

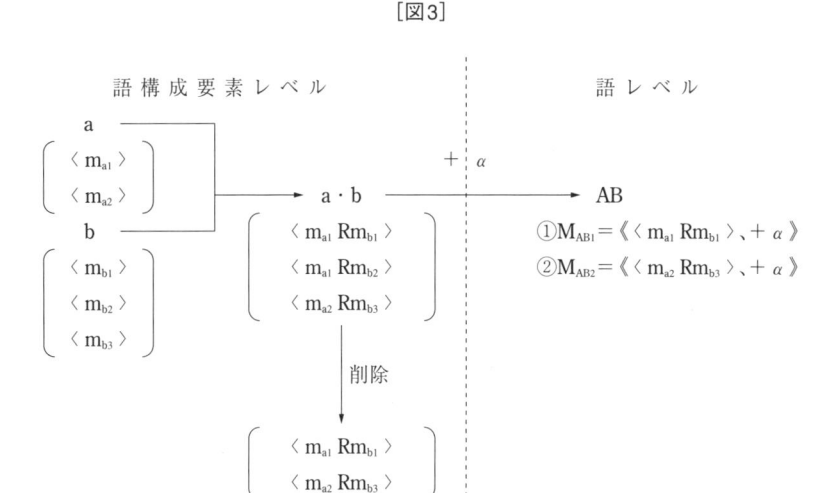

[図3]

$$
\begin{bmatrix} a \\ \langle m_{a1} \rangle \\ \langle m_{a2} \rangle \end{bmatrix}
$$

$$
\begin{bmatrix} b \\ \langle m_{b1} \rangle \\ \langle m_{b2} \rangle \\ \langle m_{b3} \rangle \end{bmatrix}
$$

$$
\rightarrow a \cdot b \begin{bmatrix} \langle m_{a1}\, Rm_{b1} \rangle \\ \langle m_{a1}\, Rm_{b2} \rangle \\ \langle m_{a2}\, Rm_{b3} \rangle \end{bmatrix} \quad +\alpha \rightarrow AB
$$

① $M_{AB1} = \langle\!\langle \langle m_{a1}\, Rm_{b1} \rangle, +\alpha \rangle\!\rangle$
② $M_{AB2} = \langle\!\langle \langle m_{a2}\, Rm_{b3} \rangle, +\alpha \rangle\!\rangle$

削除 ↓

$$
\begin{bmatrix} \langle m_{a1}\, Rm_{b1} \rangle \\ \langle m_{a2}\, Rm_{b3} \rangle \end{bmatrix}
$$

語構成要素レベル | 語レベル

1.3 具体例の分析 —「なが-(長)」を前項とする複合名詞の場合—

1.3.1

本節では、前節で提示した、語構成要素の多義性によって合成語の多義性が生じる場合の語構成論的モデルを、実際に「なが-(長)」を前項とする複合名詞に適用することを試みる。

さて、その際まず第一に確認しておかなければならないのは、「なが-(長)」の多義性と、それぞれの意味が結合相手に要求する意味的条件についてである。しかし、これはそれほど面倒な問題ではない。まず多義性そのものについては、どの辞書を見ても明らかなように、「なが-(長)」には大きく次の二つの意味が区別されると見てよい。

　①空間的意味…ex.長椅子、長靴、長袖、長葱etc.
　②時間的意味…ex.長雨、長生き、長話、長患いetc.

また、結合相手に対する意味的条件であるが、これは上に示したそれぞれの意味に関する語例を見れば明らかなように、

　①空間的意味…＜＋モノ＞
　②時間的意味…＜＋コト＞

となろう。
　次に確認すべきことは、「なが-(長)」を前項とする複合名詞としてどのような語があるか、という点である。この点に関して、本論では、『学研国語大辞典』(第二版)、『岩波国語辞典』(第五版)、『新明解国語辞典』(第四版)、『現代国語例解辞典』(第二版)の四つの国語辞典のうち、複数の辞典に掲載されている語を基本的な分析対象語彙として取り上げることとした。以下の34語がそれである(五十音順)。

　1.長雨(ながあめ)、2.長居(ながい)、3.長生き(ながいき)、4.長椅子(ながいす)、5.長唄(ながうた)、6.長柄(ながえ)、7.長追い(ながおい)、8.長上下(ながかみしも)、9.長着(ながぎ)、10.長靴(ながぐつ)、11.長座(ながざ)、12.長四角(ながしかく)、13.長襦袢(ながじゅばん)、14.長尻(ながじり)、15.長袖(ながそで)、16.長旅(ながたび)、17.長談義(ながだんぎ)、18.長丁場(ながちょうば)、19.長続き(ながつづき)、20.長葱(ながねぎ)、21.長年(ながねん)、22.長袴(ながばかま)、23.長話(ながばなし)、24.長櫃(ながびつ)、25.長火鉢(ながひばち)、26.長道(ながみち)、27.長虫(ながむし)、28.長持ち(ながもち)、29.長物語(ながものがたり)、30.長屋(ながや)、31.長病み(ながやみ)、32.長湯(ながゆ)、33.長脇差し(ながわきざし)、34.長患い(ながわずらい)

1.3.2

　理論的には、上記34語のそれぞれについて個々に検討を加えなければならないのであるが、それでは煩雑になるので、ここでは、上記34語を次の三つのグループに分けて論じていきたい(多義であるかどうかの判定は、基本的に『学研国語大辞典』に拠った)。

　Ⓐ 前項「なが-(長)」の多義性により多義語となった場合
　Ⓑ 前項「なが-(長)」の多義性により多義語となる可能性を有しながらも、結果的には多義語とならず単義語となった場合
　Ⓒ 前項「なが-(長)」の多義性にも関わらず、多義語となる可能性を有せず単義語となった場合

なお、この3分類は、あくまでも前項の多義性との関わりで考えられたもの

であり、前項の多義性と関わりなく複合語の多義性が生じた場合(すなわち、1.1節で述べた多義性の源泉の①以外の場合。特に②の転義によって結果的に合成語が多義語となる場合[5])は考慮に入れていない。

以下、それぞれの場合について具体例を交えながら論じることとする(以下、具体的な意味の引用は、特別な場合を除き全て『学研国語大辞典』による)。

Ⓐは、語構成要素の多義性が複合語の多義性を招来しているという意味では、先に示したモデルの基本的構想を最もよく体現している場合である。ここに属する語としては、たとえば「28.長持ち」などが挙げられる。というのは、この語には、

M①=「物が同じような状態を長く保つこと。」
M②=「衣類・調度を入れておく、ふたの付いた長方形の箱。」

の二つの意味があるが、[6] 前者は、「なが-」の＜時間的意味＞と後項「もち」の有する＜「長くその状態を保つ」こと＞という意味との結合によって生じたものであり、後者は、「なが-」の＜空間的意味＞と後項「もち」の有する＜持ち物＞という意味との結合によって生じたものである、と基本的に考えることができるからである。[7] この辺の事情を、先のモデルに従って示すなら、次の図4のようになるであろう。

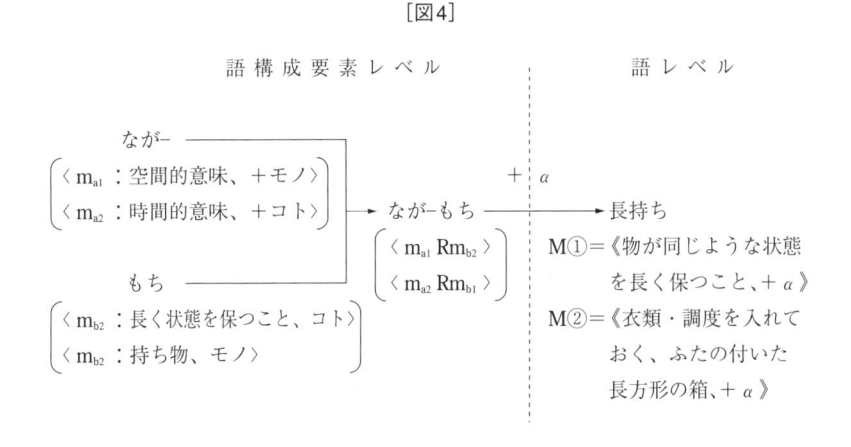

[図4]

語構成要素レベル　｜　語レベル

なが-
$\langle m_{a1}$：空間的意味、＋モノ$\rangle$
$\langle m_{a2}$：時間的意味、＋コト$\rangle$

　　　　　　　　　　＋α
→なが-もち　　　　　　　→長持ち
$\langle m_{a1}\ Rm_{b2} \rangle$　　M①=《物が同じような状態
$\langle m_{a2}\ Rm_{b1} \rangle$　　　　を長く保つこと、＋α》

もち
$\langle m_{b2}$：長く状態を保つこと、コト$\rangle$
$\langle m_{b1}$：持ち物、モノ$\rangle$

　　　　　　　　　　M②=《衣類・調度を入れて
　　　　　　　　　　　　おく、ふたの付いた
　　　　　　　　　　　　長方形の箱、＋α》

上図について、先のモデルと対比させながら若干の説明を加えると、まず、第一に重要な点は、語構成要素としての「なが-」と「もち」が結合し、

「なが-もち」という構成要素連結形式が形成される段階において、「なが-」の有する二つの意味と「もち」の有する二つの意味の全ての組み合わせが実現されるわけではなく、「なが-」の＜空間的意味＞（＝＜m_{a1}＞）と「もち」の＜持ち物・入れ物＞（＝＜m_{b2}＞）の意味、「なが-」の＜時間的意味＞（＝＜m_{a2}＞）と「もち」の＜長く状態を保つこと＞（＝＜m_{b1}＞）の意味、の二通りの結合しか実現されないという点である。[8] これは、先に述べたように、「なが-」の＜空間的意味＞が結合相手に要求する意味的条件＜＋モノ＞を「もち」の＜持ち物・入れ物＞の意味しか、また、「なが-」の＜時間的意味＞が結合相手に要求する意味的条件＜＋コト＞を「もち」の＜長く状態を保つこと＞の意味しか満たしていないからである。[9]

　次に重要なことは、構成要素連結形式段階における二つの意味が、この場合には削除されることなく全て複合語「長持ち」にそのまま受け継がれる（もちろん、実現される際に《＋α》が付加されるが）、という点である。この点は、先に示したモデルと異なる。先のモデルは、全ての可能なプロセスが網羅された形のものであり、実際にはその中の一部のプロセスが省略されることはよくあるのである。

　今回扱った34語のうちで、この⒜のグループに属するものは実は非常に少なく、「28.長持ち」以外では、「26.長道」（M①＝「長く続く道」「長いみちのり」…「なが-」の＜空間的意味＞と「みち」の＜道路、モノ＞の結合、M②＝「長い旅行」…「なが-」の＜時間的意味＞と「みち」の＜旅行、コト＞の結合）だけであった。

　しかしながら、目を古典語にまで広げれば、たとえば、「長船（ながぶね）」という語なども⒜に属する語として扱うことができるように思われる。というのは、この語には、『日本国語大辞典』によれば

　　M①＝「船に長時間乗っていること。」
　　M②＝「江戸時代、能代川の上流で使われた長さ約五七尺の細長い川
　　　　　船。」

の二つの意味があるということであるが、M①は「なが-」の＜時間的意味＞と「ふね」の＜船に乗ること、コト＞の意味が結合したものであり、M②は「なが-」の＜空間的意味＞と「ふね」の＜船、モノ＞の意味が結合したもので

ある、と解釈することができるからである。

次に⑧に移る。⑧は、多義語となる可能性を有しながらも実際には多義語とならなかった語のグループである。ここで「多義語となる可能性を有」したというのは、語構成要素レベルで一旦多義性を獲得しながらも、語レベルにおいて結果的には単義となったということであるが、そのことを、先の図3に掲げたモデルに則ってもう少し具体的に説明するならば、そこで提示した、構成要素連結形式の有する意味を削除するプロセスが実質的に機能した、ということである。

この点を、具体例に基づいて実際に確認してみる。今、このグループに属する語の例として「11.長座（ながざ）」を取り上げる。

辞書によると、この語には、

　　M＝「長い間いること。」（ex.「夕立にあって長座した」）

という意味のみが記されているが、この意味は、「なが-」の＜時間的意味、＋コト＞と「ざ」の＜（ある場所に）居ること、コト＞という意味が結合してできたものであると考えられる。ところが、一方、「座」という語には「すわる場所。すわる位置。」という＜モノ＞としての意味があり、しかもそちらの意味の方がむしろ普通である。そうしてみると、「ざ」にも＜モノ＞と＜コト＞との二つの意味が存在していると見なすのが妥当であろう。[10] 以上の点を踏まえて「長座」の語構成論的分析を行なうなら、次の図5のようになる。

[図5]

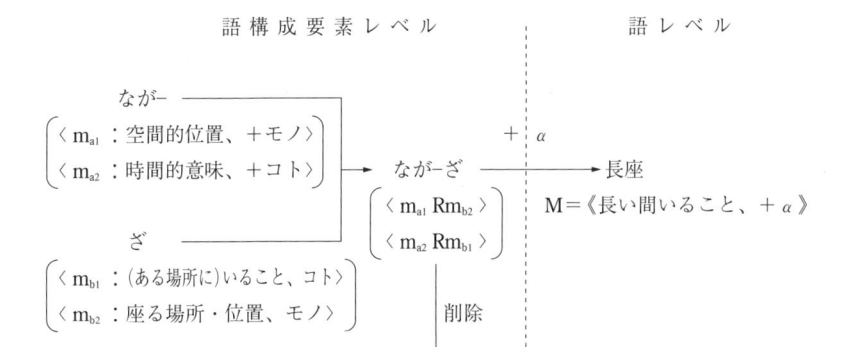

語構成要素レベル　　　　　　　　　　　　　語レベル

なが-
$\begin{pmatrix} \langle m_{a1}：空間的位置、＋モノ\rangle \\ \langle m_{a2}：時間的意味、＋コト\rangle \end{pmatrix}$ 　　　　＋α
　　　　　　　　　　　　→ なが-ざ　　　　　→ 長座
ざ　　　　　　　　　　　　$\begin{pmatrix} \langle m_{a1}\,Rm_{b2} \rangle \\ \langle m_{a2}\,Rm_{b1} \rangle \end{pmatrix}$　　M＝《長い間いること、＋α》
$\begin{pmatrix} \langle m_{b1}：(ある場所に)いること、コト\rangle \\ \langle m_{b2}：座る場所・位置、モノ\rangle \end{pmatrix}$

　　　　　　　　　　　　　↓ 削除

　　　　　　　　　　$\langle m_{a2}\,Rm_{b1} \rangle$

今回扱った中でこのⒷグループに属すると明確に言えるのは、この「10. 長座」の他には「9.長着」(M＝「和服で、羽織・コートなどに対して、たけが足首のあたりまであるもの。」であるが、構成要素連結形式段階では、「なが-」の＜時間的意味＞と「き」の＜着ること、コト＞の意味が結合した＜長く着ること＞の意味をも有しており、[11] それが削除されたと考えられる）だけのようであるが、そのことは、このタイプに属する語が絶対的に少ない、ということを直ちに意味するわけでは必ずしもないと思われる。これは、次の二つの理由による。

一つは、市販の辞書にはなぜかあまり採られていないようであるが、我々が普段使う言葉の中にも、「長電話」とか「長風呂」とか、このグループに属すると思われる語が幾つか見られるからである。いずれも、＜長く電話すること＞、＜長く風呂に入ること＞というように＜コト＞の意味で使われるが、「電話」や「風呂」には＜モノ＞としての意味もあるので、構成要素連結形式の段階で一旦多義性が生じ、その上で＜モノ＞としての意味が削除されたと考えられる。

二つめは、今まで挙げてきた例を見ればすぐ分かるように、後項が有する＜コト＞としての意味は、＜モノ＞としての意味と無関係に存在するわけではなく、＜モノ＞としての意味が基となり、そこから、"その物を何らかの形で使用する、あるいは、その物に何らかの形で関わる"という形で生じる場合（一種の近接関係による転義である）が多い、ということがあるからである。[12] つまり、たとえば、「25.長火鉢」なども、今は「長方形の箱形の火ばち。」という＜モノ＞の意味しかないが、ちょうど「長風呂」のように、いつ「長く火鉢に当たること」とでもいった＜コト＞の意味を有することになるか分からない、というわけである。[13]

最後にⒸを説明する。Ⓒは、語構成要素（具体的には「なが-」）が多義であるにも関わらず、それによって構成される複合語が多義である可能性を最初から持たないグループであるが、それを先のモデルに引きつけて説明するならば、ここに属する複合語は語構成要素レベルにおいて多義性を一度も獲得することがなかった語の集まりである、ということであり、それは、語構成要素が結合する段階で複数の意味が最初から生じないように一定の

機構が作用したからである、ということである。
　さて、上記「一定の機構」というのは、言うまでもなく、前項「なが-」の有する＜空間的意味＞、＜時間的意味＞の二つの意味がそれぞれ結合相手に特定の（そして、この場合には異なった）意味的条件を要求する、というシステムのことを指す。従って、語構成要素が結合した段階で一つの意味しか生じないということは、「なが-」と結合する後項が、最初から＜モノ＞か＜コト＞かのどちらかの意味しか有していない、ということに他ならない。
　以上のように考えるなら、このⓒグループにおいては、その有する意味が＜モノ＞である場合（ⓒ-1とする）と＜コト＞である場合（ⓒ-2とする）とに、属する複合語が二つに分かれることになる。以下、それぞれの場合ごとに述べる。
　まず、ⓒ-1の場合であるが、「4.長椅子」（M＝「二人以上の人が並んで掛けられるように、横に長く作ってあるいす。」）を例に取って、語構成論的分析を施せば、次の図6のようになるであろう。

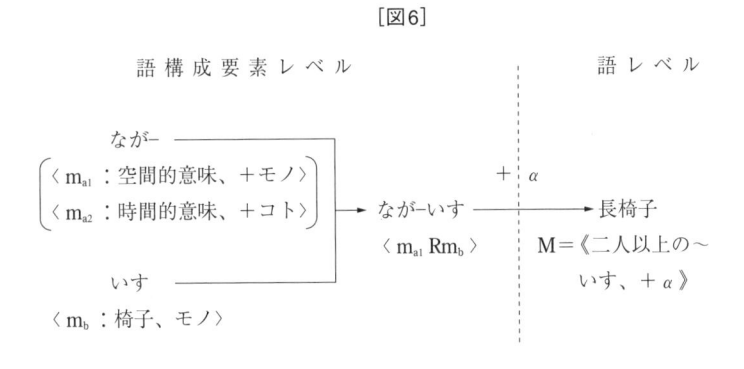

[図6]

```
     語構成要素レベル              ｜   語レベル
   なが-                          ｜
  ┌〈m_{a1}：空間的意味、＋モノ〉┐ ｜
  │〈m_{a2}：時間的意味、＋コト〉│→なが-いす ＋α
  │                              │  〈m_{a1} Rm_b〉  →長椅子
  └いす                         ┘ ｜           M＝《二人以上の〜
   〈m_b：椅子、モノ〉             ｜            いす、＋α》
```

今回扱った語の中でこのタイプに属するのは、以下の15語である。
　　4.長椅子、6.長柄、8.長上下、10.長靴、12.長四角、13.長襦袢、15.長袖、
　　18.長丁場、20.長葱、22.長袴、24.長櫃、25.長火鉢、27.長虫、30.長屋、
　　33.長脇差し
　次にⓒ-2であるが、これについては、わざわざ図示するまでもないであ

ろう。このタイプに属するのは、以下の15語である。

　1.長雨、2.長居、3.長生き、5.長唄、7.長追い、14.長尻、16.長旅、17.長談義、19.長続き、21.長年、23.長話、29.長物語、31.長病み、32.長湯、34.長患い

　以上、本節では、「なが-(長)」を前項とする複合名詞34語を、「なが-」の有する多義性との関わりから三つのグループに分け、それらの複合名詞の意味が形成される有様を、前節で提示した、多義的な語構成要素によって多義的な合成語が構成される際の語構成論的モデルに従って説明した。

1.4　おわりに

　以上、本論では、語構成と多義性との関わりについて、
 i) 語構成要素の多義性が合成語の多義性の直接的な機縁となっている場合に対象を限定する
 ii) その場合の語構成論的モデルを提示する
 iii)「なが-(長)」を前項とする複合名詞を具体的な分析対象とし、その多義性の形成のされ方を上記のモデルに則って説明する
という手順を踏んで論を進めてきた。その結果、iii) の具体的な分析においては、実際に（本文中のⒶの場合）、あるいは可能性として（本文中のⒷの場合）多義語が形成される場合の例を多くは示せなかったけれども、それらの分析を通して、ii) の語構成論的モデルの妥当性が十分明らかになったと思われる。

　i) を説明する際に述べたように、語構成と多義性との関わりについてはまだ多くの問題が残されている。本論で今回扱った問題は、それらのうちの幾つかを切り捨て、あるいは前提とすることによって成り立つものの一つに過ぎない。そういう意味では、今回考察の対象から意識的に除いた部分はすべて今後の課題と言えよう。本論にとって残された問題は大きく、かつ重い。

第1章　語構成と多義との関わり－「なが-(長)」を前項とする複合名詞を対象として－　155

注

1. ㋐については本書第2部第2章1節、㋑㋒については本書第2部第2章2節でそれぞれ考察しているので参照されたい。
2. 語構成要素a、bや合成語ABの有する意味の数は、以下で説明しやすいように決めたものであり本質的なものではないが、多義語形成の語構成モデルである以上、ABは二つ以上の意味を有する必要がある。また、図2は双方の語構成要素が多義性を有する形になっているが、一方のみが多義的である場合もある。その場合の考え方も以下の説明と本質的に異なるものではない。
3. 理論的には、イ)とロ)との折衷案として、ハ)語構成要素が結合する際にそれぞれの意味の全ての組み合わせが一旦実現され、その上でi-1)とi-2)とが削除される、という考え方も可能ではあるが、その場合i-1)とi-2)とを区別する理由が見当たらないと思われるので、本論ではこの考え方は最初から考慮に入れない。
4. 要求される意味的関係が意味によって異なるというのも理論的にはあり得るが、話が複雑になるのでここではRを一定にしておく。
5. たとえば、「15.長丁場」には、M①=「〔旅などの〕道のりの長い区間。」、M②=「時間の長くかかる物事。」の二つの意味があるとされるが、M②の意味は、M①全体(厳密に言えば、M①の基になった意味全体)から派生したものであり、語構成要素の多義性によって生じた多義性ではないので、本論では単義として扱う、ということである。
6. 「長持ち」M①と「長持」M②とは同音異義語ではないかとも思われるが(表記上も「ち」を送るかどうかに違いがある)、辞書の多くは同一見出しのもとに掲げてあるので、本論ではひとまず多義語として扱った。
7. 以下、原則として語構成要素レベルの形式はひらがなで、語レベルの形式は漢字仮名交じりで記すこととする(ただし、意味についてはこの限りではない)。なお、ここで問題となる意味は、厳密には語構成要素レベルの意味であるが、便宜的に語の意味で代用する(以下同じ)。
8. 構成要素連結形式におけるRは、この場合修飾関係である(「なが-(長)」を前項とする複合名詞の場合、Rは基本的に修飾関係となる)。
9. 「もち」<m_{b1}>が意味的に<コト>であるということは、「長持ち」がこの意味を受け継ぐM①の意味において「長持ちスル」という形で使えるということによっても確認できる。
10. <コト>としての「ざ」を含む語としては、「対座(する)」、「長座(する)」、「同座(する)」など幾つかある。
11. <コト>としての「き」を含む語としては、「厚着(する)」、「薄着(する)」、「重ね着(する)」など幾つかある。
12. これは、1.1節で言及した㋐に関わる問題である。
13. この辺の議論については、宮島(1996)の「カテゴリー的多義性」という概念をも参照されたい。

第2章

語構成要素の多義性と語の多義性

1 語構成要素の多義性と語の多義性との弁別
－合成語を対象として－

1.1 はじめに

　ふつう、多義性というと語レベル（多義語）、あるいはそれ以上のレベル（句や文など）の存在に対して想定するのが一般的である。しかし、語構成の観点から語の多義性の成立事情を理論的に考察してみると、どうしても語以下のレベル、すなわち語構成要素レベルにおいて多義性を設定しなければならないことに気づく。本論では、まずこの点、すなわち、語の多義性の源泉の一つに語構成要素の多義性が存在すること、を明らかにする。
　しかしながら、語構成要素に多義性を認めるといっても、語の有する多義性の全てを語構成要素の多義性によって説明するのには無理がある。この点は、現段階においては一つの言語的直感に過ぎないが、本論ではこの直感を考察の前提として受け入れたいと思う。そうすると、次に、語構成要素の多義性と語の多義性とをどのようにして区別するのか、ということ

が当然問題となって来る。本論では、この点を、合成語を対象として考察することとしたい。なお、語構成要素に多義性を認めるといっても、語の多義性と語構成要素の多義性とを全く同じものと考えているわけではない。それは、何よりも語の有する意味と語構成要素の有する意味とを全く同質の存在と見なすことができないからであるが、本論ではその点について深くは立ち入らない。

1.2　語構成要素における多義性の存在

　語構成の観点から見た場合、語構成要素にも多義性の存在を認めるべきだ、という点を説得力のある形で主張するためには、どのような理論的枠組みを採用するのかということに関わりなく、すなわち、どのような理論的枠組みを取っても語構成要素の多義性を仮定しなければ説明できない、という現象を指摘するのが有効であろう。

　そういう意味で、本節では、結合形式同士の結合によって生じる合成語（派生語）の多義性を取り上げてみたい。具体的に対象とするのは、否定の接頭辞「不-」を冠した二字漢語である。ただし、「不〜」という形式を包括的に扱うのではなく、問題となるケースを恣意的に取り上げるのにとどめる。理論的には、本論の主張を裏付ける例が一例でも存在すればそれで充分だからである。

　例として「不調」という語を取り上げてみよう。この語には辞書によれば「①うまくととのわないこと。事が成り立たないこと。『交渉は－に終わった』②調子が悪いこと。⇔好調。『エンジンが－だ』」（『岩波国語辞典 第五版』、以下『岩波』と略称）という二つの意味、用法があることになっている。つまり、多義語であるが、今、この語がこういった二つの意味を持つ理由を問われたら、どのように説明するのが最もよいであろうか。この場合、誰もがすぐ思い付くのは、おおよそ次のような説明法であろう。すなわち、「調」という字音形式には、「①物事のつりあいがよくとれる。ほどよくかなう。ととのう。ととのえる。②物事の進み方。つりあいがとれた状態。」（『岩波』）という二つの意味があり、そのそれぞれを「不-」が打ち消すので結

果的に二つの意味が生じるのである、というようにである。本論でも基本的に同様の説明法を取る。

ところで、ここで注意すべきは、この説明法は以下に示すような語構成論的な観点に基づいたものである、という点である。

[図1]

不-　　　＋　　　-調　　　　　　　　　　　→　　　不-調
〈打ち消し〉　　　⎡〈m₁：ととのう〉　　　　⎤　　　〈M₁：うまくととのわないこと〉
　　　　　　　　 ⎣〈m₂：物事の進み方〉　　 ⎦　　　〈M₂：調子が悪いこと〉

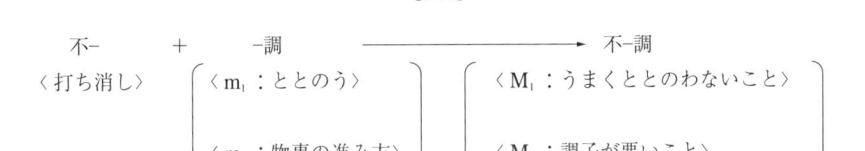

さて、この例において重要な点は以下の2点である。
 a) 合成語「不調」における多義M_1とM_2との間に、一方から他方へという意味的派生関係がつけにくいということ。
 b) 「不-」も「-調」も結合形式であるということ。

このうち、上記a)によって、合成語の多義性の原因を合成語の意味そのものにではなく、構成要素の意味に求めなければならないことが保証される。すなわち、単義の合成語がまず形成され、その上で、合成語内部においてM_1からM_2へと(あるいは逆でも構わないが)意味的派生が生じた、という可能性がこれで排除されるわけである。なお、この場合、両者を何らかの方法によって関連づけることができたとしても、「好調」「順調」等、「調」の〈m_2〉に対応する意味しか持たない語の説明ができなくなる、という問題が生じる点を見落とすことはできない。[1] 次に、上記b)によって、合成語の多義性の原因を構成要素に求めるのであれば、それは語構成要素レベルの存在のものでなければならないことが保証される。すなわち、語構成要素段階では単義であった構成要素が語段階になって意味的派生を生じて多義となり、それが合成語の多義性の源泉となった、という可能性がこれで排除されるわけである。結局、以上2点から、どのような枠組みに拠ろうとも、
 c) 合成語「不調」の多義性の源泉を語構成要素「-調」の多義性に求めざるをえない。
という点が結論として出てくるのである。

160　第2部　語構成と多義

　なお、『岩波』によれば、「不〜」においてこういった構成を有する語は、「不調」の他にも、「不信」(①「信用しないこと。」②「信義がないこと。不実」)、「不断」(①「絶え間がないこと。」②「決断力が乏しいこと。」)、「不明」(①「明らかでないこと。はっきりとは分からないこと。」②「物事を見通す見識がないこと。」)等幾つか見られ、「不調」が決して特別な存在でないことは明らかである。

　以上、本節では、語構成要素に多義性を設定せざるをえない場合があることを、結合形式同士の結合によって形成される多義的な合成語（派生語）を使って例証した。

1.3　多義性を考える際の基本的立場

　前節の結論と1.1節で提示した前提に基づき、本論では、以下、多義性に語構成要素レベルと語レベルとの二つの異なったレベルが存在する、という立場に立つことにするが、次の課題、すなわち、多義性のレベル差を具体的にどのようにして選り分けるのか、という問題に行く前に、ここで、多義性の記述ということに関する本論の基本的立場について明らかにしておきたい。

　冒頭に述べたように、多義性は語以上のレベルにおける現象であると一般的には考えられているが、本論でも、基本的には同様の立場に立つ。というのは、多義性というのは、我々にとって一つの言語的事実であり、実際の言語生活において日々経験する現象であると見なすことができる、と考えられるからである。すなわち、多義性を我々が現実に体験するということは、それが我々に実際に与えられているレベルである語レベル以上における現象であるということを示している、というわけである。もちろん、このことは、そもそも言語の意味というもの自体がそういった性格の存在であるということに基づくと言えよう。そして、このことを語構成要素の側から見るならば、語構成要素というのは語から抽象されることによって成立する単位であり、従って、その有する意味も我々の生きる現実世界とは直接的に結び付いていない単位である、ということを示すに他ならない。[2]

語構成要素における多義性というのは、どこまでも理論的、方法論的な話なのである。

しかしながら、前節で明らかにしたように、語構成論の立場からすれば、語構成要素に多義性を設定せざるをえない場合があるというのもまた事実である。従って、ここでの問題である、そういう場合に多義性のレベル差をどのような形で記述するのが適当か、という問題に関しては、結局、次のように考えるのが最も妥当であると思われる。

 i) 語構成要素にどうしても多義性を認めざるをえない場合に限り、語構成要素に多義性を設定する。
 ii) その他の場合については、全て語に多義性を設定する。

ただし、具体的にどういう場合を上記i)中の「語構成要素に多義性を認めざるをえない場合」と考えるか、ということについては、どういう語構成論の枠組みを採用するかによって違ってくると思われる。そういう意味で、次節1.4節で本論の語構成論の基本的枠組みを述べ、その上で、1.5節において改めて本論の立場からすればどういう場合が問題になるのか、という点について考えたいと思う。

1.4　本論における語構成記述の基本的枠組み

本節においては、本論の語構成論が採用する基本的枠組みの大要を示し、次節における考察の基礎としたい。まず、全体を図示する。

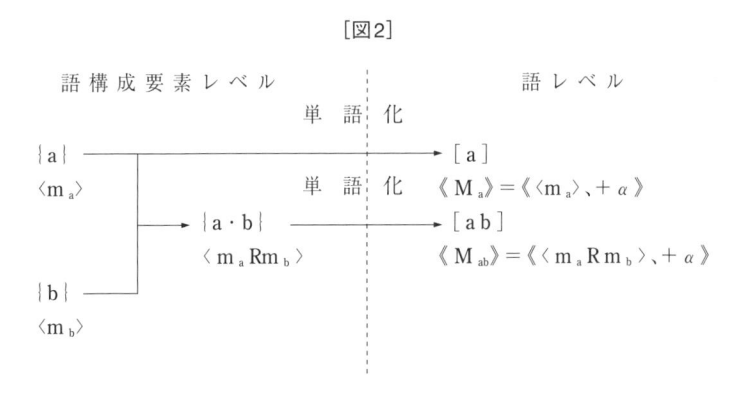

[図2]

```
　　語構成要素レベル　　　　　　　　　語レベル
　　　　　　　　　　　単　語　化
｜a｜─────────────────→［a］
〈m_a〉　　　　　　単　語　化　　《M_a》=《〈m_a〉、+α》
　　　├→｜a・b｜─────────→［ab］
　　　│　〈m_a R m_b〉　　　　　《M_ab》=《〈m_a R m_b〉、+α》
｜b｜─┘
〈m_b〉
```

図2は、語構成要素aと語構成要素b（語構成要素レベルの存在は ¦ ¦ で括って示す）とが結合して合成語ab（語レベルの存在は [ ] で括って示す）が出来る有様をモデル化したものである。ただし、¦a¦ は自立形式、¦b¦ は結合形式という形でモデル化しているので、¦a¦ が自立して単純語 [a] が出来るプロセスをも含んでいる。

さて、図2で重要な点は、第1に、¦a¦ と ¦b¦ とが結合して直ちに合成語 [ab] が出来るのではなく、途中に、¦a・b¦ という中間段階を踏むという点である（両要素間の黒丸は、両要素が未だ完全には結合していないことを表わす）。この形式を、本論では「構成要素連結形式」と呼ぶが、このような形式を設定する主な理由は、単純語にせよ、合成語にせよ、全ての語は語構成要素レベルの形式が自立することによって成立する、という形に統一して扱えるようにするためである。なお、この場合、¦a・b¦ も合成語 [ab] の語構成要素の一つと捉える、という点に注目していただきたい。[3] 第2に重要な点は、第1の点と関わるが、語構成要素レベルの存在が語レベルの存在になるためには、必ず「単語化」というプロセスを経なければならない、と考える点である。このプロセスは、語構成要素と語との間には言語単位として質的な相違が存在し、前者によって後者が形成されるためには一種の質的転換が必ず必要である、という考えに基づいて設定されるものである。なお、このプロセス自体は、言語単位間の変換に関わる総合的な作用であるが、その意味的側面を表示したのが図中の《＋α》である。すなわち、《＋α》は、語構成要素の有する意味（〈 〉で括って表わす）と語の有する意味（《 》で括って表わす）との差異である。[4]

以上、本論の語構成に関する基本的立場を図2に基づいて簡単に説明したが、それを1.2節で取り上げた「不調」に実際に適用してみれば、おおよそ図3のようになるであろう。

第2章 語構成要素の多義性と語の多義性　163

[図3]

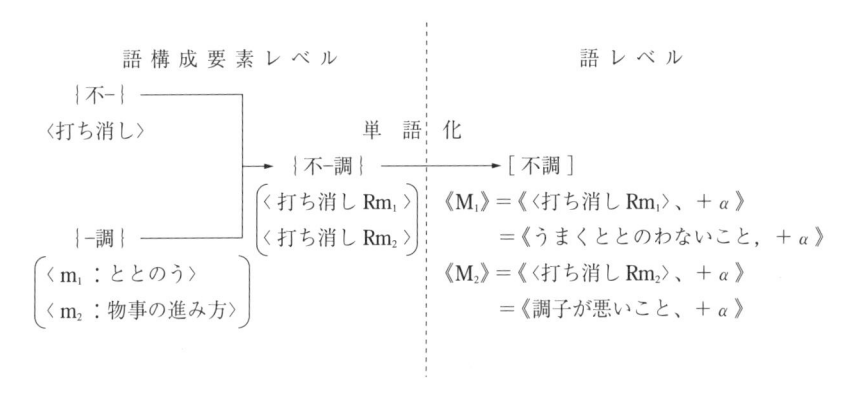

```
        語構成要素レベル          ｜    語レベル
                              単 語 化
  |不-|                        ｜
  〈打ち消し〉      ┐          ｜
                  ├→ |不-調|  ──→ [ 不調 ]
                  │   〈打ち消し Rm₁〉   《M₁》=《〈打ち消し Rm₁〉、+α》
  |-調|           ┘   〈打ち消し Rm₂〉          =《うまくととのわないこと，+α》
  ⎛ m₁：ととのう  ⎞                        《M₂》=《〈打ち消し Rm₂〉、+α》
  ⎝ m₂：物事の進み方 ⎠                              =《調子が悪いこと、+α》
```

なお、上図との関わりで、本論の基本的立場に関して更に次の点を補足しておきたい。それは、いったん図3のような分析を受け入れたならば、次からは、1.2節に示した二つの条件とは関わりなく、図3のパターンを、語構成の観点から見た合成語の多義性記述の基本的パターンとして受け入れざるをえない、という点である。[5] 従って、たとえば、合成語の構成要素が自立形式であろうとも、特別な理由がないかぎり、語として自立してから多義性を構成すると考えるのではなく、語構成要素レベルにおいて既に多義性を獲得していると仮定することになる。これは、どのような理論的枠組みを採用したとしても必ず要請される記述上の斉一性の問題である。

1.5　語構成要素レベルにおける多義性の具体例
　－転義の処理について－

前節で示した本論の立場に従った場合に語構成要素レベルにおいて多義性を設定しなければならないケースとして、ここでは転義という現象の語構成論的な記述を例として取り上げたい。[6]

まず最初に、本論における転義の記述の基本的な枠組みを、図4として以下に示す。

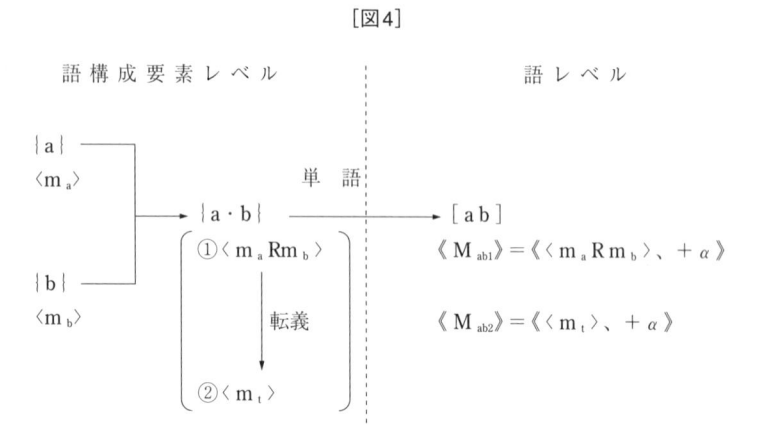

[図4]

```
    語構成要素レベル        │      語レベル
                          │
    |a|                   │
    ⟨m_a⟩                 │
         ┐    単　語       │
         ├→ |a・b|         │   [ab]
         │   ①⟨m_a R m_b⟩ │   《M_{ab1}》=《⟨m_a R m_b⟩、+α》
    |b|  ┘      ↓転義      │
    ⟨m_b⟩      ②⟨m_t⟩    │   《M_{ab2}》=《⟨m_t⟩、+α》
```

　ここで注意すべきは、合成語 [ab] の間接構成要素 |a|、|b| が単義であるという点である。すなわち、転義の場合に語構成要素レベルにおいて認められる多義性というのは、合成語の直接構成要素である構成要素連結形式における多義性のことなのである。

　では、図4に基づいて具体例を検討することとしたい。

　「足慣らし」という語がある。この語は、『岩波』によれば、「(病後やスポーツの前などにする)歩く練習。あしがため。転じて準備行動。」という意味を持つとされるが、今、これを「①歩く練習。②(転じて)準備行動」というように、①の意味が基になり、そこから転義というプロセス(この場合、その内実は隠喩である)を介して②の意味が派生して出来た多義語と考えよう。そうすると、図4に則ってこの語の多義性を語構成論的に解釈するなら、おおよそ次の図5のようになろう。

第2章　語構成要素の多義性と語の多義性　165

[図5]

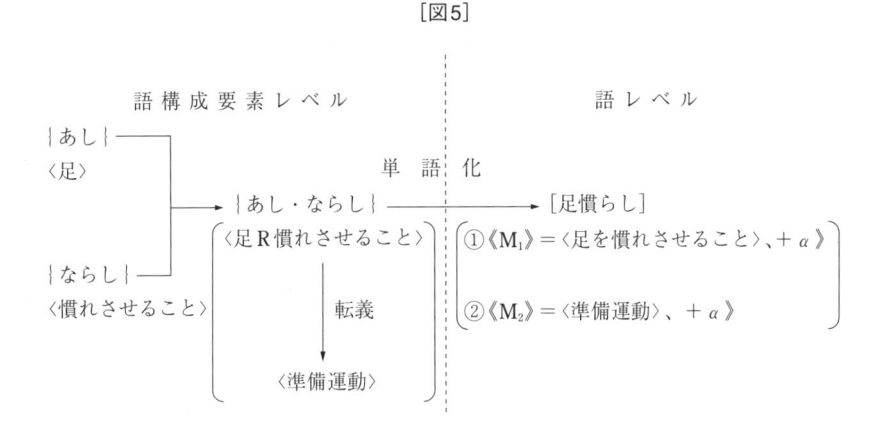

```
         語構成要素レベル      ：    語レベル
                              単語化
|あし|    ┐                  ：
〈足〉    │                   ：
         ├→ |あし・ならし| ────→ [足慣らし]
|ならし| ┘   〈足R慣れさせること〉   ⎧①《M₁》=〈足を慣れさせること〉、+α⎫
〈慣れさせること〉       │転義      ⎨                                  ⎬
                        ↓          ⎩②《M₂》=〈準備運動〉、+α           ⎭
                   〈準備運動〉
```

　『岩波』によれば、「足慣らし」と同じく「足」を語構成要素として有し、かつ同様の語構成論的な解釈が可能な語としては、他に「足跡」(「歩いたあとに残る、足の形。転じて、逃げたゆくえ。」)、「足枷」(「昔、罪人の足にはめて自由を束縛した道具。転じて、足手まといになるもの。」)、「足固め」(「足をじょうぶにするため歩きならすこと。足ならし。転じて、物事の準備また基礎をしっかりすること。」)、「足溜まり」(「行動の途中でしばらく足をとめる所。転じて、ある行動のため、根城(ねじろ)とする場所。根拠地。」)、「足踏み」(「そこを動かずに、歩く時のように足を上げ下げすること。転じて、物事がはかどらず、同じ状態にあること。」)、「足元」(「立っている足の下(また付近の)の小範囲。転じて、身近な所。目前の状態。」)等がある。

　しかしながら、実は転義の語構成論的な説明が常に図4のような形になるわけでは必ずしもないのである。というのは、転義の基になる意味(図4の$\langle m_a R m_b \rangle$)が合成語中にいつも実現されるとは限らないからである。図4を先に転義の場合の「基本的な枠組み」と呼んだのはそのためであり、更に、転義のプロセスを構成要素連結形式段階において設定し、本論の枠組みにおける語構成要素レベルの多義性の例と認定するのもまさにそのことのために他ならないのであるが、その点についての説明は後回しとし、まずは具体例を見ることとしよう。

　図4の場合の例と同様「足」を語構成要素とする合成語ということで、「足

切り」という語を例に取ろう。『岩波』によれば、この語は「(入学試験などで)一定の水準に達しないものを切り捨てること。」という意味を持つが、ここで重要なのは、この意味が転義のプロセス(その内実は隠喩である)を経て出て来た意味であり、その基になったと思われる、いわば字義通りの意味「足を切ること」が実際には合成語「足切り」中に実現されていない、という点である。従って、この語は結果的には単義語であり、その形成の過程を語構成論的に解釈するならば、概略、次の図6のようにならざるを得ない。

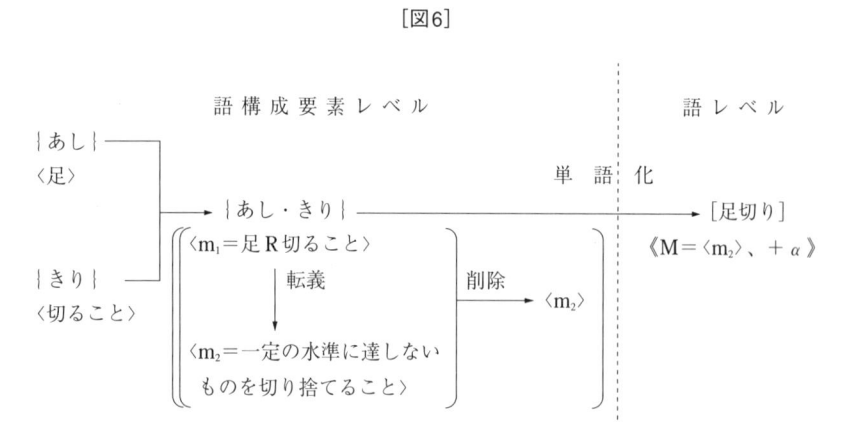

[図6]

|あし|　〈足〉

|きり|　〈切ること〉

|あし・きり|
〈m_1＝足Ｒ切ること〉
↓転義
〈m_2＝一定の水準に達しないものを切り捨てること〉

削除 → 〈m_2〉

語構成要素レベル ｜ 単語化 ｜ 語レベル

[足切り]
《Ｍ＝〈m_2〉、＋$α$》

ここで、図6が図4・5と大きく異なる点は、図6中の構成要素連結形式段階に「削除」というプロセスが新たに導入されている点である。そして、このプロセスこそ転義のプロセスが生じていながら合成語が結果的に単義語になることを説明するものなのである。すなわち、図6を見ればわかるように、削除のプロセスが転義のプロセス後に作用し転義の基になった意味(図6中では〈m_1＝足Ｒ切ること〉＝〈足を切ること〉)を削除することによってはじめて合成語が単義語として実現されることが可能になるのである。

『岩波』によれば、「足」を語構成要素として含むこのタイプの合成語としては、他に「蛸足」(「たこの足のようにいくつにも分かれていること。『―配線』」、〈たこの足〉)、「猫足」(「机・膳(ぜん)の脚(あし)の下部が、内側に向いて丸く低くふくれ、猫の足の形に似ているもの。」、〈猫の足〉)、「鰐足」

(「歩く時、足首の向きが斜めになること。」、〈鰐の足〉)等が挙げられよう(意味の説明中、〈　〉で括った部分が削除された意味である)。

　以上、転義という現象について語構成論的に考えて来たが、改めて確認するなら、重要なのは次の2点である。
　①転義のプロセスは構成要素連結形式段階において作用する。
　②転義のプロセスが作用する意味そのものは、合成語中に実現されない場合がある。

　ここで注意すべきは、上記①は②の帰結と見なしうる、という点である。すなわち、方法論的には、転義のプロセスを語段階において設定することも一応可能であるのだが、本論では、②の理由を以て同プロセスを語構成要素レベルに設定しているわけである。これは、本論では、語レベルにおいて削除というプロセスを設定するのは不適切であると考えているからに他ならない。というのは、本論では、先に述べたように「単語中心主義」(注2参照)の立場に立っており、語レベルは我々に与えられているレベルであると考えるため、そこに一時的にせよ存在しないものを設定することはできない、と解釈するからである(ただし、単語レベルにおいてあらたな要素を設定することは可能であると考える)。そういう意味では、本論において、他の語構成論とは異なり、語構成要素連結形式という中間形式を設定するのも、1.4節で述べた理由の他に、そういった、結果的には存在しなくなる要素の削除機能を担わせるため、という意味合いもあると言えよう。

1.6　おわりに

　以上、本論では、語構成論的観点からすれば多義性に語構成要素と語との二つのレベルを区別せざるを得ない、という主張を提示し、その根拠を示すとともに、本論の枠組みに従った場合のその例として転義という現象を取り上げ、そこに見られる多義性のレベル差を具体的に記述した。多義性に語構成要素レベルと語レベルとの二つが存在するという主張自体は、従来においても、接辞や字音形式といった結合形式の意味を記述する際に、いわば暗黙の前提として受け入れられて来たと言えようが、その点を明確

に述べ、かつ両者の関係を明示的に示したものは今までなかったのではないかと思われる。ただ、最後にもう一度確認しておきたいのは、語構成要素レベルに多義性を認めるといっても、その多義性は語の多義性と同質のものではなく、いわば語の多義性の（一部の）基に語構成要素レベルの多義性が存在している、という点を主張したに過ぎないという点である。その意味では、いわゆる語の多義性そのものを本論が否定したわけでは決してないのである。

　本論に残された課題は多いが、最大の課題は、今回は合成語のみを対象として考察したが、同様の考え方が単純語の場合にも適用できるのかどうか、を明確にすることである。[7] 一般に、語構成論は合成語のみを対象として論じられるのが普通であるが、合成語と単純語とを同時かつ並行的に扱えた方が語構成論にとってよりよいのではないか、というのが本論の基本的立場だからである。なお、それとの関わりで、一つはっきりさせておきたいのは、1.1節で述べた「語の有する多義性の全てを語構成要素の多義性によって説明するのには無理がある」という言語的直感の位置づけについてである。というのは、この直感の背後には、少なくともどうしても語レベルで記述しなければならない多義性が存在する、という含みがあると考えられるが、それはそれで、1.3節で述べた本論の多義性記述の基本的立場と矛盾する面があるように思われるからである。本論の現段階における予想では、この矛盾も単純語における多義性のレベル差を扱う際にうまく解決することができると思われるのであるが、それは現在のところ残された課題であると言わざるを得ない。[8]

注

1. 具体例があまり多くはないので、本論ではまとまった形で取り上げることはしないが、「同意」(①「意見・求めなどに対して賛成・承諾すること。『ーを得る』」②「同じ意味。同義。『ー語』」『岩波』、一部省略）のような（結合形式の語基同士の結合による）多義的合成語（複合語）の場合は、多義の間に何らかの関係付けをするのが更に難しく、前項、後項二つの語構成要素のそれぞれに多義性を設定しなければならない。すなわち、「同-」(①′「別のものでない。ひとつものである。同じ。←→異」②′「同じ気持ちになる。事を共にする。」) と「-意」(①″「心の動き。心に思っている事。考え。気持ち。」②″「物事に込められている内容。わけ。」) [以上、同辞典。ただし、引用は抜粋] の

うち、意味②′と意味①″が結びついて「同意」の意味①が形成され、意味①′と意味②″が結びついて「同意」の意味②が形成された、というようにである。
2. 本論では、鈴木（1996、第3部第3章）で述べられている「単語が基本的な単位であって、形態素は単語に対して派生的な、従属的な関係にある。」「形態素は単語を媒介にして語い体系・文法体系とかかわる。」（以上、276ページ）といった考え方を基本的に受け入れたい。なお、宮島（1994、第2部第1章）では、こういった立場を「単語中心主義」と呼んでいる。
3. 合成語 [ab] の構成要素として、|a|、|b| と |a・b| とを区別する場合には、前者を「間接構成要素」、後者を「直接構成要素」と呼び分けることとする。
4. 《＋α》の内実については様々なものが考えられるが、その具体的内容については、語の意味、語構成要素の意味をどう考えるか、という点と密接に関係してくるので、本論では触れない（この点については本書第1部を参照されたい）。同様に、構成要素連結形式の有する意味〈maRmb〉中の "R" は、|a| の意味〈ma〉と |b| の意味〈mb〉との関係を一般的に表示したものであるが、その具体的内容の様々な在り方についても本論では扱わない。
5. この立場に立って合成語の多義性を分析、記述したのが本書前章（第2部第1章）である。
6. 転義の語構成論的な記述そのものは、斎藤（1995a）で述べたことがある。参照されたい。
7. この点については、本書次節（第2部第2章2節）で考察しているので参照していただきたい。
8. 語レベル固有の多義性については、本書第2部第3章で考察しているので参照していただきたい。

2 語構成要素の多義性と語の多義性との弁別
－単純語の場合も考慮に入れて－

2.1　はじめに

　本書第2部第1章(以下、「本書前章」と呼ぶ)において示したように、語構成の観点から見た(合成)語における多義性の源泉には次の3種類が考えられる。
　①語構成要素自体が多義である場合
　②語構成要素同士が結合することを契機として新たな意味が発生する場合
　③語レベルにおいて新たに意味が派生する場合
本書前章では、このうちの①の場合を取りあげ、多義的な語構成要素が結合することによって、語構成要素の有する複数の意味がどのように結び付き一語全体の多義性が構成されるか、という問題を検討した。

　また、本書第2部第2章1節(以下、「本書前節」と呼ぶ)では、やはり上記①との関わりで、
　 i) 語構成要素に多義性を認めることの必要性
　ii) 語構成要素の多義性と語の多義性との区別
の2点について、合成語を対象として検討した。

　本論は、直接的には、本書前節の考察を承け、上記ii)の問題を単純語をも含めたより一般的な形で考察することを目的とする。そして、そのことは、本書前章で示した多義性の源泉③の場合に踏み込むことを意味するが、後に示すように、本論においては未だ最終的な結論にまでは至っていないことを予めお断わりしておかなければならない。

　なお、ここで一つ注意しておきたいのは、単純語を対象として語構成論的な分析を加えるという点についてである。語構成論は単純語や派生語といった合成語を直接的な分析対象とするのが一般的であるが、本論では、単純語というのが合成語と並ぶ単語の語構成論的な分類カテゴリーである以上、語構成論的には両者を平行的に扱えた方がよりよいと考える立場に

立つ。これは、著者の語構成論における基本的立場の一つである。

　さて、以上の目的を、本論では、語構成要素の有する意味の種類と多義性との関わりという観点から分析することとしたい。すなわち、語構成の観点から一般に語構成要素の有する意味を3種類に分類し、そのことを通して、語構成要素、あるいは語に関わる多義性を大きく3種類に分類して提示することが本論における記述の中心部分をなす(2.2節)。さらに、語構成要素の多義性と語の多義性とを区別することとの関連で、それぞれの多義性をどこで記述するのか、という言語モデルに関わる問題を簡単に見る(2.3節)。このことは、本書前章でも指摘した問題であるが、結果的に語構成論の範囲を確定することに連なるという点で重要である。

2.2 語構成要素の有する意味の種類と多義性

2.2.1

　2.1節で記したように、本論の目的は、多義性のレベル差の弁別(語構成要素の多義性と語の多義性とを区別すること)を単純語をも含めた形で行なうことにあるが、そのために、まず語構成要素の有する意味を語構成の観点から分類することとしたい。

　今、語構成要素と語との関わりを考えた場合、語構成要素の意味として、次の3種類が可能性として挙げられるであろう。ただし、説明の都合上、差し当たっては語構成要素として単独の自立語基の場合を想定する。[1]

　ⓐ 合成語中にしか現われない意味
　ⓑ 合成語、単純語双方に現われる意味
　ⓒ 単純語中にしか現われない意味

以下、それぞれの場合について例を挙げながら簡単に説明を加える。なお、本論では、後述のごとく、本来、語構成要素の意味と語の意味とを厳密に区別する立場に立つのであるが、ここでは、意味の説明を便宜上一般の辞書の記述によって行ないたいので、その点については深く立ち入らない。

　まず、ⓐについてであるが、例としては、たとえば「甘口」「辛口」「薄口」

などの「口」の有する意味が挙げられよう。辞書を見ると、この「口」については、「味に関する感覚・好み。」(『岩波国語辞典(第五版)』)などと説明し、「口がおごる」「口が肥えている」「口に合う」等と同じ用法として扱っているようであるが(もしそれをそのまま受け入れるならば、ⓐではなくⓑの例となる)、著者には、この用法の「口」は「感覚・好み」というよりはむしろ飲食物そのものの味を表わし、[2] その場合には、合成語の構成要素としてのみ使用されどのような味であるかが前項でもって示される、という使い方をされるのが一般的であるように思われる。そういう意味で、ここではⓐの例と考えたい。

　また、「筆箱」の「筆」や、(単独語基ではなく複合語基の例になるが)「下駄箱」の「下駄」のように、(おそらく歴史的な事情が介在し)現在では特定の複合語中において「広く筆記具一般」や「広く外履き一般」といった一般的な意味を表わすようになった場合などもここの例に含めることができるであろう。[3] 更に、特殊なものとして、「月影」(＝光)、「見守る」(＝じっと見る)等、古語としての意味が複合語に残った場合なども同様に考えることができる。[4]

　次にⓑについてであるが、同じく「口」を例に使って説明したい。そして、そのためには、「口」を含む複合語を、その複合語中の「口」が有する意味に従ってグループ分けしておくのが便利である。たとえば、「口移し」「口元」「口つき」「口づけ」「口ひげ」「口笛」「口元」等のグループと、「口争い」「口堅い」「口癖」「口上手」「口答え」「口出し」「口伝え」「口約束」等のグループのようにであるが、この場合なら、前者の複合語中の「口」の意味は、おおよそ「人間や動物が飲食物を取り入れ、音声を発する所。」(m_1とする)であり、後者の複合語中の「口」の意味は、おおよそ「『口』に出して言うこと(言葉)。」(m_2とする)[以上、いずれも『新明解国語辞典(第五版)』の説明]である、とすることができよう。そして、ここで重要なことは、この二つの意味に対応する意味を単純語「口」も有しているという点である(ex.「口を開ける。」「口に食べ物を入れる。」[m_1]、「口が過ぎる」「口をすべらす。」[m_2])。すなわち、この二つの意味はその点で合成語中にも自立語中にも現われる意味ということができるのである。[5]

最後に ⓒ であるが、例としては、たとえば、「頭」の「最初。『文章の－』『来月の－』」という意味、「犬」の「スパイ。まわしもの。『警察の－』」という意味、「壁」の「障害。障害物。『研究は－にぶつかった』」という意味、「空で唱える」の「空」の意味(「覚えていて、書いた物にたよらないこと。宙。」)[以上、意味の説明は『岩波』による] などが挙げられよう。語構成要素「頭」「犬」「壁」「空」はそれぞれ多くの合成語を構成するが(ex.「頭数」「頭金」「石頭」「禿頭」etc.、「犬掻き」「犬死に」「子犬」「野良犬」etc.、「壁紙」「壁土」「粗壁」「白壁」etc.、「空色」「空言」「空耳」「青空」etc.)、上記の意味においては合成語を構成しない、すなわち、上記の意味を合成語中にて有することがない、と見られるからである。[6]

2.2.2

さて、これら3種類の意味は、現段階ではあくまでも語構成要素の意味の候補でしかない。従って、次に、これらの意味を語構成要素にそのまま設定していいかどうか検討する必要がある。以下、この点について、引き続き単独の自立語基の場合を例として考えてみたい。

まずⓐとⓑの意味であるが、これらについては、全てそのまま語構成要素に設定して構わないと思われる。ⓐを語構成要素に設定するというのは、結合形式の語基に意味を認めるのと本質的に同じであるし、ⓑはいわばそのⓐを含んでいるわけだから、同様に語構成要素に設定されて然るべきであると言えよう。そこで、今、このⓐ、ⓑの意味をそれぞれ、新たに「ⓐ´結合用法専用の意味」、「ⓑ´自立用法・結合用法兼用の意味」と呼び、ⓐ´：－〈m〉－、ⓑ´：〜〈m〉〜、と表示するならば、これらの意味を語構成要素に設定した場合の一般的な語構成論的プロセスモデルを次のように示すことが出来る。

[図1]

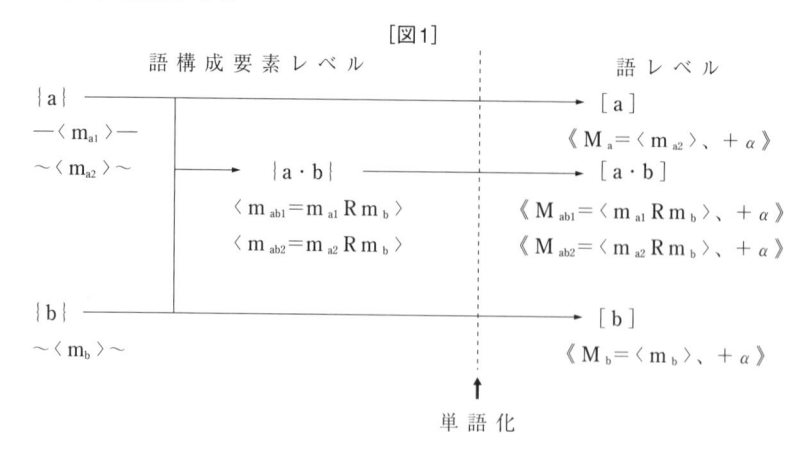

```
 |a|                    語構成要素レベル              語レベル
                    │                              [a]
 ―⟨m_{a1}⟩―         │                              《M_a=⟨m_{a2}⟩、+α》
 ～⟨m_{a2}⟩～        │
                    ├──→ |a・b|              ───→ [a・b]
                    │    ⟨m_{ab1}=m_{a1} R m_b⟩    《M_{ab1}=⟨m_{a1} R m_b⟩、+α》
                    │    ⟨m_{ab2}=m_{a2} R m_b⟩    《M_{ab2}=⟨m_{a2} R m_b⟩、+α》
                    │
 |b|                │                              [b]
 ～⟨m_b⟩～           │                              《M_b=⟨m_b⟩、+α》
                                  ↑
                                単 語 化
```

　上図について、必要な部分だけを簡単に説明したい。

　まず、|a| |b| |a・b| は語構成要素を、[a] [b] [ab] は語を示す。このうち |a・b| を「構成要素連結形式」と呼び、[ab] の直接語構成要素と見なす（|a| |b| は [a] [b] にとっては直接語構成要素であるが、[ab] にとっては間接語構成要素となる）。また、「単語化」というのは、語構成要素レベルの存在を語レベルの存在へと質的転換させる機能で、全ての語は語構成要素が「単語化」というプロセスを経ることによって成立すると考える。「＋α」というのは、「単語化」の意味的側面で、語構成要素が語になる際に語構成要素の意味に付加される。その実質的内容は、語の意味のうち、語構成要素の意味とその結合関係（図中のRに相当する）だけでは説明しきれない部分である。先に、語構成要素の意味と語の意味とは厳密には区別されるべきであると述べたが、それは、この「＋α」の有無が両者の間に相違を生じさせるからである。

　なお、ここで注意してほしいのは、語構成要素 |a| にしても |b| にしても自立用法・結合用法兼用の意味（～⟨m_{a2}⟩～、～⟨m_b⟩～）は単独でそのまま語 [a] [b] の意味（《M_a》、《M_b》）に引き継がれるのに対し、結合用法専用の意味（－⟨m⟩－）は単独ではそのまま語の意味に引き継がれることがなく、合成語 [ab] の意味《M_{ab1}》の中にいわば埋没してしまう、という点である。というのは、この点が後に多義性を分類する際に関わって来るからである。

　次に、意味ⓒの扱いについて考えたい。素朴な立場に立つなら、この意味は合成語中に現われないのであるからわざわざ語構成要素に記述してお

く必要はないのであって、語段階で初めて記述すればよい、という処理の仕方が考えられるであろう。つまり、この意味を「語レベル固有の意味」(2.1節における③の場合に対応する意味)と位置づけ捉える立場である。この考え方は、それなりに説得力があると言えるが、同時に決定的な問題点をも有している。それは、合成語を全く構成しない語構成要素の場合にどうするか、という点である。もし、全ての語が語構成要素から成立すると考えるならば、副詞、感動詞等についても語構成要素(語基)を当然考えることになるが、[7]その場合、それらは合成語をほとんど構成しないということが予想される。そのことは、たとえば、副詞「すぐ」「すこし」「まだ」「もし」etc.、感動詞「ああ」「おい」「はい」「まあ」etc.などを思い浮かべてみればすぐに分かるであろう。そういった場合、それらは自立するしか道は残されていないわけであるが、上述の素朴な立場に立つならば、それらは語になって初めて意味を有することになり、語構成要素段階では意味を有さないということにならざるをえない。しかし、そういった解釈は受け入れがたいと言えよう。そういうわけで、ここでは、この©の意味についても基本的に語構成要素に設定するという立場を取ることとしたい。

そこで、今、この©の意味を新たに「©´自立用法専用の意味」と呼び〈m〉と表示するならば、その場合の一般的な語構成論的プロセスモデルは次のようになるであろう。

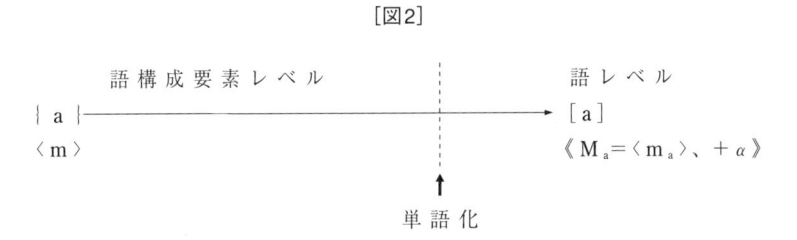

[図2]

```
        語構成要素レベル        │    語レベル
    |a|─────────────→   [a]
    〈m〉                        《M_a=〈m_a〉、+α》
                        ↑
                       単語化
```

なお、上図から明らかなように、ⓑ´と同様、この©´の意味の場合も単独でそのまま語の意味に引き継がれることになる。

ところで、このままでは語に現われる全ての意味が語構成要素に記述されることになり、語レベル固有の意味が存在しないことになってしまう。しかし、もしそうだとすると、(後に見るように)語レベル固有の意味にその存在基盤を

有する多義性のレベル差の問題も消滅してしまうことになる。確かに、本書前節で述べたように、語レベル固有の意味が存在するということは、著者の言語的直感、あるいは一つの仮説に過ぎないが、単なる思い込みではない。それでは、この直感、仮説を維持するためにはどのように考えたらよいであろうか。

現段階では、この点について次のように考えるのが最も妥当であると思われる。

1) ⓒ以外に語レベル固有の意味との関連性が疑いえない。従って
2) 語レベル固有の意味であるためにはⓒでなければならないが、ⓒの全てが語レベル固有の意味になるわけではなくその中の一部が語レベル固有の意味になる。

すなわち、ⓒであるということは、語レベル固有の意味であるための必要条件であって十分条件ではない、というわけである。従って、ⓒ＝ⓒ´ではなくて、実はⓒ´はⓒの一部にしか過ぎないのである。ただ、それでは、ⓒにおいてⓒ´の意味と語特有の意味とを分かつ条件は何なのかということになると、その点については残念ながら今のところ明確でない。[8] 2.1節で、多義性の源泉③について、「未だ最終的な結論にまでは至っていない」と述べたのはその意味においてであるのに他ならない。

さて、以上述べてきたのは、直接的には自立形式の単独語基の場合であったが、基本的な考え方は、単独語基、複合・派生語基（構成要素連結形式）、自立形式、結合形式、さらには語基、接辞を問わず、全ての語構成要素に適用できる（もちろん、一つの形式が常に上記3種類の意味を同時に有するわけではなく、むしろそういうことは単独の自立形式の語基の場合を除いてはまれである）。従って、ここで改めて一般的に語構成要素の意味を次の3種類に分類し提示することとしたい。

Ⓐ 結合用法専用の意味：－⟨m⟩－
Ⓑ 自立用法・結合用法兼用の意味：～⟨m⟩～
Ⓒ 自立用法専用の意味：⟨m⟩

2.2.3

以上のように語構成要素の意味を分類するなら、それと連動させる形で、

語構成要素、あるいは語に関わる多義性を、その成立するレベルに基づいて次のように3分類することが可能になる。

⑦語構成要素レベルでのみ成立する多義性…意味Ⓐによって成立する多義性
④語構成要素レベルから語レベルへと引き継がれる多義性…意味Ⓑ、Ⓒによって成立する多義性
⑨語レベルでのみ成立する多義性…語レベル固有の意味によって成立する多義性

以下、この多義性の3分類について注意すべき点を2点簡単に述べる。

まず第一点は、⑦と⑨はそれぞれ語構成要素レベル、語レベルといった単一レベル内でのみ問題となる多義性であるが、④は語構成要素レベル、語レベル双方に関わる多義性であるという点で性格が異なる、という点である。もちろん、その場合、それぞれの多義性は、それを構成する意味がそれぞれのレベルにおける意味であるため同じものにはならないわけであるが、各意味が語構成要素レベルから語レベルへと引き継がれるため、多義性全体もそれに呼応していわば引き継がれることになるわけである。

次に、「Ⓐによって成立する」等の「によって」という表現の意味するところが⑦④⑨によって異なる、という点である。まず、⑦の場合には、「Ⓐによってのみ」ではなく「Ⓐが介在することによって初めて成立する多義性」ということを意味する。すなわち、多義性を構成する相手の意味はⒶⒷⒸのどれでも構わないのである。次に、④の場合には、まずⒷⒸのみによって語構成要素レベルで一度多義性が構成され、それが語レベルに引き継がれるということになる。従って、正確には、ⒷⒸのみによって成立するのは語構成要素レベルにおける多義性、ということになる。最後に、⑨の場合には、⑦と同様、「語レベル固有の意味が介在することによって初めて成立する多義性」ということを意味する。ただし、この⑨の場合には、あくまでも語レベルでの話であるから、多義性を構成する相手の意味はⒷⒸに対応する語レベルの意味ということになる。以上述べた二つの注意点は、先に、ⓑ′Ⓒ′の意味は語に単独でそのまま引き継がれるが、ⓐ′の意味は語に単独でそのまま引き継がれるわけではない、と述べたことに関係する。

178　第2部　語構成と多義

では最後に、前に挙げた「口」の例を使って、㋐㋑の多義性を図示して本節を終えたい（直接関係しない部分については全て省略してある。また、㋒については、語レベル固有の意味を本論では未だ明確に指示できていないので割愛せざるをえない）。

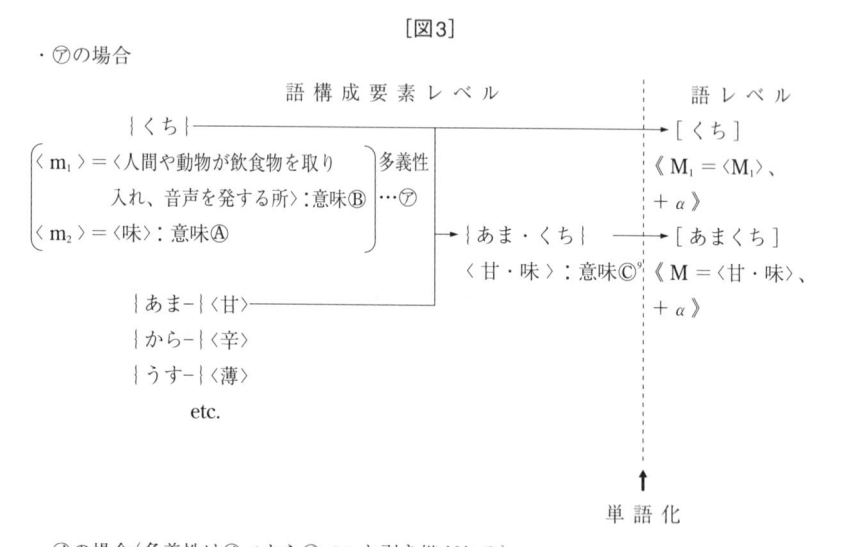

[図3]

・㋐の場合

語構成要素レベル　　　　　　　　語レベル

|くち|　───────────────────→　[くち]

{ ⟨m₁⟩＝⟨人間や動物が飲食物を取り入れ、音声を発する所⟩：意味Ⓑ
　⟨m₂⟩＝⟨味⟩：意味Ⓐ } 多義性…㋐　　　《M₁＝⟨M₁⟩、+α》

　　　　　　　　　　　　　　→　|あま・くち|　──→　[あまくち]
　　　　　　　　　　　　　　　　⟨甘・味⟩：意味Ⓒ　《M＝⟨甘・味⟩、+α》

|あま-|⟨甘⟩
|から-|⟨辛⟩
|うす-|⟨薄⟩
　etc.

　　　　　　　　　　　　　　　　　　　　　　↑
　　　　　　　　　　　　　　　　　　　　　単語化

・㋑の場合（多義性は㋑-1から㋑-2へと引き継がれる）

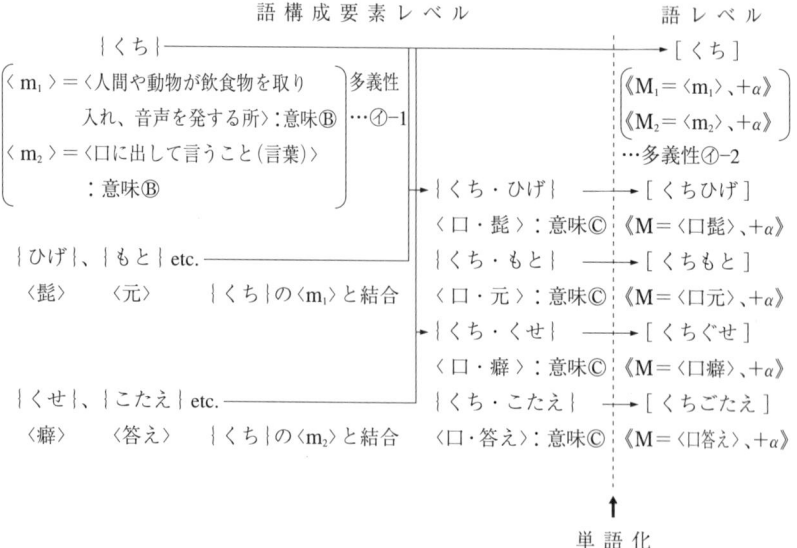

語構成要素レベル　　　　　　　　語レベル

|くち|─────────────────────→　[くち]

{ ⟨m₁⟩＝⟨人間や動物が飲食物を取り入れ、音声を発する所⟩：意味Ⓑ
　⟨m₂⟩＝⟨口に出して言うこと(言葉)⟩：意味Ⓑ } 多義性…㋑-1
　　　　　　　　　　　　　　　　　　　　　{《M₁＝⟨m₁⟩、+α》
　　　　　　　　　　　　　　　　　　　　　 《M₂＝⟨m₂⟩、+α》}
　　　　　　　　　　　　　　　　　　　　　…多義性㋑-2

　　　　　　　　　　　　　　→　|くち・ひげ|　──→　[くちひげ]
　　　　　　　　　　　　　　　　⟨口・髭⟩：意味Ⓒ　《M＝⟨口髭⟩、+α》

|ひげ|、|もと| etc.─────
⟨髭⟩　⟨元⟩　　|くち|の⟨m₁⟩と結合
　　　　　　　　　　　　　　→　|くち・もと|　──→　[くちもと]
　　　　　　　　　　　　　　　　⟨口・元⟩：意味Ⓒ　《M＝⟨口元⟩、+α》

　　　　　　　　　　　　　　→　|くち・くせ|　──→　[くちぐせ]
　　　　　　　　　　　　　　　　⟨口・癖⟩：意味Ⓒ　《M＝⟨口癖⟩、+α》

|くせ|、|こたえ| etc.────
⟨癖⟩　⟨答え⟩　|くち|の⟨m₂⟩と結合
　　　　　　　　　　　　　　→　|くち・こたえ|　──→　[くちごたえ]
　　　　　　　　　　　　　　　　⟨口・答え⟩：意味Ⓒ　《M＝⟨口答え⟩、+α》

　　　　　　　　　　　　　　　　　　　　　　↑
　　　　　　　　　　　　　　　　　　　　　単語化

2.3 多義性をどこで記述するか

　本論での主張のごとく、多義性に語構成要素レベルの多義性と語レベルの多義性との区別を認めた場合、次に問題になるのは、語構成論のモデルを構築する上でそれぞれの多義性をどこで記述するのが妥当であるか、という点である。本節では、この点について考えてみたい。

　さて、この問題を考察するに当たっては、記述の対象となる多義性を次の3種類に分けて考えるのがよいと思われる。

　イ）単独語構成要素の有する多義性
　ロ）構成要素連結形式の有する多義性
　ハ）語において初めて生じる多義性

この分類は、本論の2.1節でも引用した本書前章の「語における多義性の源泉」の3種類を読み替えたものであるが、このうちロ）については、構成要素連結形式の性格から言って、語構成要素がお互いに結び付き合成語が構成されるという一連の過程の中で多義性が生じる様を記述すればよく特に問題となる点はないと思われる。[10] 問題になるのはイ）とハ）である。というのは、これらの場合においては、そもそも語構成という事象をどのように考えるか、という点が関わってくるからである。そして、この点について、現時点では著者は基本的に以下のように考えている。

　語構成とは、単独語構成要素が直接、あるいは他の語構成要素と結合することによって語を構成するプロセスを基本的には指す。従って、語構成にとって単独語構成要素はいわば出発点である。ということは、単独語構成要素の有する情報は語構成にとって所与のものであると見なしうる、ということに他ならない。そうすると、単独語構成要素の有する情報は、意味的なもの、機能的なもの等幾つか考えられるが、いずれにせよ、単独語構成要素の数は膨大なものであることを考慮すると、この種の情報は一つの辞書(lexicon)として与えられるのが妥当である。

　このように考えるならば、上記イ）、単独語構成要素自体の多義の形成は、必然的にこの辞書の内部における事象ということになり、記述もそこでされるということになろう。

一方、プロセスの終着点である語の方について言えば、語構成要素によって語が構成されるまでが語構成である、と考えたい。ということは、語構成要素によって語が一旦構成された後で新たに意味が派生したとしても、そのこと自体は直接的には語構成の問題ではない、ということである。すなわち、もし最終的な情報を担った語（これを語彙素 [lexeme] と呼ぶ）の集合を一般的に言われているように一つの辞書（lexicon）として考えるなら、単独語構成要素の辞書（これを lexicon I とする）とは別に語彙素の辞書（これを lexicon II とする）が存在することになり、上記ハ）の語レベルにおいて初めて生じる多義の形成は、この lexicon II 内部の事象ということになる。従って、記述も当然そこで行なわれるということになろう。

以上述べたことを簡単に図示するなら次のようになろう。

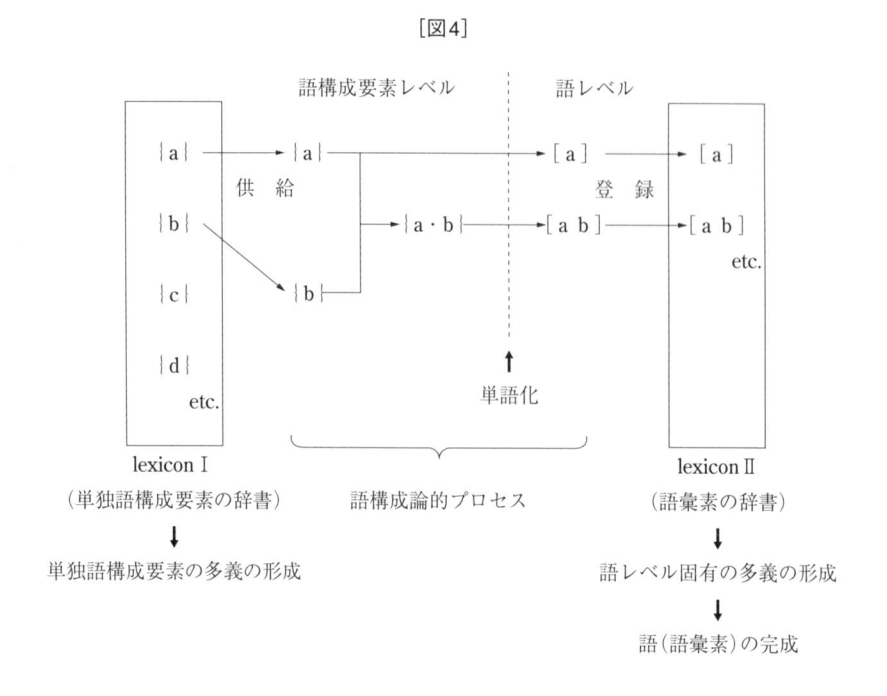

[図4]

語構成要素レベル　　語レベル

|a| → |a| → [a] → [a]
     供給　　　　　　　登録
|b| → |a·b| → [a b] → [a b]
|c| → |b|　　　　　　　　　etc.
|d|
etc.
　　　　　　↑
　　　　　単語化

lexicon I　　　　　　　　　　lexicon II
（単独語構成要素の辞書）　語構成論的プロセス　（語彙素の辞書）
↓　　　　　　　　　　　　　　　　　　　　↓
単独語構成要素の多義の形成　　　　　語レベル固有の多義の形成
　　　　　　　　　　　　　　　　　　　　　　↓
　　　　　　　　　　　　　　　　　　　語（語彙素）の完成

上図において、「語構成論的プロセス」と記した部分が語構成という事象の基本的な範囲であり、語構成論の対象ということになる。従って、上図に記したように、語レベル固有の多義の形成を以て語（語彙素）の完成と考えるなら、語構成によって構成される語は必ずしも完全な意味での語とは限らない、ということになる。[11] なお、前記イ）とハ）の多義性の形成は、直接的には語構成論ではなく意味論で扱う問題ということになるであろう。

2.4　おわりに

　以上、本論では、本書前章・本書前節を承け、多義性におけるレベル差の弁別という問題を、合成語だけでなく単純語の場合をも含めたより一般的な形で考察したが、そのために本論で採用した視点が、語構成要素の有する意味の種類から多義性のレベル差を捉える、というものであった。そして、その結果、2.2節で示したように、語構成の観点からは多義性を3種類に分けて考えることができるということが明らかになった。また、それとの関わりで、単独語構成要素における多義性の成立と語において初めて生じる多義性の成立については、語構成論の直接的な考察対象ではないという立場を提示し、語構成論の範囲を語構成論的プロセスという形で限定した。なお、「語構成要素レベルでのみ成立する多義性」が存在するということは、語構成要素に多義性を設定せざるを得ない場合があるという点を、本書前節とは異なる視点から明らかにしたものと解釈することができよう。

　2.2節で多義性を3分類した際に指摘したように、本論では、語構成要素における自立用法専用の意味と語レベル固有の意味との区別を部分的にしか示し得なかった。これを明確に行なうためには、実際の多義語の多義的意味の在り方を検討してみる必要がある。そして、その際、本論での検討結果、すなわち、語レベルでのみ成立する多義性というのは語レベル固有の意味によって成立するものであり、そういった意味は少なくとも新たには合成語中に現われない意味である、という点を実際に検証してみることが必要であろう。[12] また、本論で提示した多義性の3分類と、本書前節で示した、語構成要素に多義性を設定せざるをえない場合、という観点からの

分析との間に齟齬が生じる可能性がないのか、といった点についても検討が必要であろう。これらは全て今後の課題である。

注
1. このことについては、斎藤(1995b)にて一度簡単に論じたことがある。
2. 著者には必ずしも同意できないが、この「口」について、『新明解国語辞典(第五版)』が「ある基準で二分類した、一つひとつのもの。『安い－〔＝ほう〕にする／甘－・辛－』」という意味記述をしているのは、その点で示唆的であると言えよう。
3. 「下駄箱」の例は西尾寅弥氏の御教示による。
4. 斎藤(1995b)に他の例が挙げられているので参照されたい。また、そこでも触れたが、この問題については湯本(1978)も参照されたい。
5. ⓐと同じ「口」からの例を、しかも二つここで挙げるのは後(2.2.3節)との関わりからである。
6. 「構成しない」というのは、現実問題として現時点でそうである、という意味であり、本質的に構成し得ないのかどうかについては問わない。この区別は後に重要になる。
7. 森岡(1994)では、副詞は語基「副用言」から、また感動詞は語基「感動言」から出来るとされている。
8. ただし、直接的には、ⓒ´は語構成要素の意味であり、語レベル固有の意味は語の意味であるから、両者の存在するレベルは異なる。
9. この意味が本当に意味ⓒであるかどうか正確ではない。もしかすると意味ⓑである可能性もある。この点は図3の他の意味ⓒの場合にも同様である。
10. 本書前章・本書前節はその有様の一端を記述したものである。
11. 語レベル固有の意味が派生しない場合でも、語構成論的プロセスによって完全な語(語彙素)が出来るとは必ずしも著者は考えていない。この辺の事情は図中の「登録」というプロセスをどのように捉えるか、ということと関連してくるのであるが、本論ではそのことについては触れない。この点については、本書第1部第2章2節をさらに参照していただきたい。
12. この点に関する考察が本書第2部第3章で行なわれているので参照されたい。

第3章

多義語における語レベル固有の意味について
－「見る」を対象として－

1.1 はじめに

　本書第2部第2章2節（以下、「本書前章2節」と呼ぶ）において明らかにしたように、全ての語には基になる語構成要素が必ず存在し、かつ、語構成要素にも多義性を認めるという立場に立つならば、語および語構成要素に関わる多義性を、その成立するレベルに基づいて次のように三つに分類することが可能である。
　①語構成要素レベルでのみ成立する多義性
　②語構成要素レベルから語レベルへと引き継がれる多義性
　③語レベルでのみ成立する多義性
　本論は、上記③の多義性にとって必要不可欠な存在である、語レベルにおいて初めて生じる意味（以下「語レベル固有の意味」と呼ぶ）の実際について、[1] 先行研究による動詞「見る」の多義性の分析を検討することを通して考えようとするものである。

1.2 本論の分析方法

1.2.1

　従来、多義語の分析の中心は、多義構造の分析、すなわち、語のある意味と他の意味との関係をタイプ化し、そのことを通して語の有する複数の意味の間にどのような構造が認められるのかを明らかにすること、にあった。たとえば、國廣哲彌の一連の研究（1970・1982・1997etc.）などはそういった方向を代表するものと言えるだろうし、本論で取り上げる「見る」に関して言うならば、田中（1996）をこの流れの中に位置づけることができよう。もちろん、こういった研究は重要であり、いわば多義研究の中核をなすものであると捉えうるが、上述した本論の目的からいうと、実はあまり役に立たない。というのは、この種の研究では、意味と意味との関係の質が問題であり、ある意味そのものの性格[2]が直接問題とされるわけではないからである。強いて言うならば、この点に関して指摘しうるのは、今、語の有する多義的意味M_1、M_2の間に、"$M_1 \to M_2$"という理論的派生関係が想定され、派生して出来た意味M_2に対応する意味を語構成要素にも設定しうる（それをm_2とする）ことが明らかならば（この点については2.2節参照）、派生の元になった意味M_1は語レベル固有の意味ではあり得ない（つまり、m_1を想定することが出来る）、ということぐらいであろうか。しかも、この種の分析法では、逆に、派生の元になる意味M_1に語構成要素の意味m_1を想定しうることが明らかになったとしても、M_1から派生する意味M_2が語レベル固有の意味である（つまり、m_2が想定できない）のか、それとも対応するm_2が存在するのか、という点については明確に言えない、という問題点が残る。

　一方、多義語の研究には、こういった多義構造の分析を目的とするのとは異なったアプローチの仕方が幾つか見られるが、ここでは、「見る」を具体的な分析対象としている奥田（1985a）を取り上げたい。

　奥田においては、「単語の語彙的な意味が実現する諸条件を一般化して、そのあり方を型にわけてお」くことが目的とされているが、そういった条件を考えることは、多義語における「いくつかの意味のあいだに境界線をあた

え」ることを可能にすると言う。奥田は、こういった観点から、「見る」の多義性を例として取り上げ、多義語の語彙的な意味の在り方の型として、「自由な意味・連語の構造にしばられた意味・機能にしばられた意味・慣用句にしばられた意味・形態的にしばられた意味」の五つを提出している。

　奥田のこの分析は、多義語の有する複数の意味の間の関係ではなく、それぞれの意味がどのような条件の下で成立するものなのか、という点に目を向けたものであり、そういう意味では、先に述べた、意味そのものの性格へと着目したものであるという点でまことに興味深い。そこで、本論では、奥田のこの「語彙的な意味が実現する諸条件」からの分析に基づいて語レベル固有の意味に関する考察を行なうこととしたい。

1.2.2

　本書前章2節で明らかにしたように、語の有するある意味M_xが語構成要素から引き継がれた意味であると言うための十分条件は、その意味の基になる（かと思われる）語構成要素における意味m_xに関して合成語が形成されるということであり、M_xが語レベル固有の意味であると言うための必要条件は、m_xがその意味に関して合成語を形成しないということである。[3] 従って、本論における具体的作業の中心は、「見る」に関して奥田の挙げる語彙的な意味の一つ一つがこの点に関してどうなっているのかを検討することである。なお、語の意味と語構成要素の意味とは全同ではないが、[4] 本論ではこの点が実質的な問題になることはないのでこの差異を無視し、以下、実際には語「見る」の意味に関して上の作業を進めることとする。

　ところで、後に詳しく検討するが、上に挙げた語彙的な意味の在り方の型の名称だけを見ても分かるように、奥田の言う「語彙的な意味が実現する諸条件」というのは、基本的には統語論的なものと見ることができる。従って、奥田の言う条件は本質的には語レベル以上の条件であり、そういった条件に支えられて存在する語彙的な意味というのは、本来、語レベル固有の意味と位置づけざるを得ないと考えられる。しかし、実際に上述の方法で調べてみると、その意味に関して合成語が作られる場合がしばしば見られ、必ずしも奥田の言う語彙的な意味が語レベル固有の意味とは考えられ

ないということが分かる。そこで、1.1節に掲げた本論の目的を、以上に述べた本論の具体的な分析方法との関わりで、次のようなより具体的な形に修正し改めて提示することとする。

・動詞「見る」の多義的意味に関して、
　ⓐ 本来、語レベル固有の意味であるはずのものが実際にはそうならない、という現象が存在することを指摘するとともに、なぜそうなるのかを説明すること。
　ⓑ そのことを通して、逆に語レベル固有の意味を明確に示すこと。

1.3 「見る」の多義的意味の実質と合成語形成の有無

　本節では、前節で示した本論の分析方法に基づき、奥田の提示する語彙的な意味の一つ一つに関して、その具体的内容を確認するとともに、その意味に関して合成語が形成されるかどうかの検討を行ない、もし形成されるのであれば、その意味は語構成要素から引き継がれた意味であるという判断を下すこととする。なお、合成語が形成されない場合の意味の扱いについては、本節では判断を保留し次節で検討する。

　1) 自由な意味

　最初に、「自由な意味」についてであるが、奥田によれば、これは「現実の世界の物や現象や過程や質など、ひときれの現実と直接にかかわって、それを名づけているもの」であり、「現象の対象そのものに、論理的に条件づけられている」ものであると言う。「みる」の場合、「山をみる」「雪をみる」「芝居をみる」といった用法における／目で物事をとらえる／、／視覚で対象を意識にうつしだす／といった意味がこれに該当する。[5]

　この意味は、他の意味のように何かにしばられるということのない基本的存在であり、これが語レベル固有の意味であるとは考えにくいが、実際、「見飽きる」「見上げる」「見殺し」「見違える」「見とがめる」等、この意味で数多くの合成語を形成する。従って、この意味に関しては、語構成要素から引き継がれる意味であると考えるのが妥当である。

　2) 連語の構造にしばられた意味

この意味は、奥田によれば、「特定の構造的なタイプの連語のなかでのみ実現していて、そのそとには存在しえない」意味であり、「構造があって存在する」、あるいは「それ（＝用例［引用者注］）なくしては、意味もない」と考えられるものである。ただ、「みる」の場合、具体的にこのタイプに属する意味には大きく二つの別が見られるようである。一つは、「シェクスピアに英国中世の信仰をみる」のような「～に～をみる」といった構造の連語の中で生じる／みとめる、みいだす、発見する／という意味であり、もう一つは、「味をみる」「調子をみる」「経過をみる」等のような抽象名詞、あるいは現象名詞と組合わさった構造の中で生じる／しらべる、観察する／という意味である。

　この意味に関しては、／発見する／系の意味と／しらべる／系の意味とで合成語の形成に関して振る舞い方が異なる点に注意する必要がある。すなわち、前者については合成語を形成しないが、後者に関しては、「味見」「経過見」等合成語を形成すると見られるのである。従って、少なくとも後者に関しては、語レベル固有の意味ではなく語構成要素から引き継ぐ意味であると考えるのが妥当である。ただ、そうすると、どちらも同じく「連語の構造にしばられた意味」に属していながらどうしてそのような相違が生じるのか、また、前者の意味に関してはどう位置づけたらよいのか、という点が問題として残るが、その点については次節で論ずることとする。

3）機能にしばられた意味

　この意味については、一般的な形ではなく、「みる」の場合にこのタイプに属する意味の説明を通して規定がなされている。それによれば、たとえば「みる」の／考える、みなす、判断する／という意味は、「わたしが頑固だとみる」のような引用文を受けるか、「あなたを絵かきじゃないかとみる」のような「を格の名詞とくみあわさり、そのあいだに引用句がはいってくるばあい」に現われるが、それは「引用文あるいは引用句をうけるという、この動詞の文のなかでの機能からはなれては考えられない」ものであるという点で、「文のなかではたす機能にしばられた意味」に属すると見ることができると言う。

　さらに、奥田によれば、これに属する「みる」の意味は他にもあると言う。

その一つは、「街道に初雪をみる」のような例に見られる／ある、あらわれる／といった意味で、これは前述した「～に～をみる」という構造の連語において生じる／発見する／という意味が、「みる」の主体がぼかされ主語が省略されることによって変化したものであると言う。そういう点で、これは「主語のない文のなかではたす述語の機能に規定され」た意味であるというわけである。もう一つは、「アメリカの帝国主義者はこれだけでは不足とみえて……」のような例文における／らしい、…のようだ／という意味で、これは「みる」が「繋辞としてはたらく」ことによって生じるものであるとされており、その点でこれも「機能にしばられた意味」の一つということになると思われる。

これらの意味に関しては、基本的に合成語を形成することはないと見られる。従って、これらの意味の扱いに関しては次節で論ずることにしたい。

4）慣用句にしばられた意味

この意味について説明するためには、まず、奥田の提案する「慣用的ないいまわし」と「慣用的なくみあわせ」との区別に言及しなければならない。すなわち、奥田によれば、前者は、「面倒をみる」などのような「形式的には二単語からなりたっていても、意味的には分解できない慣用句のこと」であり（他の例に、「手をやく」「はらをたてる」「口火をきる」「やきをいれる」等）、後者は、「老後をみる」「生活をみる」などのような「くみあわさっている二単語のうちのひとつが自由な意味を保存し」ている慣用句のことであると言う（他の例に、「世話をやく」「すもうをとる」「うそをつく」「けちをつける」等）。そして、「慣用的なくみあわせ」において「自由な意味」を保存していない方の語の有する意味が「慣用句にしばられた意味」であるとのことである。つまり、「老後をみる」「生活をみる」の「みる」の／世話をする／という意味、さらには「世話をみる」、「費用をみる」、「いたいめをみる」の「みる」の意味（それぞれ、／おこなう／、／だす／、／体験する／とされている）がここに属すると言う。

ここではまず、「慣用的ないいまわし」の方について「面倒見」（「腹立てる」もある）のような合成語が形成される点が注目されるが、この点は現在の問題には直接関係してこない。今、問題になるのは「慣用句にしばられた意味」

の方である。そして、この意味に関しては、「みる」の場合には合成語を形成しないようである。ただ、同時に挙がっている他の例に関して、たとえば、「すもうをとる」に対する「相撲取り」、「うそをつく」に対する「うそつき」のような合成語が存在することは見逃せない。従って、「みる」の「慣用句にしばられた意味」の扱いについては次節で改めて考えることにしたい。

5) 形態的にしばられた意味

この意味は、奥田によれば、「形態、つまり語形変化にしばられている」ものであり、「子どもをみてください」の例に見られるような、「みてやる、みてあげる…」といった「形態論的なかたち」を取ることによって生ずる／面倒をみる／という意味や、「みよ、わが志を」のように、命令形によって「注意のうながし、警告、おどしの表現になっているばあい」などがその例に当たると言う。

この意味に関しては合成語を作らないと考えられるので、次節で扱いを論ずる。

1.4　多義的意味の位置づけと問題点

前節では、「見る」に関して奥田の提示する語彙的な意味の実質とその意味に関する合成語形成の有無について検討した。その結果、合成語を形成する場合としない場合とが存在することが分かったが、本節では、本論の目的との関わりで、それぞれの場合をどのように捉えたらよいかについて考えることにしたい。すなわち、以下の1.4.1節を1.2節で設定した本論の具体的目的ⓐ、また1.4.2節を具体的目的ⓑに対する解答と位置づけることができよう。なお、判断はあくまでも個々の語彙的な意味に対して下されるのであって、語彙的な意味のあり方の型に対してではない点を確認しておきたい。

1.4.1　合成語が形成される場合

既に1.2節において指摘しておいたように、何ものにもしばられない「自由な意味」と形態論的な条件に基づく「形態的にしばられた意味」の場合を

除けば、奥田の提示する「語彙的な意味の実現する諸条件」というのは語レベル以上の条件であり、従って、その結果実現される語彙的な意味というのは、本来、語レベル固有の意味になるはずのものであると考えられる。そのことは、たとえば、「見る」において「連語の構造にしばられた意味」に属するとされた意味／みとめる、みいだす、発見する／に対する奥田の言、

> 動詞「みる」は、発見動詞がつくりだす、この種の連語の構造のなかにはいりこんだ場合においてのみ、／みとめる、みつける、発見する／という意味にずれてくることがわかる。この構造が動詞「みる」の／発見する／という語彙的な意味の存在を条件づけているのである。（下線は引用者）

を文字通り受け取り（下線部分に注目されたい）、「連語」というのが語以上の存在であることを考えるなら、いわば当然の帰結であろう。このことは、「機能にしばられた意味」から「慣用句にしばられた意味」に至るまで基本的に同じである。

　しかし、実際には、前節で検討したように、「連語の構造にしばられた意味」の一部については合成語が形成され、語構成要素から引き継がれた意味であることが明らかになったし、また「慣用句にしばられた意味」については、「見る」そのものの場合には合成語を形成しないものの、他の場合との関わりから上述の予想に関して疑問が残ったわけである。このことはどのように理解したらよいであろうか。

　ここで注意すべきは、これらの場合に共通する点が何かないか、ということである。そして、そういう目で見るならば、ここで問題になっているのが特定の要素との共起関係であることに気付くであろう。すなわち、「連語の構造にしばられた意味」のうち、合成語を形成するのは／しらべる／系の意味であるが、この意味は抽象名詞や現象名詞との共起の中で生じるものであるし、「慣用句にしばられた意味」というのは、文字通り「特定の単語」との組み合わせである。逆に言うと、同じく「連語の構造にしばられた意味」であっても、もう一方の／発見する／系の意味の場合には「～に～をみる」といった特定の助詞に支えられた連語の中で生じるため、語構成要素レベルでは生じ得ないのであろうと考えられるわけである。

第3章　多義語における語レベル固有の意味について-「見る」を対象として-　191

確かに、/しらべる/系の意味の場合には合成語はその中の一部についてしか形成されない(「味見」「経過見」)し、さらに「慣用句にしばられた意味」の場合には「見る」そのものについて合成語が形成されないわけであるからその点で問題は残る。しかし、共起関係そのものは語構成要素レベルにおいても十分に満たすことのできる条件であり、[6] そのことを重く考えるなら、「見る」のこれらの意味について語構成要素から引き継がれるものであると判断することは十分納得のいくことであると言えよう。[7]

1.4.2　合成語が形成されない場合

　合成語を形成しないというのは、本書前章2節で述べたように、一般的には語レベル固有の意味であるための必要条件と位置づけられるが、本論で対象としている語彙的な意味の場合には事情が異なる。なぜなら、既に述べたように、「連語の構造にしばられた意味」から「慣用句にしばられた意味」までは、本来的に語レベルの意味として設定されたものに他ならないからである。従って、1.4.1節で明らかにしたような特別な事情が存在しない限り、これらの意味が合成語を形成しない場合、これらをそのまま語レベル固有の意味と解釈して構わないと考えられる。本論では、以上の理由により、前節で合成語を形成しないとされた、「連語の構造にしばられた意味」の/発見する/系の意味、および「機能にしばられた意味」を語レベル固有の意味と判断することとしたい。

　さて、残った問題は、「形態的にしばられた意味」に属する意味をどう扱うかである。この条件は他の三つの場合と異なり純粋に統語論的なものではないが、ある語がどのような「形態論的なかたち」を取るかということは統語的な環境によって決まるものであるから、そういう点では、これを統語論的な条件に準ずるものと見て構わないと考えられる。従って、「見る」の場合にこの意味に属する/面倒をみる/、および「注意のうながし」等の意味が合成語を形成しないということは、これらの意味を語固有の意味と判断しうるということである。ただ、次の点には注意を要する。すなわち、「見る」が/面倒をみる/という意味になるのは「voice的なかたち」を取ることによってであるとか、動詞「もつ」が「/所有/という意味になるのは、

状態相の『もっている』においてである」とする場合、そこで言われているヴォイスやアスペクトと、場合によっては語構成要素間に見られるヴォイス的なものやアスペクト的なもの[8]とは本質的に異なるのであって、両者を同一視することはできないということである。この点を押さえておかないと、「形態的にしばられた意味」を語構成要素に設定する誤りを犯すことになる。

1.4.3 問題点

　奥田は「見る」の多義性の全体図を提出していない。従って、「見る」に関して奥田の提示する語彙的な意味が、それぞれの属する語彙的な意味の在り方の型にとって、あるいは、「見る」全体にとって必要十分なものなのかどうかについては今ひとつ明確でない。また、実際問題として、一つ一つの語彙的な意味を生じさせる条件が、それぞれの意味にとって決定的なものなのか、つまり、その条件が成立しないとその意味が生じないという性質のものなのか、それとも単にその意味が成立するための典型的な条件であるに過ぎないものなのか (1.4.1 節で引用したように、奥田自身は前者の立場に立っているように見える)、という点についても明確でない。

　以上の点を考慮すると、本来、奥田の分析と田中 (1996) の分析とを総合したうえで本論のような検証を行ない、「見る」の多義性に関する全体図を示しながら語レベル固有の意味を指摘するのが望ましいのであるが、両者の分析は微妙に異なっており両者を統合することは難しいように思われる。たとえば、両者のずれの一端を示せば、奥田の「自由な意味」に属する／目で物事をとらえる／や「機能にしばられた意味」の／判断する／系の意味は、田中の第 1 義 (基本義) と第 3 義 (解釈の語義化 2) にそれぞれほぼ対応するが、奥田の「連語の構造にしばられた意味」のうち、／発見する／系の意味は田中には対応する意味が見られないし、／調べる／系の意味は田中の第 2 義 (解釈の語義化 1) と第 5 義にまたがり必ずしも一つに対応するわけではない、といった具合であるが、この点は、1.2.1 節で述べたように、両者の目的や方法論が異なる以上当然のことであろう。なお、田中の示す「見る」の多義構造図を、1.2.1 節で述べたような観点から検討した結果、上述のような問

題はあるものの、少なくとも本論で得た結論と明確に食い違うような結果は出なかったことを付け加えておく。

　似たようなずれの問題は、厳密には語の意味と語構成要素の意味との間にも存在するのであるが、奥田の提示する語彙的な意味が概念的性格の強いものであるため、本論のように、語彙的な意味をその基になるかと思われる語構成要素の意味と便宜的に見なしても、1.2.2節で述べた如く本質的な問題は生じない。むしろ、問題になるとしたら、本来的に語レベルの意味として提出されているものに関して改めて語構成要素レベルの意味を設定することの是非であろう。確かに、その点はいわば奥田の意図に反することになるであろうが、本論で一番主張したかったことは、奥田の提示する語彙的な意味の成立条件が語構成要素レベルにおいても基本的に達成できる場合があり、その場合には、語彙的な意味の基になる意味が語構成要素においても生じると考えうる、という点なのである。なお、本来、本論において語構成要素「見る」における多義性の全体図を示すべきであるが、上で触れたように、奥田の提示する語彙的な意味が網羅的なものというよりむしろトピック的な性格のものであるため、本論ではそのような形のものを示せなかったことを付言しておく。

1.5　おわりに

以上、奥田の「見る」の多義性分析に基づいて、語レベル固有の意味について考察してきたが、その結果を簡単にまとめれば次のようになろう。

i) 「見る」における語レベル固有の意味は、「連語の構造にしばられた意味」に属する/発見する/系の意味、および「機能にしばられた意味」、「形態的にしばられた意味」にそれぞれ属する意味である。

ii) 「見る」において語構成要素から引き継ぐ意味は、「自由な意味」に属する意味、「連語の構造にしばられた意味」に属する/しらべる/系の意味、「慣用句にしばられた意味」に属する意味である。

iii) 上記ii) のような意味が存在するのは、それらの語彙的な意味の生じる条件が基本的に他の形式との共起関係であり、そういった条件は語

構成要素レベルにおいても実現されうるからである。

なお、これらの結論を導くに当たっては、次の2点を語彙的な意味に関する前提とした。

　イ）奥田の提示する語彙的な意味は、あくまでも本来的に語レベルの意味として提示されたものである。

　ロ）従って、特別な条件が無い限り、それらの意味は語レベル固有の意味と見なしうる。

注
1. 本論では、この種の意味はあくまでも多義語の場合にのみ生じるものであり、単義語の場合には生じない、と考える。さもないと、意味を有さない語構成要素の存在を認めなくてはならなくなるからである。
2. 具体的には、1.1節で述べたどの多義性に直接関わる意味なのか、ということを指す。ただし、①の場合はここでは直接関係してこない。
3. Mxが語レベル固有の意味であることが確認された場合には、当然mxは設定されないことになる。
4. この点について詳しくは本書第1部第3章を参照されたい。
5. 奥田は、語彙的な意味の内実を斜線／で括って表わしているので、本論でもその表示法に従う。
6. 厳密には、語構成要素レベルで共起するのは、あくまでも問題になっている単語同士の基になる語構成要素同士（たとえば、語構成要素「見る」と語構成要素「味」）である。
7. 「見る」の場合、「慣用句にしばられた意味」に関して合成語が形成されないのは、いわゆる「偶然の空白」ということになる。
8. この点については、既に影山（1996）138ページに言及がある。また、宮島（1997）は、「見物人」「看護婦」のような「人をあらわす具体名詞」を対象として、前項と後項との間に見られる「アスペクト的性格」について広く考察したものである。

第3部

「語」をめぐって

第 1 章

語の本質をめぐって

1 語構成論から見た語の本質について

1.1 はじめに

　よく言われるように、語構成論が取り扱う事象には、語のでき方に関わる造語論(語形成論)的な問題と、でき上がった語の内部構造に関わる語構成論的な問題とがあるが、『国語学大辞典』が指摘するように、[1] 従来の語構成論というのは、後者の語構造論的な研究が中心であった。確かに、野村(1989)の言うように、研究上のこの不均衡には問題があるが、著者がこれまで行なって来た語構成研究も基本的には語構造論的研究であるので、本論でも、語構成論としてひとまず語の構造を扱う場合のことを中心にして、以下考えて行きたいと思う。

　さて、では語構成論が語の構造を扱うとして、「語に構造が存在する」というのは一体どういうことを言うのであろうか。この点については、厳密に考えようとするといろいろと難しい問題も出て来るであろうが、ごく常識的には、

語が幾つかの構成要素から成っており、その構成要素間に、あるいは構成要素と全体(語)との間に、一定の関係が存在することである

と考えることができよう。そこで、今、語構成論で扱う語を、一般に、"αβ"と表わした場合、語構成論という目から見るならば、この語αβの本質をいかなる点に求めることができるであろうか。これが、以下本論で取り上げ明らかにしようとする問題である。

ただし、この問題の具体的な考察にはいる前に、この問題のいわば前提として、一つだけ補足説明をしておきたい。それは本論の標題にも関わることであり、そうすることによって、本論の基本的立場がより一層はっきりすることになると思われるからである。

それは、今上で述べた「語構成論という目から見るならば」という点についてであるが、この限定条件は次のことを意味する。すなわち、語αβは様々な特質を有していると考えられるが、それらの特質のうち、語構成論にとってはどれが最も重要なものであるのか、ということがここで求められているのであり、それが語構成論から見た場合の語αβの本質になる、ということである。従って、別な方面(たとえば統語論)から見るならば、また違った特質が本質として浮かび上がってくる可能性も充分あるわけである。つまり、本論においては、無限定に本質を問うことはあまり生産的ではなく、「本質」には、或る方面から見た場合には、という限定が常に伴うと考える、ということである。

1.2　語と句

1.2.1

前節で述べた本論の目的を言い換えるならば、

　αβがあくまでも語であって語以外のものではない、という点を、語構成論はαβのどのような特質に見出すのであろうか

ということになると思われるが、これは更により具体的には、

　㋑αβが語以下の存在ではない
　㋺αβが語以上の存在ではない

というのは語構成論から見ればどういうことであるのか、ということを明らかにすることであると考えられる。そして、この場合㋑の「語以下の存在」とは語構成要素、すなわち形態素を指し、㋺の「語以上の存在」とは語の集まり、すなわち句を直接には指すと考えられるから、㋑、㋺は更に次のように書きかえることができる。

　㋑′ α β が形態素ではない
　㋺′ α β が句ではない
そこで、今、
　語→［　］、形態素→｜　｜、句→〈　〉、
と表示するならば、ここでの問題は、結局、次のように表わせることになるであろう（以下、㋑″、㋺″で一連の問題を代表させることとする）。
語構成論の立場から見るならば
　㋑″［α β］と｜α β｜との違いは何か
　㋺″［α β］と〈α β (γ)〉との違いは何か[2]
以下、上記㋑″、㋺″について従来どのようなことが言われているかを概観することとしたいが、[3]その前に、この2点に関してまず指摘しておかなければならないのは、従来㋺″については比較的問題にされることが多かったが、㋑″についてはほとんど問題にされることがなかった（その理由については後述する）、ということである。そこで、本論では、本節においてまず㋺″の方についての従来の見解から見ることとする。

1.2.2

著者の知る限りでは、㋺″について最初に問題にしたのは、Chamberlain (1888) である。すなわち、彼は次のように述べている。

> There is a slight difference of signification, or at least of intention, between such expression as *takai yama*, "a high mountain", and *taka-yama*, "a high-mountain", similar to that which we feel in English between "high landand" and "the Highlands", or "a black bird" and "a blackbird". The compound form is more idiomatic, it tends to assume a specific meaning irrespsctive of the original signification of its constituent parts (e.g.

futa-go, "twins", from *futa*, "two", and *ko*, "child"), and it is that preffered in proper names. Thus there are several places called *Takayama*, but none called *Takai yama*. (p.122) [4]

（著者訳；「たかい　やま」という表現と「たかやま」という表現の間には、我々が英語で"high land"〔「高地、高原」〕と"the Highlands"〔「スコットランド高地地方」〕との間に感ずるのと似たような、あるいは、"a black bird"〔「(一羽の) 黒い鳥」〕と"a blackbird"〔「(一羽の) ムクドリモドキ（もしくはクロウトドリ）」〕との間に感ずるのと似たような、若干の意義上の相違、あるいは、少なくとも表現意図の相違が存在する。複合形はより慣用語的であり、その構成部分の有する元来の意味とは関わりなく、ある特殊な意味を帯びやすい（例「ふた」"two"と「こ」"child"から成る「ふたご」"twins"）、そして、それは固有名詞として好まれる。故に、「たかやま」という名の場所は何か所かあるが、「たかいやま」という名の所はない。）

　これは、いわゆる形容詞語幹を前項とする複合名詞と、それを、その語幹を有する形容詞によって書き換えた句との意味上の相違について述べたものだが、外国人らしく、我々がなかなか気がつきにくい所を突いた鋭い指摘である。

　同様に、複合名詞の意味と、その構成要素による句的表現の意味との差異について論じたものとして木原（1956）がある。

　この論文では、動詞連用形による複合名詞（ex.売り人）と、その構成要素による意味的対応句（ex.売る人）との間に、次のような意味的な差異があるとする。

　　「売る者」（ママ）というのは、売るという動作を、買う人との関係において、即ち当事者の立場において言う場合である。どちらかと言えば「売る」という動作に中心がある。ところが、「売り人」は、直接自分が買うわけではなく、いわば第三者の立場から、うる動作をする人をいう場合で、何れかと言えば「人」の方に中心がある。

また、先のChamberlainと同様、形容詞語幹による複合名詞（ex.「長靴」「細帯」）と対応する句（ex.「長い靴」「細い帯」）とを取り上げ、両者の間に

は次のような意味的差異があると言う。

> 連体形から連る方は、その名詞の意味の範囲内の限定であるが、複合名詞の方は、別の一種類を形成する。そこで、短い長靴や太い細帯もありうるわけである。

以上は、複合名詞という合成語の中のある特定のタイプを取り上げ、それと意味的に対応する句との間の意味的相違に関して考察したものであるが、この問題をもう少し一般的な視点から論じたものとして、次のような論がある。

まず、湯本 (1978) が挙げられる。すなわち、湯本によれば、一般に複合語の意味の中には、「ひとまとまり性」（複合語の意味が要素の意味との関連性を失い、全体として一単位になっていること）と「くみあわせ性」（複合語の意味が要素の意味から組み立てられていること）という相反する性質の共存を見ることができるが、そういった複合語の意味の在り方の独自性を明らかにするためには、

> 1) あわせ単語（引用者注；複合語のこと）における要素のくみあわせと、おなじくなづけの単位である、単語のくみあわせにおける、要素（単語）のくみあわせとのあいだに、どういうちがいがあるか、また、2) あわせ単語の要素の意味には、単語の意味とくらべて、どういう特徴があるか (77 〜 78 ページ)

の 2 点を明らかにすることが必要であると言う。もちろん、今の問題に直接関わるのがそのうちの 1) であることは明らかであろう。

以上のような観点に立ち、湯本は、複合語の意味の特質として、「意味のできあい性」（「単語のくみあわせの意味のように（中略）、全体が、その構成要素の意味と、その要素のあいだの関係とから、くみたてられるものとして存在するのではなく、できあがったひとまとまりとして、意味上の一単位をなして存在していること」[79 ページ]）という点を認め、更にその具体的なあらわれとして、「意味のせばまり」、「派生的な意味をもつこと」、「exocentric な意味の存在」等を挙げている。

次に、影山 (1980) が挙げられよう。影山は、

(1) a. 息子が学校に入った。
　　b. 息子が入学した。

のような対に関して、aの方(「迂言的構文」)は目的や方法について中立であるが、bの方(「名詞編入構文」：bは「学校」を編入することによって成立している)はその点に関して、最も典型的な場合に限定される、ということを指摘する。すなわち、(1)の場合、〈勉学のために〉というのが、a、bとも最もふつうの解釈の場合の目的として含意されるが、aの場合には、文脈によってはそれ以外の含意も可能であると言う。たとえば、

(2) のどが渇いた息子は水を飲むために学校に入った。
(3) 泥棒は大時計を盗むために学校に入った。

の如くにである。しかし、bの場合には、常に「勉学という目的と、'入学'に伴う一般的手続きを必ず含意」(240ページ)し、上記(2)(3)のような文脈の場合は非文になると言う。こういった対比は、影山によれば、その他にも、たとえば、(a)「銃で殺す」と(b)「銃殺する」、(a)「牢に入れる」と(b)「投獄する」、(a)「病院を出る」と (b)「退院する」、の間にも見られ、ここから影山は、「名詞編入動詞は典型的動作様態・目的を表わす」(240ページ)と結論づけている。

　以上、先の㋺″の問題、すなわち、[$\alpha\beta$]と〈 $\alpha\beta$ 〉との違いを語構成論の立場からどうとらえるか、という点について、従来の諸家の考えを見てきたわけであるが、その結果、表現の仕方はそれぞれにおいて異なるけれども、両者の相違について、おおよそ次のような点が重要である、ということが見えて来たように思う。すなわち、

　　〈 $\alpha\beta$ 〉の意味は中立的であり、構成要素 α 、 β の意味と両者の関係とから、機械的に引き出せるのに対して、[$\alpha\beta$]の意味は必ずしもそうなってはおらず、〈 $\alpha\beta$ 〉の有する意味全体に更に様々な点で制限が加わる

というようにである(この意味での[$\alpha\beta$]の意味を、本論では以下「語彙的意味」と呼ぶことにする)。そこで、本論では、この点を㋺″に対する解答として呈示することとしたい。[5]

1.3 語と形態素

1.3.1

　前節では㋺″の問題について述べたが、本節では㋑″の問題について考えることとする。

　ただ、その前に、既に述べたように、従来の語構成論においてはあまりこの問題が正面切って扱われて来なかったのであるが、[6]その理由について考えてみたい。そうすると、すぐに次のような点がその理由として思い浮かぶ。

　　従来の語構成論においては、合成形式の場合、外見上語と同一であるな
　　らば、形態素段階での存在を設定しないのが一般である

すなわち、従来の一般的な立場では、「春風」のような場合はもちろん、「高山」のような場合においても、|春風|、|高山|といった存在は認められていないのである。つまり、わかりやすく図示するならば、従来の解釈は以下の図1のようになっているわけである。

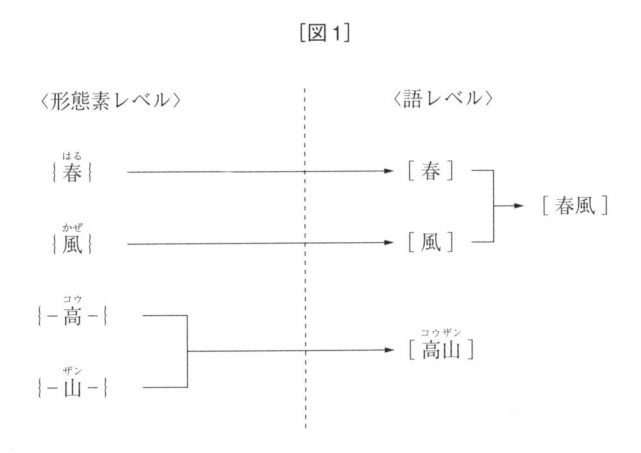

[図1]

〈形態素レベル〉　　　　　〈語レベル〉

|春| ────────→ [春] ┐
　　　　　　　　　　　　　　　├→ [春風]
|風| ────────→ [風] ┘

|-高-| ┐
　　　 ├────────→ [高山]
|-山-| ┘

これでは [α β] と |α β| とを比較しようがない。

　もちろん、これには例外もある。一つは、個別的な事例の処理に関してであるが、たとえば、「国際」という形式などは単独では決して用いられず、「国際‐人」「国際‐社会」国際‐化」等常に他の形式と結合しなければ語を構成することができない。従って、この場合には、従来の解釈においても、

次の図2のようにならざるをえないわけである。

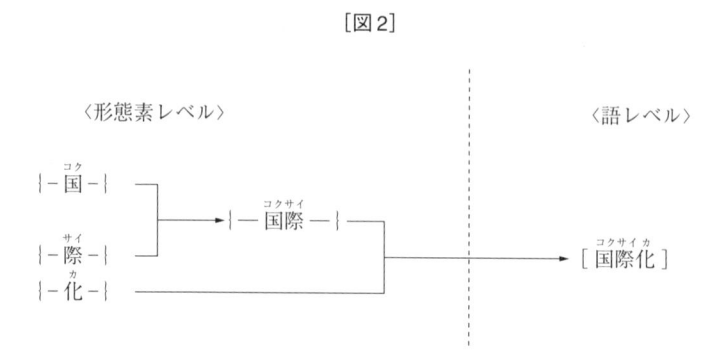

[図2]

〈形態素レベル〉　　　　　　　　　　　　　〈語レベル〉

```
|-国-|
          ｜-国際-｜
|-際-|                        ──→  [国際化]
|-化-|
```

しかし、この場合は逆に、［国際］というのがありえないわけであるから、やはり［αβ］と｜αβ｜とを直接比較することはできない。

　もう一つの例外は、理論的な立場に関わるものであるが、松下文法の「連辞」（「原辞と原辞とが連結して出来た原辞」）という考え方の中に、先に記した従来の立場とは異なった立場の解釈の可能性が存在する、という点である。というのは、たとえば「春霞」「秋霧」等に関して、松下は、

　　それら固より連辞であつて連詞ではない。之を詞としての方面から観れば単詞である。故に之を連辞の単詞といふ。[7]

と述べているが、著者の考えでは、これは次の図3のように解釈することが可能であり、[8] そうすると、｜春霞｜と［春霞］とを直接対比させることができるようになるからである。

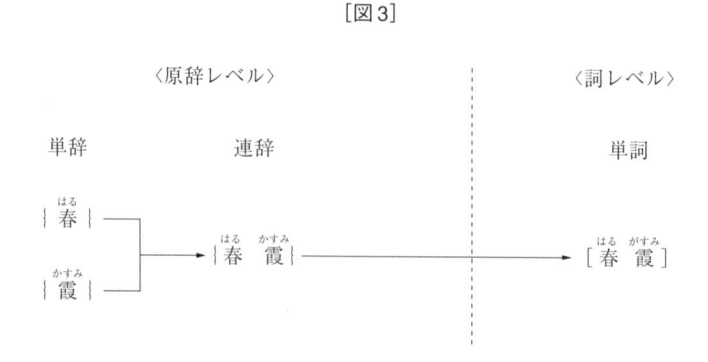

[図3]

〈原辞レベル〉　　　　　　　　　　　　　〈詞レベル〉

単辞　　　　連辞　　　　　　　　　　　単詞

```
|春|
       ──→ |春 霞|              ──→  [春 霞]
|霞|
```

もっとも、そうは言っても、松下において実際に │春霞│ と ［春霞］ との本質的相違について何かしらの言及がなされているわけではないのであるが。

　なお、先に掲げた従来の語構成論で㋑″があまり扱われなかったことの理由であるが、これを正当な理由と認めるかどうかというのは、また別問題である。そして、その点について言うならば著者はむしろ否定する立場に立つと言わざるをえないが、詳しくは後述する。また、先の理由は、どちらかと言えば技術的な処理の問題であり、㋑″が従来あまり取り上げられなかったことの理由は、実は必ずしもそれだけに尽きるわけではない。また別の面からの理由もあるのであるが、その点についても後に述べることとする。

1.3.2

　上記1.3.1節では、㋑″が従来あまり問題にされることがなかった理由について考察したが、この㋑″については、実はもう一つ考慮に入れておかなければならないことがあるのである。それは、問題となる形式が合成形式（$\alpha\beta$）ではなく、単純形式（α）の場合のことである。すなわち、その場合には、

　　　語［α］と形態素│α│

の相違を語構成論の立場から問うことになるわけであるが、実はこの場合なら、従来の研究においても若干は取り上げられているのである。ただし、その場合、問いの設定の仕方は、ふつう次のようになる。

　　　㋨　［α］と［$\alpha\beta$］中のα（＝│α│）との相違は何か？

この問いの立て方は、│α│は実際に我々に直接与えられているものではなく、[9] あくまでも語から抽象された存在であることを思えば、当然のことであると言えよう。

　さて、それでは、実際に㋨のような形で問題設定を行なっているものとして、どのようなものがあるだろうか。

　まず挙げられるものとして橋本（1934）がある。すなわち、橋本は、複合語を説明する際に、

　　　これ等は何れも独立し得べき単語が合して出来たものであるが、既に合

して一語となつた以上は、もとの語はその独立を失い、新な語の部分を成すに過ぎない(13ページ)

と述べ、その証拠として、①複合語全体がいつも一続きに発音されること、②構成要素の形が元の語と変わることがあること、③アクセントが元の語と変わることが多いこと、④複合語の意味は元の語の意味の単なる和ではないこと、の4点を挙げている。ということは、つまり、橋本においては、「独立し得べき単語」が「その独立を失ひ、新な語の成分を成すに過ぎないもの」になること、そしてその具体的あらわれとしての上述の4点が先の㈥の一つの解答になっていると考えられる、[10] ということである。ただ、先の第4項については疑問がある。というのは、そこで述べられていることは、その説明と挙げられている例、すなわち、

「あまがさ」は「雨」と「傘」だけでなく「雨のふる時用ゐる傘」の義であり、「ほんばこ」は「本を入れる箱」であり、「はげあたま」は「禿げた頭」であり、「あかおに」は「赤い鬼」である。(14ページ)

を見ればわかるように、内容的には、㈥に関わる問題というよりは、むしろ先の㈣″に関わる問題であると著者には思われるからである。

次に挙げられるのは湯本(1978)であろう。これについては、先に1.2.2節で一度取り上げたが、その際に引用した、複合語の意味の独自性を明らかにするために求められていることの第2の点というのが、まさに今問題にしている㈥の問いに他ならないと言えよう。そして、それに対して湯本は、語と比べた場合の複合語の要素の意味の特徴として、次の2点を指摘している。

1. 要素の意味と、それに対応する単語の意味とのあいだに、わずかなちがいがみられることがあること。
2. 要素の意味のなかには、あわせ単語の構造にしばられた、独自な意味がみられることがあること。(83ページ)

また更に、これらの2点が、より具体的には、複合語の要素が修飾関係にある際に、複合語ABの意味が、"一種のB"ではなく"一種のB′"という形で規定できるようになる、といった形であらわれることがある、と説いている点注目される。たとえば、「『てくび』は『くび』ではないし、『くずも

ち』は『もち』ではないというように。」(83ページ)である。

ところで、以上のように見てくると、なぜ㋹″に比して㋑″が従来あまり問題にされることがなかったのか、ということに関して、先に述べたのとはまた別の理由が見えてくるように思う。先に述べたのは、$|α β|$ の取り扱い方、あるいは処理の仕方に関する、どちらかと言えば技術的な面に関わる理由であったが、今ここで述べようとするのは、もっと根本的な、すなわち、形態素という単位の存在の仕方その物に関わる理由であり、それは一言で言うならば、形態素というのは語や句に比べて抽象的な存在であるから、ということになるであろう。つまり、先にも少し触れたように、語や句は実際に我々に与えられている現実的な存在であるが、形態素というのは、あくまでも幾つかの語から抽象化された存在であり、その意味では、語や句に比べれば二次的な存在なのであって、[11] 結局、その点が㋑″、㋹″の問題設定のされ方に反映している、ということなわけである。

ただ、勘違いしてならないのは、このように述べたからといって、㋑″の問いその物が㋹″に比べて価値が無いとか、意味が無いとかいうようになるわけではない、ということである。というのは、確かに形態素という単位自体は語や句に比べて抽象的な存在であるかもしれないが、一旦その存在を受け入れた以上、それと語との相互関係、あるいは質的相違を理論的に改めて問うことは可能であるし、また必要でもあるはずだからである。

以上、本節においては、㋑″の問いをめぐって従来の諸研究の述べるところを中心に見て来た。その結果、それらの研究においては、語 $[α β]$ にしても $[α]$ にしても、形態素 $|α β|$、あるいは $|α|$ との相違のある一面については言及、指摘することはあっても、両者の本質的相違(もちろん、語構成論から見た場合のであるが)が何かという点については、特に取り上げられることがなく、従って、結局その点については現在においても何らかの明確な答えが出されているわけではない、ということが明らかになったと言えよう。

1.4 「単語化」について

前節で見たように、従来の研究からは⑦″に対する明確な解答は得られない。そこで著者は、⑦″の問いに対応するために、ここで新しく「単語化」という形態論的プロセスを設定することとしたい。[12] そして、全ての形式は、形態素段階から、語段階へと移行する際に、必ずこの「単語化」というプロセスを経ることとする。すなわち、以下の図4の如くである。

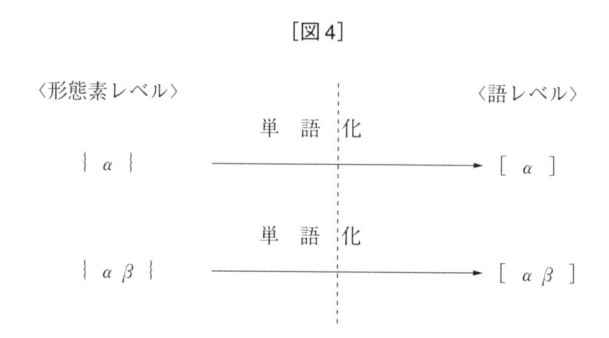

[図4]

〈形態素レベル〉　　　　　　　　　　　　　〈語レベル〉
　　　　　　　　　単　語　化
　｜α｜　————————————→　[α]

　　　　　　　　　単　語　化
　｜α β｜　————————————→　[α β]

そうすると、このプロセスが、今問題になっている形態素と語との(語構成論的な意味での)本質的相違を形成するもととなることになる。従って、次の問題は、このプロセスを経ることによって、形態素から単語へと実質上どういった変化が生じるのか、ということである。

まず、｜α｜と[α]との相違から考えてみよう。すると、この場合、両者の相違としてすぐ思い浮かぶのは、現実的な機能の有無である。すなわち、[α]には、一方では語彙的な単位として現実世界と関わることを通して一定の意味を有し、(これが前に述べた語彙的意味である)、また一方では、文法的な単位として他の語と一定の関係を有しつつ文を構成するという、語彙的、文法的な機能が備わっているのに対し、[13] ｜α｜にはそういった力は見られない。｜α｜が有しているのは、単なる抽象的、概念的な意味(これを今、「素材的意味」と呼ぶ[14])だけである。ここに、両者の根本的な相違が存在する、と言えよう。

しかし、確かにこの相違は重要なものであるけれども、考えてみれば、

これ自体は特に語構成論的内容のものではない。今求められているのは、あくまでも語構成論という目から見た場合の両者の相違なのである。では、語構成論的にはどこに目を付けたらよいであろうか。

　この際考慮しなければならないのは、先の㋺″の問題（語と句の相違は何か）である。というのは、㋑″、㋺″の問題のどちらにも語が共通して関わっていることを考えると、両者に同一の視点から答えることのできる方が望ましい、と考えられるからである。

　以上の点を考慮すると、結局、ここでのポイントは、［α］の有している語彙的意味ということになるであろう。すなわち、問題は、［α］の語彙的意味と｜α｜の有している素材的意味との相違は何か、という点に落ち着くということである。そして、そう考えるなら、その答えは次のようになるのではないだろうか。すなわち、語彙的意味というのが、現実の語彙体系の中で形成される、いわば生き生きとした存在であるのに対して、素材的意味というのは、概念的で抽象的な存在である、というようにである。つまり、素材的意味というのは、形態素という単位の存在様式自体に対応する意味なわけである。

　次に、｜α β｜と［α β］との相違であるが、この点については、先の｜α｜と［α］との相違をそのまま引き継ぎ、両者の相違は、｜α β｜の有する素材的意味と、［α β］の有する語彙的意味（これの内実については、先に1.1.2.1節で〈α β〉と比較して既にわかっている）の違いである、と述べることができよう。ただ、問題は｜α β｜の素材的意味の内実であるが、これについては、現在のところ次のように考えておくことにしたい。

　　｜α β｜の有する素材的意味の内実は、｜α｜の素材的意味と｜β｜の素材的意味との単なる共起である

これは、松下が連辞について述べている次のような言

　「鉛筆」の如きも、同じものが、詞として見れば「鉛筆」といふ一詞（単詞）であり、原辞として観れば「えん、ひつ」といふ連辞であることがわかる。[15]（下線は引用者。「えん、ひつ」の読点に注意されたい。）

にヒントを得たものであるが、今のところこれ以上のことは、著者にとってもはっきりしない。今後の課題である。

以上見て来たように |α| (|α β|)と[α]([α β])との差異を考えるのであれば、結局、先に提出した「単語化」という形態論的プロセスは、形態素の有する素材的意味(の共起)を、語の有する現実的な語彙的意味へと質的転換させる機能を結果的に有するものととらえることができる、[16]ということになるであろう。

なお、この「単語化」について、更に次の点を補足しておきたい。それは、この概念と、先に1.2.1節で見た人々(湯本や影山など)の考え方との関係についてであるが、この点については次のように言うことができよう。従来の人々が語の意味(と言っても、実質的には複合語の意味であるが)に認めて来た特異性、たとえば湯本の言う「意味のひとまとまり性」や影山の言う「典型」という概念は、全て句の有する意味との対比において認定されたものであったが[17]、本節で提示した「単語化」というプロセスは、あくまでも形態素段階の形式に作用するものであり、その結果として、形態素の意味と、複合語に限らず語一般の有する意味との間に本質的な相違をもたらすものである、と。ただ、注意しなければならないのは、「単語化」というプロセス自体は形態素に適用されるものであるが、その結果有するに至る語の語彙的意味の特質は、形態素に対してばかりでなく、従来の諸家が指摘するように、句に対しても同様に有効であることに変わりはない、という点である。

1.5 まとめと今後の課題

本論は、語の本質を語構成論という目で見るならばどうなるか、という点を明らかにすることを目的とし、そのために、
　㋑″ 語と形態素との本質的相違は何か
　㋺″ 語と句との本質的相違は何か
の2点を語構成論的にはどう把握したらよいか、ということをより具体的な考察の目標として、従来の諸家の考えを参考にしながら、考察をめぐらして来た。その結果、語、形態素、句、それぞれの有する意味の在り方に目を付けることが、語構成論的には最も重要であることがわかり、それに基

づいて、語の意味（＝語彙的意味）が、句の意味、形態素の意味（＝素材的意味）とどのように異なるのか、という点を明らかにすることを試みた。また、そういった語の語彙的意味の成立する機縁として、「単語化」という形態論的プロセスの概念を提唱した。

しかし、本論にはまだまだ不充分な点が多く、特に①″に関しては問題が多い。たとえば、その一つとして、形態素の有する素材的意味の実質をどう考えるか、[18]という点があるだろう。しかし、ここでは、本論を締め括るに当たって、もう少し本論全体に関わる問題点として、以下の2点を指摘しておくこととしたい。

①本論の基本的立場の一つとして、

　語→質的統一性を持った一つの言語単位

と認定する、ということが挙げられるが、それでは、本論において語と比較対照された句、形態素については、どのように位置づけるべきであろうか。

このうち、形態素については比較的問題が少ないと言えよう。すなわち、著者は本論においては、形態素を以下のように捉えている。

　形態素→語の構成要素であり、その意味で語より一段階レベルが下の言語単位

しかし、句については、それを語や形態素と同じ意味で言語単位とするのには問題があるように思われる。というのは、句は言語単位というよりは、単なる語の集合体ではないか、という気もするからである。そして、この点をはっきりさせるためには、「言語単位」、「レベル」といった概念をどのようなものとしてとらえるか、ということに対する明確な認識が必要とされるだろうと思われる。しかし、現在のところ著者にはその準備がない。残された課題とする所以である。

②本論では、語構成論から見た語の本質について考察したわけであるが、1.1節において既に述べたように、「本質」というのは対象を眺める視点によって異なって来うる。そういう意味で、本論にとって最も興味あるのは、本論で得た結論が、他の視点、たとえば統語論から語を見た場合の本質と、どのように関わってくるのか、つまり、端的に言えば、両者は同じなのか

異なるのか、そして、もし後者ならば、それはどういう点でありまたそのことがどういう意味を持つのか、ということを明らかにすることである。[19] しかし、これは本論の範囲を越えた問題である。つまり、これも残された課題というわけである。

注

1. 『国語学大辞典』(東京堂出版)「語構成」の項(宮島達夫執筆)。
2. 〈αβ(γ)〉のγは、句であるために必要な補充要素を指す。たとえば、[春風]と比較対照される場合の句〈春の風〉、あるいは〈春に吹く風〉における下線部分など。なお、同様の理由で、〈αβ(γ)〉の中のα、βにも、[αβ]のα、βと比べて若干の変更がある場合がある。たとえば、[高山]、[思い人]に対する〈高い山〉、〈思う人〉の場合など。
3. 以下で取り上げるものには、[αβ]と|αβ|、〈αβ〉との違いを必ずしも純粋に語構成論的立場から見たものばかりでなく、統語論的立場からのみ考察したもの以外のものならば広く含まれている。なお、外国語を対象として考察したもの、たとえば、Bloomfield (1933) 第14章に見られるような、複合語と句との相違に関する古典的な論などは、紙数の関係上、翻訳されたものも含めて、今回は全て除くこととする。
4. 引用は第2版(1889)による。
5. 小西(1965)では、意味を複合語と句とを区別する基準として用いることの問題点が論ぜられているので参照されたい。
6. よく言われるように、形態素は語の構成要素である。すなわち、形態素と語との間には、〈構成するものと構成されるもの〉という関係が存在するわけであるが、そうすると、この関係こそ語構成論的であり、しかも両者の本質的相違を示すものと言えるのではないか、という疑問が起こるかもしれない。しかし、著者の考えでは、この関係は本論の求める①″の答にはならない。というのは、確かにこの関係は語構成論に属するものではあるが、ここで述べられているのは、あくまでも形態素と語との相互依存関係であり、それ自体の在り方からくる両者の(本質的)相違ではないからである。つまり、別の言い方をするなら、この関係で以て、ある要素を形態素であるとか語であるとか直接に判断することはできないのであり、ある要素がどちらか一方であるということがわかって初めて、もう一方の存在をも規定することができるのにすぎないのである。
7. 松下(1930b) 24ページ
8. この解釈のしかたについては、斎藤(1992、第1部第2章)参照。なお、本論では、原辞を形態素、単語を語に相当するものと考えているが、厳密に言うと後者に関してはこれは正しくない。この点について詳しくは、本書第3部第2章1節を参照されたい。
9. [αβ]中のα(|α|)を、服部(1960、462ページ)では「えせ自由形式」と呼んでいる。

10. 橋本の言う「独立する」というのは、「前後に切れ目をおいて、それだけ切り離して発音する事」(橋本［1934］11ページ)ができる、ということである。従って、実は第1項は、「独立を失った」という事を言い直しているのに過ぎない。
11. 湯本(1978)にも「あわせ単語の要素は、現実とのかかわりに関して、単語にくらべて二次的なのである。」(89ページ)という言がある。また、この点については更に鈴木(1996、第3部第3章)をも参照されたい。
12. 「単語化」という形態論的プロセスそのものについては、既に斎藤(1992、第1部第2章)において提出ずみである。
13. この意味では、著者は鈴木(1972)の「単語は、単に語い的な単位でも、単に文法的な単位でもなく、語い=文法的な単位である。」(24ページ)というとらえ方に賛成である。
14. 第1部で「素材概念的意味」と呼んだものであり、本書ではそちらの方を正式名称として採用する。
15. 松下(1930a)15ページ。
16. 「単語化」とは、著者の考えでは、丁度「陳述」が「叙述内容」に作用して文を成立させる(渡辺実［1971］106～107ページ)のと同様に、形態素段階の形式に作用して語を成立させる働きを持つものである。従って、そういう意味では、形態素の意味を語の意味へと質的転換させるというのは、あくまでも「単語化」の機能の一つのあらわれに過ぎない(本文中で「結果的に」と書いたのはその意味である)。「単語化」という概念自体は、確かに直接的には①″に対応して提出されたものだが、「単語化」その物は、もっと全体的総合的な機能である。
17. 影山は、「語彙的構文は、それに対応する非語彙的(迂言的)構文が表わし得る様々な場面のうち、典型的場面を意味する。」(影山［1980］249ページ)と述べ、更にここから、「'語彙項目'というものの本質が浮かび上がってくる。」(同上)と述べているがこの場合の「語彙項目」というのが、いわゆる合成形式しか指しえない点に注意すべきであろう。
18. この点については、本書第1部第3章を参照されたい。
19. この点については、本書次節(第3部第1章2節)で考察がなされているので参照されたい。

2 語構成論から見た語の本質と文法論から見た語の本質
　　－文法論の場合－

2.1　はじめに

　本論は、本書第3部第1章1節(以下、「本書前節」と呼ぶ)を承け、語の本質を文法論ではどのような点にあると考えているのか、ということを、これまでの幾つかの文法論を対象にして探るとともに、その点に関して語構成論と文法論とを比較、対照してみようとするものである。この作業を通して、両論の性格の相違の一端がより一層明確になることが期待されるが、それと同時に、文法論の多様性ということについて考える一つの足がかりをも得たい、と思う。

　まず最初に、〈語構成論から見た語の本質について〉というテーマをめぐって本書前節で述べた内容を簡単にまとめておこう。

　　従来の語構成論、あるいは語構成論的考察を見ると、語と句との本質的相違について触れ、後者の意味がその構成要素の意味の単なる和であるのに対して、前者(ただし合成語)の意味は構成要素の意味の和以上であるという点に両者の相違を見るものが多い。そこで著者は、この観点を更に押し進め、語と語構成要素の本質的相違に関しても、語構成論という視点から見るならば、両者の意味の在り方の違いに眼をつけ、後者の意味(＝素材的意味)が単なる抽象的、概念的な存在であるのに対して、[1]前者の意味(＝語彙的意味)は現実の語彙体系の中で決定される、いわば生き生きとした存在であるととらえることができる、とした。その結果、語構成要素、語、句、三者の相違を、語構成論という視点から統一的に解釈できるようになった。なお、語構成要素レベルの存在が単語レベルの存在へと変質させられる形態論的プロセスを「単語化」と命名し、更にその実質的内容について考察した。

2.2 文法論から見た語の本質

2.2.1 前提的な注意点

「本質」というのはなかなか面倒な概念であるが、本論では、次の2点をこの概念に関する前提として、以下の論述を進めたいと思う。

　①本質は、必ずしも一つとは限らず、視点によって変わりうるということ。

　これは本書前節でも述べたことであるが、著者は、本質とは無限定に問われるべきものではなく、必ずそれを問う視点が問題にされなければならない、と考えている。従って、「語の本質」という場合にも、どの方面から見ての話なのか、ということが重要であり、語構成論から見てというのが本書前節の場合であったのに対して、文法論から見てというのが本論の場合ということになる。

　②語の本質をどういう点に見るか、ということは、必ずしも語の規定をどうするか、ということと同じではないということ（ただし、この両者は密接に関連する——文法論におけるこの関連の仕方、在り方の一つのタイプについては後に [2.2.2.3 節] 取り上げる）。

　一般的に言うならば、「本質」と「規定」との相違について、著者は今のところ次のように考えている。

　「規定」というのは「定義」と同じであり、当該概念が適用される対象を他の全ての物から区別する特徴を示せばよい（すなわち、それによって外延が一意的に確定できればよい）。それに対して、「本質」というのは、当該概念の外延が有する固有の特徴の中で最も重要なものを指す（何が最も重要であるか、ということについては、①で述べたように視点によって変わりうる）。

　もちろん、このように述べてはみても、実際には両者が重なることは多いわけであるが、ここで強調したかったのは、そうでなければならないということはない、ということなのである。ただ、むしろ問題なのは、各文法論において、論者がこの両者を実際にこのように区別しているかどうか、あるいはもっと言えば、この両者を意識的に区別しているかどうかという

ことさえも保証の限りではない、という点であろう。そういう意味では、以下の論述において問題にする、各文法論における特に語の本質に関する言説、あるいは立場は、あくまでも著者の解釈にすぎない、という点に留意しなければならない(語の規定に関してはそうである旨が明確に述べられているのが普通である)。

　なお、語構成論の場合には上のような点は実際上あまり問題にならない、ということを補足しておきたい。というのは、既に斎藤(1992、序)で一度述べたことがあるが、従来の語構成論においては、語をどのように規定するか、という問題があまり正面切って論ぜられることがなかったからである。著者はそのことを非常に残念であると思っているのであるが、結果的には、この点は語構成論と文法論との違いの一つになっていると言えよう(この点についてはまた後で [2.3 節] もう一度問題にする)。

2.2.2　各文法論における語のとらえ方
2.2.2.1　山田文法

・語の規定($=\alpha$)：**1**「一の語と称するものは談話文章の構成材料としては分解の極に達したる単位のものをさす」(『日本文法学概論』33 ページ、下線は引用者 [以下同じ])

cf.　山田には、この他、語と文とを対比させ、語を「思想の発表の材料」、文を「思想の発表その事」(以上、前掲書 20 ページ)とする見方もある。

・語の本質に関する言説($=\beta$)：

2「ここに於いて吾人の考ふべきことは、その語としての本性又は作用如何といふことなり。(中略)抑も語の本来の目的は談話文章を組織するにあるものなれば、一の語と称せらる、以上それらの間にはたとひ観念又は用法上の差異ありとてもそは姑く措いて論ぜず、必ず談話文章を構成する直接の材料としての個体たるものならざるべからず。」(前掲書 29～30 ページ)

2.2.2.2　橋本文法

- α：3「意味を有する言語の単位の一種であつて、文節を構成するものである。」(『国語法要説』10 ページ)
- β：特になし

2.2.2.3　以上のまとめと次への橋渡し

　山田文法は、語の本質を「談話文章を組織する」ところに見ている。ここで「談話文章」とは、現在の用語で言うならば「文」(sentence)に相当するであろうから、結局、山田は、文を構成するところに語の本質を見ていると言えよう。今、このような立場を立場Sとする(Sというのは syntactic の略)。

　次に橋本文法であるが、橋本は、語の本質をどこに見るか、という点について明確に言及していないようである。しかし、その点についてある程度推測することは可能である。そして、それはもちろん語の規定(α)からである。すなわち、橋本のαを見ると、「文節を構成するもの」という言い方が見えるが、橋本の「文節」とは「文を分解して最初に得られる単位であつて、直接に文を構成するもの」(前掲書8ページ)である。従って、橋本の立場によれば、結局、語は間接的にであるが文を構成するもの、ということになろう。このことは、橋本自身の次のような言説に拠っても確認できる。

　　4「文は、厳格に言へば、直接に単語から構成せられるものでなく、前に述べた文構成上の最小単位(文節)から構成せられる。しかし文節は単語から構成せらる丶のみならず、単語一つで出来た文節も少くないのであつて、単語は、間接に、或場合には直接に、文の構成に干与する。さうして文全体の意味は、文に用ゐられたすべての単語の意味によつて定まる。」(「国語学概論」『著作集第一冊　国語学概論』26〜27 ページ)

そして、もしそうだとするならば、橋本は明確には述べていないけれども、語の本質についてはやはり山田と基本的には同じ立場Sに立っている、と考えてよいのではないだろうか。このことは、言い換えれば、橋本は前節で問題にした語の規定と本質との異同についてはあまり意識的ではなかった

けれども、あるいはなかったからこそ、前者の中に後者に対する自らの考え方が如実に反映されたのではないか、と本論では理解するということである。

ところで、以上の橋本に対する本論のアプローチの仕方は、橋本の α 中の語「構成する」にスポットライトを当てて行なったものだが、ここでもう一度山田の α を見てもらいたい。そうすると、そこに橋本の場合と類似、あるいは関連する概念を表わす「構成（材料）」「分解（の極）」といった語があることに気づく。そこで、著者は、ここで次のような作業原則を提示したい。

　　＜α 中に「構成（する）」または「分解（する）」という類の語がある場合には、その文法論の語の本質に関する立場はＳである＞

この原則は、前節で述べた、語の規定と語の本質とが各文法論において常に意識的に区別されているとは限らない、という点を、いわば逆手にとって考え出されたものであるわけだが、この原則の背後にある考え方自体は明らかであろう。すなわち、語を「Ｘを構成するもの」、あるいは「Ｘを分解した結果得られるもの」という形で規定するということは、〈Ｘを構成する〉という機能を語の最も重要な特質と見なす、ということであり、かつ、そのＸは（直接的にはなにを指していようとも）最終的には文である、ということである。従ってここから、結局、語の本質は文を構成することである、という立場Ｓが出てくる、というものである。

ただし、これには次の二つの条件があるということを忘れてはならない。
　　ⓐ β（語の本質に関する言説）がないこと
　　ⓑ その文法論で扱う最大の言語単位が文であること

このうち、ⓐは必須の条件ではない。というのは、語の本質に関する自らの立場が立場Ｓであるということを、（作業原則とは関わりなく）改めて述べることはもちろん可能だからである（ただし、先のような作業原則を提出する以上、その内容が作業原則から導かれる結果と矛盾することはあり得ない、というのが大前提である）。またⓑについて上で扱った山田、橋本両文法について確認するなら、次のようになる。

　　山田文法：**5**「文法学の展開の極限は理論上この文法学上の複文（引用

者注「二以上の句よりなる文」[905ページ])に存するものにして、それより外はもはや文法学の関すべき所にあらざるなり。随つて文法学は理論上複文の研究に至りて終りを告ぐべきものなり。」(前掲書1107〜1108ページ)

橋本文法：6「人々が言語によつて自己の思想を伝達する場合には、いつも之を文の形として用ゐるのであつて、一つの文だけで目的を達しない場合にも、文を幾つも重ねるだけで、文以外のものを用ゐるのでないから、<u>文は文法の取り扱ふ言語単位の最も大きなものであり、</u>」(前掲書5ページ)

2.2.2.4 その他の立場Sの文法論

　山田、橋本文法以外にも、立場Sの文法論は数多く存在する。ここではそれらについて一通り見ることにしたい。なお、立場を判定する際に、先の作業原則にのみ拠った場合をSα、作業原則とβの両方に従って判断した場合をSαβと表示することとし(上の例では、山田文法がSαβであり、橋本文法はSαである)、併せて、作業原則を適用するポイントになった語を〈　〉に入れて示すこととする。また、先に述べたように、作業原則を適用するためには、その文法論で扱う言語単位が文を最大のものとすることが前提となっているが、そのことを明確にするために、各文法論における基本的な言語単位をも一緒に記すこととする。[2]

　イ．草野清民『草野氏 日本文法』(明治34年)→Sα　〈組立ツル〉

　　　α：7「文ヲ組立ツルニ用ヰル一々ノ最小用語ヲ、詞或ハ『ことば』トイフ。」(60ページ)

　　　cf. 草野においては、いわゆる語は「詞」という用語になる。その点は以下の引用を見れば明らかであろう。8「文ノ法則トハ畢竟文ヲ組ミ立ツル一々ノ用語ノ間ニ存スル法則ニ外ナラズ。コノ用語ハ或ハ数音相集マリ、或ハ一音ニシテ一個ノ意義ヲ有スル者ニシテ、言語ノ最小分ナリ、」(59ページ)、9「詞ハ其数頗多ケレドモ、ソノ性質ニ因テ類別スレバ、十種ノ異品ヲ得ベシ。ソノ十ノ詞品ハ名詞、指詞、数詞、形容詞、動詞、助動詞、副詞、

弖爾波、接詞、感詞ナリ。」(60 ページ)

言語単位：詞→（句）→文

cf.「句」をかっこで括ったのは、次の引用に見るように、それが必須のものではないからである。これは以下の文法論の場合でも同様である。

10「詞ハ集マリテ直チニ文ヲナスヲ得ベク、句ヲ成シタル後ニ非レバ文ヲ成サゞルニハアラズ。」(210 ページ)

ロ．三矢重松『高等日本文法』(明治 41 年、著者が使用したのは大正 15 年刊の増訂版) → S α 〈結合〉

α：**11**「文は固より詞辞の結合ならざるべからず。而して四部は詞又は詞辞の結合せる者より成る。本篇にありて之を『語』と称す。」(571 ページ)

言語単位：語〔＝詞、詞辞〕
　　　　　（句）
　　　　　（小句）　　　｝部→文

cf.**12**「四部の成分（文素などゝもいふべし）一語なるあり、二語以上なるあり。今之を三種（引用者注、語、句、小句）に分つ。」(572 ページ)

ハ．安田喜代門『国語法概説』(昭和 3 年) → S α 〈分け得る〉

α：**13**「言語の意義を失はぬ範囲内で分け得られる究極の独立単位である」(28 ページ)

言語単位：単語
　　　　　（句）
　　　　　（小句）　　　｝文の成分→文

ニ．岡沢鉦治『言語学的日本文典』(昭和 5 〜 7 年) → S α 〈構成する〉

α：**14**「単位語ハ、単位文ヲ構成スル素子トシテノ単位ノ最小ナルモノナリ。」(172 ページ)

言語単位：単位語→文素→割断部→単位文

cf.**15**「単位語ハ、一語或ハ若干語ニテ文素ヲ成シ、其ノ文素ハマタ、一ツ或ハ若干ニテ割断部ヲ成スコト、明ニ其ノ間ニ認メ

ラルベキガ故ニ、単文(引用者注、「単位文」の誤りか)ノ原基トシテノ単文ハ、其ガ構成セラル、素子ニツキテ三重ノ階段ヲ有スルモノニシテ、其ノ文素モシクハ割断部ハ、最小ノ単位ヲ成スモノニハアラズシテ、単位語ガ其ノ最小ノ単位ヲ成スモノナルヲ認ムベキコト、分明ナレバナリ。」(173ページ)

ホ．徳田浄『国語法査説』(昭和11年) → S α β　〈構成〉

α：**16**「文法性を得てゐる固定音形を私は単語と見るのである。」(16ページ)

cf. ここで「文法性を得てゐる」というのは、「国語構成上に関する法則を具現する性質をもつ」(同上)ということである。

β：**17**「単語が単語であるのは句文の構成要素であるからといふ一点で決定される。」(11ページ)

言語単位：接辞　　　　　　　　　　　　　　　　　　　　
　　　　　　　　　 }→単語→句→文
　　　　　　構素語

cf. ここで「構素語」というのは、語の構成要素としての語(位置づけはあくまでも「単語以前のもの」[10ページ]である)のことである。

ヘ．木枝増一『高等国文法新講』(昭和13年) → S α β　〈区分する・分解〉

α：**18**「単語とは意味・機能の上から区分することの出来る言語の最小単位をいふのである。即ち文法上取扱はれる言語として分解の極に達した単位をいふのである。」(『同 品詞篇』37ページ)

cf.**19**「文法上取扱はれる言語といふのは、いふまでもなく、文の成分を構成する要素としての言語といふ意味である。」(同上)

β：**20**「されば、翻つてこゝで考へなければならぬことは、語は文以外のものとしては用ひられないといふ事実である。換言すれば文として用ひられる時にのみ語はその用を果してゐるのであつて、それ以外の場合に於ては語は存在し得て

も、語としての意義はもたないのである。(中略) 語はその運用をまつて始めてその存在の意義を発揮するのである」
(『同 文章篇』3ページ)

言語単位：

単語→(観念) 連語→ { 節 / 連句 / 部 } →文

cf.「(観念)連語」というのは橋本文法の文節に相当し、「節、連句、部」というのは連文節に相当するものである。

2.2.2.5　立場Ｓに関する補足説明と下位分類

2.2.2.5.1　以上から分かるように、立場Ｓの文法論というのは量的にかなり多く、語の本質に対する立場という観点から見た文法論のタイプとしては、いわば標準的な存在のものであることが知られよう。

しかし、考えてみれば、このことはある意味では当然のことであり、充分予想できる結果であるとも言える。というのは、文法、あるいは文法論というのは、多かれ少なかれ単位(体)構成[3]に関わる部分をその中心部分として含むものだからである(後述の時枝文法は、後に[2.2.4.2節]論ずるようにその点で若干異質であるが)。そして、この点が比較的はっきり表われるのが、各文法論における文法(論)そのものに対する規定であろう。たとえば、先に取り上げた橋本文法の場合など、文法を

21　「意味を有する小さい言語単位から大なる言語単位が構成せられる方法手段である」(「国語学研究法」『著作集第一冊　国語学概論』216ページ)

と一般的に規定した上で、更に、もしそうであるならば文法には

22　「(一) 単語よりも小さい単位によつて、単語が構成せられる方法手段　──語構成法

(二) 単語によつて文節が構成せられる方法手段　── 文節構成法

(三) 文節によつて文が構成せられる方法手段　── 文構成法」

(同上)

の「三つの方面」があるはずである、と述べており、単位構成と文法そのも

のとの間の密接な関連性を示す一つの典型的な型を見せていると言えよう。

そこで、参考までに、山田文法を含め先に取り上げたイ〜ヘの各文法論において、文法(論)がどのように規定されているか、[4]を一わたりここで見ておきたい。

  山田文法：**23**「その国語に同時に共存し且つ一定の体系をつくる所の諸の言語材料の間に存する所の一定の関係及び組織の法則」(前掲書17ページ) Ⓐ

  24「国語を思想に応じて運用する一般的の法則」(同上) Ⓐ

  25「ある国語につきて静的に見て同時に関係的に存する言語材料とそれら材料が相関し相依りて組織する体系の研究なり」(同上) Ⓑ

  草野清民：**26**「文ニハ自ラ一定ノ法則アリ。之ヲ文法トイフ。(中略)文ノ法則トハ畢竟文ヲ組ミ立ツル一々ノ用語ノ間ニ存スル法則ニ外ナラズ。」(59ページ) Ⓐ

  三矢重松：**27**「文法は文の法則を知る学科なり。」(1ページ) Ⓑ

  安田喜代門：**28**「語法論(又は語法学、語法の代りに文法ともいふ。)は、国語を音声といふ外形と意義(思想をあらはす)といふ内容とを分離させない真実の相において、具有する通則を研究する学科である。」(19ページ) Ⓑ

  岡沢鉦治：**29**「文典ハ、文ノ典則ナリ。文法トモイフ。文法ハ、文ノ法則ナリ。」(1ページ) Ⓐ

  cf. ただし、岡沢には「『文』ノ典則ヲ研究シ学習スル文典」(ページ3) Ⓑ という言い方も見られ、ⒶⒷがはっきり区別されていないようである。

  徳田浄：**30**「文法とは一口に言へば言語の法則といふ事であるが、正確に言へば言語構成の法則といふことである。」(2ページ) Ⓐ

  木枝増一：**31**「我々は言語を用ひて我々の思想や感情を発表する。その際に於ける言語の用ひ方にはおほよそ一定の法則があ

る。この一定の法則を文法といふ。」(『品詞篇』1ペー
ジ) Ⓐ

32 「文法を研究する学問を文法学と言ひ、文法学を略して
文法といふこともある。」(同2ページ) Ⓑ

以上の中で、明確に単位構成という側面から文法を規定しているのは草野のみであろうか。ただ、徳田も「言語構成の法則」と言っているのでそれに近いと見ていいだろう。それに対して、三矢と岡沢はそれぞれ「文の法則」、「文の典則」と言っており、やや曖昧である。また、山田、木枝は〈言語の法則〉といったかなり広い意味で捉えているようである。残る安田は、他のものに比べてかなり異質である。

2.2.2.5.2　ところで、本論では先に語の本質に関する立場を判定する作業原則を提出したが、これは、語が直接的にはどのような単位を構成するものと(あるいは、分解して得られるものと——以下同じ)規定されていようと、その文法論で最大の言語単位が文であるならば、語はその文法論では結局は文を構成するものとして捉えられているはずである、ということを保証するものであった。しかし、このことは裏を返せば、語が直接的に文を構成する、と捉える文法論は比較的少ないのではないか、という予想が著者にあったことを示すものと言えよう。実際、作業原則を提示する際に例として挙げた橋本文法を始め、[5] その後に立場Sとして掲げたイ〜への各文法論は、先にそれぞれに関して具体的な言語単位を記しておいたように、全て語と文との間に何らかの中間単位を設定している。けれども、語から直接的に文が構成されるとする文法論が見られないわけではもちろんない。今回本論で扱った中では、以下の引用に明らかなように山田文法がそれに当たる。

33 「それらは(引用者注、「一の語」を指す)綜合的にいはゞ談話文章の構成の材料としてそれらが直接に相互に相依り相保つべき関係に立つものにしてこれを分解的に見れば、その談話文章の構成の第一次の分解によりて生じたる要素たり。」(前掲書30〜31ページ)

そこで本論では、この相違を立場Sの実質に関わるものと捉え、そういった観点から、立場Sをここで次のように二分したいと思う。

立場S
　　├ 立場 S_0 ──── 山田文法
　　└ 立場 S_1 ──── 橋本文法・イ〜への各文法論

この場合、山田文法の方を S_0 としたのは、語から直接的に文が構成されると考える方が立場Sとしてはより基本的である、[6] と見なしたからである。

2.2.2.5.3 さて、先に作業原則を提示した際に、その適用に当たっては「その文法論で扱う最大の言語単位が文であること」という条件（条件ⓑ）が必要であると述べたが、ここで、この条件の有する意味合いについて検討してみたい。

まず最初にこの条件を付した理由であるが、これについては既に述べたので繰り返さない。それよりも、むしろ今問題にしたいのは、もしこの条件がなければどうであろうか、という点である。つまり、もう少しはっきり言うならば、条件ⓑを満たしてはいない（もちろんこの場合、具体的には、文よりも小さい単位を最大単位とするというのではなく、文より大きい単位を最大単位としているということであるが）けれども、表面的には作業原則を適用できる状況にあるという場合どうするか、ということであるが、こういった場合について考えるのに丁度いい例がある。それは、鶴田常吉の文法論である。そこで、先のイ〜への各文法論にならって、同文法の α、β、言語単位についてまず見てみよう（ただし、実際には β は見当たらない）。

ト．鶴田常吉『日本文法学原論（前篇・後篇）』（昭和28年）
　　α：**35**「単位（引用者注、「単語」の誤植であろう）とは社会的に組成せられ個人的言語組成の材料である単位語詞である。」（62ページ）
　　cf. 鶴田に依れば、「言語の組成」には、**36**「社会がその社会の各個人の行ふ言語組成に先立つてそれの素材を作り出すために行ふ言語組成」と **37**「ある個人がある場合に自己のある思想を表出せんが為に其の表出に適するやうな単位語詞を社会に已に成立してゐる単位語詞を素材として組成する言語組成」（以上58〜

59ページ）との2種類があり、前者を「社会的言語組成」、後者を「個人的言語組成」と命名するという。

言語単位：語根→単語→連語→単位部→単位句→単位文→文章

　　　　　　個人的言語組成　　　　社会的言語組成

ここで確認すべきことは次の2点である
①α中に「組成」という語が存在するということ
②最大の言語単位が「(単位)文」よりも大きい「文章」になっていること
これは即ち、先に述べたように、まさに鶴田の文法論が、前提条件は満たしていないけれども作業原則そのものは適用できる状態にある、ということである。そこで、当然次の問題は、本論の趣旨から言って、このような場合をどのように位置付けたらよいであろうか、ということである。

　さて、著者の考えでは、この問題を論ずるに当たって改めて問われなければならないのは、作業原則と条件ⓑとの関わりであろう。そして、それは次のようになると思われる。

　作業原則の元々の発想、あるいはその着眼点とでもいうべきものはどこにあるのか、というならば、それはその文法論において語をその文法論における単位構成の中に位置づけて規定しているかどうか、という点であろう。それに対して、条件ⓑはその単位の終極点を文と指定することによって、いわば〈語と文〉という関係を浮き上がらせる役目を担っていると言えよう。しかし、ここで注意しなければならないのは、上記のような作業原則のポイントそのものは、あくまでも条件ⓑとは独立したものである、という点である。そして、まさにその点に鶴田のような文法論の入り込む余地があるわけである。従って、そういう意味では、鶴田の文法論は立場Sそのものではないけれども、立場Sと一定程度共通の地盤に立っていると見ることができるわけである。

　以上の考察に基づき、本論では、結論的には、鶴田の文法論を立場S′と位置づけることにしたい。従って、先の立場Sの下位分類と合わせると、全体的には次のような分類が出来上がる。

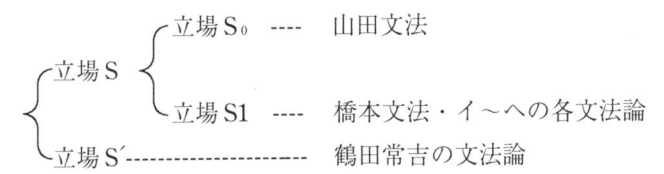

```
        ┌ 立場 S₀ ---- 山田文法
  ┌ 立場 S ┤
 ─┤      └ 立場 S1 ---- 橋本文法・イ～への各文法論
  └ 立場 S´-------------------- 鶴田常吉の文法論
```

なお蛇足ながら、鶴田のように文よりも大きい言語単位を設定する文法論が全て立場S´になるわけではもちろんない、という点を付け加えておく（後述の時枝文法などはそういった一つの例である）。

ところで、この分類に関して一つ補足説明をしておきたい。それは立場Sと立場S´とを統括する立場を設けるかどうかということである。先に述べたように、立場SとS´とは、語をその文法論における単位構成の流れの中に置いて規定しようとする点で共通する。従って、その点を捉えて新たに一つの立場を設定することは一応可能であると言えよう。しかし、上に示したように、本論ではそういった立場を取っていない。この問題は、単純にどちらか一方にすべきであるというのではなくて、論者がどういった点を重要視してこの問題を考えるかということによって対処の仕方が変わってくる、といった性質のものであると思われる。そこで、以下、上に示した本論の立場が、著者の文法論に対するどのような見方に基づくものであるのかを簡単に述べたい。

著者は、様々な言語単位の中で、文法論にとっては語と文という単位が最も重要であると考えている。一般に言語においてこの二つの単位が最も基本的なものであるということは、既に様々なところで指摘されていることであるが、[7]なかんずく文法論においてそのことが言える、という点については、森岡健二が、山田文法、松下文法、橋本文法、時枝文法などの言語単位を比較、対照した上で明確に述べているところである。

39「従来の文法論を見ると、用語に多少の違いがあるとしても、実質的に見て『語』と『文』という単位を設定しないものはない。学説によって、ほかに『原辞』（松下）、『文節』（橋本）、『文章』（時枝）という単位を置くことがあるとしても、『語』と『文』とは例外なく、どの文法論にも共通して設けられる。その点、この二つの単位は、文法論の土台をなす、最も基本的なものというべきであろう。」（森岡［1969a］）

著者は、上の森岡の考えを妥当なものとして受け入れ、直接的にせよ間接的にせよ、文を構成するというところに語の本質を見ようとする立場（＝立場S）を他のものから区別し特立したい、と思うのである。これが、本論において立場Sと立場S'とをあくまでも区別しようとする理由である。

2.2.3 松下文法の異質性

著者の考えでは、松下文法には語に相当する単位は存在しない。標題の「異質性」とはそのことを指す。森岡健二などは、松下の「単詞」を英文法のwordに相当するものと見ているようであるが（そしてそれも分からないことはないのであるが）、たとえば、松下が「単詞」を独立した単位とは認めないで、あくまでも「連詞」と共に「詞」という単位の下位区分としていることなど、幾つか疑問が残る。ただし、この問題については詳論が必要であり、[8] またその内容も上記のような内容だけに本論とは直接関わらないと考えられるので、今回は「松下文法には語に相当する単位は存在しない」という結論だけを提示して、詳しいことは別論に譲ることとしたい。

2.2.4 時枝文法の異質性
2.2.4.1

前述の2.2.2節で見た標準的な文法論に比べると、時枝文法はかなり異質である。本節はその点を明らかにすることを主な目的とするが、そのために、まず例によって時枝の語の規定（α）から見ていくこととしよう。

　α：**40**「語は思想内容の一回過程によつて成立する言語表現である」
　　（『日本文法 口語篇』［昭和25年］43ページ）

ここで重要なのは、これがそのまま語の本質を表わすもの（β）であるとされている点である。

　β：**41**「単語の本質は、音声の側にも又概念の側にもなく、実に概念が音声に表現せられる一回過程それ自体に存する」（『国語学原論』［昭和16年］229ページ）[9]

本論でこれまでに取り上げた文法論の中で、このように自らの文法論においては〈$\alpha = \beta$〉であると明言した文法論は他に無い。時枝文法と他の文

法論との違いの第一点はここにあるが、実はこの点はさほど重要ではない。ただ、時枝においてどうしてこういうことになっているのか、という点については考えておいた方がいいであろう。そして、そのためには、時枝の先の α がどのようなプロセスを経て導かれたものであるのかを知る必要がある。

時枝は、語とは何かを規定するにあたって、まず「単位」について考察する。すなわち、言語に関して単位ということがよく言われるがそれはどういう意味においてなのか、ということである。

時枝によれば、一般的に単位と言う場合、少なくとも
①量的単位（＝**42**「与へられた量を分割する為の基本量」ex.尺、升）
②質的単位（＝**43**「与へられた個物を計量する処の基本的な質的統一体」ex.冊、人）
③原子論的単位（＝**44**「対象の分析の究竟に於いて到達する処のもの」ex.原子）

(以上『原論』212〜213ページ)

の三種類が存在するが、[10] 言語において単位という場合には上の②の意味でなければならない、という。そして、その意味における言語単位として、時枝は

　一　語
　二　文
　三　文章

の三つを認める（『口語篇』18ページ）。従って、次の問題は、**45**「語、文及び文章が、統一体としての性質上、どのやうな点に相違があるかといふこと」（『口語篇』42ページ）であるとされるのであるが、ここで注意すべきは、その三者間の相違が時枝の基本的な言語本質観（＝言語過程観）の視点から明らかにされる、という点である。すなわち、

46「語、文及び文章は、それが言語であるからには、言語主体がその思想内容を音声或は文字によつて外部に表出する精神、生理的過程であることに於いて共通してゐることは明かである。もしそこに何等かの質的相違があるとするならば、これらの単位の表現としての構造の上

に相違があると考へなければならない。」(『口語篇』42〜43ページ)
上述の α は、以上のようなプロセスを経て導入されたものであり、そこに至る時枝の論理の運びはみごとであって間然するところが無い。

以上から分かるように、時枝においては、まず言語単位の何たるかが規定され、その次に、いわばその共通の基盤の上に立って、その種類と相互間の相違とが自らの言語本質観との関わりで問題にされているのであり、そこに、時枝において語の規定(他との相違)と本質(最も重要な固有の特徴)とが一致する理由があるのだと考えられる。

2.2.4.2

さて、それはそれとして、ここでむしろ考えなければならないのは、時枝のこのような語に対する関わり方をどのように位置づけたらよいか、という点であろう。そして、実はこの点にこそ、本節で問題にしようとしている、時枝文法の他の文法論に対する異質性が如実に現われているのである。

そこでまず、この点に関して最初に注意しなければならないことは、時枝の α 中には、先の作業原則において問題にされたような「構成する」とか「分解する」とかいった類の言葉が全然見られない、ということである。これは、時枝の〈反構成主義〉からすれば当然であるとも言えるが、時枝自身の言葉によって一応確認しておきたい。

47 「単位としての単語は、必ずしも文より分析されるものとは限らないのである。」(『原論』221ページ)

48 「単語が分解或は帰納的操作の結論でないことは、主体的立場に於いて単語を指示することが、極めて自然に出来ることによつても明かである。」(『口語篇』41ページ)

次に注目すべきは、時枝の次のような言である。

49 「語は、言語の観察、帰納によつて求められるものでなく、言語主体の意識に於いて、既に単位的なものとして存在してゐる」(『口語篇』38ページ)

こういった捉え方は、語ばかりでなく質的単位全般に対しても適用される

のであるが、著者は、時枝のこういった語の把握の仕方は、時枝の語本質理解の特色を探る上で極めて重要である、と考える。というのは、このような語の把握の仕方は、いわゆる通常の文法論的把握（先の立場S）とは異なり、いわば語彙論的把握と言えるのではないか、と考えるからである。時枝にとって、語というのは、丁度辞書の見出しのように、「言語研究の出発点に与へられた対象」（『原論』218ページ）なのである。そこで、今、時枝文法の語の本質に関するこのような立場を、立場L（Lはlexicalの略）と以下呼ぶこととしたい。

なお、時枝のこのような立場に関して、更に次の2点を補足しておく。

① 時枝のこういった基本的立場は、彼の文法論の様々な箇所にいろいろな形となって現われるが、その一つとして、語の分類基準に対する彼の態度を挙げることができる。

時枝の有名な語の分類基準、すなわち、その語が概念過程を含むか否かというものは、確かに時枝が言うように、「語の類別の根拠を」「その過程的構造形式に求め」（『口語篇』51ページ）たものであり、その点では問題ないのであるが、今ここで著者が注目したいのは、時枝がこの基準による分類を、50「実に語の最も根本的な性質に基く分類である。」（『原論』234ページ）と述べ、同時に、従来の山田や橋本の語分類に対して、51「その根本に溯るならば、語が独立的に用ゐられるか、常に他の語に附属して用ゐられるかといふことが、一貫して語類別の基準として考へられてゐると見てよいであらう。」（『原論』300ページ）と言って非難している点である。というのは、その非難の理由の根本に、著者の見るところでは、52「元来語の独立、非独立といふことは、語と語との関係に関することであつて、語それ自身の本質上の相違ではない。」（『原論』246ページ）という時枝の捉え方が存在すると考えられるからである。

つまり、著者の言いたいことはこうである。今、上で見た時枝の考え方というのは、いわば「語と語との関係」にとらわれることを否定し、「語それ自身」にのみ眼を向けようとする態度であって、そこに、先に述べた、時枝の語の本質に対する基本的態度が立場Sではなく立場Lであるという点が反映しているのではないか、ということである。

ところで、時枝のこのような態度は、先の山田文法などと比べると、かなり際立った対比をなすように著者には思われる。というのは、山田文法においては、たとえば、文法論の部門分けをするような場合にも、常に「分析的研究」対「総合的研究」、あるいは「静止態の研究」対「動態の研究」（以上いずれも前者が「語論」、後者が「句論」の基本的性格に対する説明である）という対比に訴え、それは結局「本性的と関係的との対比」の一種である（『日本文法学概論』547ページ）といった態度が終始一貫して見られるからである。

　② 立場Sの α と時枝の立場Lにおける α とを比較してみると、次のような相違もあることに気づく。すなわち、前者の場合には、基本的には、文の中に存在しそこで実際に機能しているものとしての語を規定しようとするのに対して、後者の場合には、既に見たように、文から離れたところで、つまり実際の使われ方とは一応切り離されたところで独立的に語を規定しようとする、という点である。この場合、前者に関して、それが立場Sであることとどのように関わるのか、という点は明らかであろうが、一応確認すれば次のようになろう。

　語を規定しようとする際に、文の中に具体的に存在している語を対象にするということは、それが語の基本的な在り方であると考えているからであり、そのことは取りも直さず、語が最終的には文を構成するというところに語の本質を見ているということである、そしてそれは、その文法論の語の本質に関する立場が立場Sであるということに他ならない、というわけである。

2.2.4.3

　最後に、一つのいわば問題提起として、以上見てきた時枝の立場Lの今まで述べ来ったのとは別な側面、すなわち立場S（より正確には立場S´）との実質的な親近性、という側面について一言述べたい。

　さて、時枝の基本的な言語観が反構成主義的であることは、時枝自身が明確に述べているところでありよく知られているところである。しかし、実際に時枝文法を詳細に検討してみると、そこには、必ずしも非構成主義

に徹しきっていない、あるいは別な言い方をするならば、少なくとも構成主義的な解釈をも許すような側面が存在していることに気づく。このことは、著者だけの個人的な印象ではなく既に指摘のあるところであるが、[11]時枝文法のそういった側面を、ここでは、言語単位間の関係という問題に限って、その点に関する時枝の言説を注意深くたどることを通して考えてみたいと思う。そういった作業を行なうことによって、あるいはその過程で、上に述べた時枝文法と立場S(S´)との実質的な親近性が自ずから明らかになる、と著者は考えるからである。

先に述べたように、時枝は言語単位を質的単位として捉え、自らの文法論においては「語、文、文章」の三つの単位を設定したが、この三者を質的統一体としての単位と考えるということは、丁度、

53「書籍に於いて、単行本、全集、叢書を、それぞれに書籍の単位として取扱ふのと同様に考へることが出来る」(『口語篇』20ページ)

と述べている。しかし、このたとえには若干問題がある。そして、そのことをはっきりさせるためには、従来の言語単位に対する時枝の批判をもう少し詳しく見る必要がある。

時枝は、従来の言語単位を「原子論的単位」であるとして批判したわけであるが、その批判の矛先は実は相異なる二つの側面に向けられている。第一は、「単位認定の手段の点」(『原論』213ページ)であり、その点から言えば、「原子論的単位」は**54**「分析の究竟に於いて発見せられるものである」(同上)となるが、時枝は、これを、本来言語単位は**55**「究竟的分析の結果認定されたものではなくして、(中略)寧ろ分析以前に既に認定された処の概念」(『原論』216ページ)であるとして否定したわけである。第二は、単位の存在様式の点であり、その点から言えば、「原子論的単位」は**56**「全体に対する部分の意味が存在するのであつて、それは構成的言語観の当然の帰結である。」(『口語篇』19ページ)とされる。しかし、この点に関する「質的単位」からの批判は、著者の見るところでは、どうも曖昧な感じがする。というのは、一応形の上では上記**53**の引用がそれに相当するはずなのであるが、厳密には**53**で述べられていることは批判になっていないからである。なぜなら、すぐ分かるように、「単行本」、「全集」、「叢書」の間にも、

それなりに〈構成－被構成〉の関係を設定できるからである。もちろん、時枝が**53**のように述べた真意は、それぞれの単位の間に存在する

> **57**「文は決して単語の集合でもなく、単語の連結でもなく、文が文となる為には、それ自身を一体とし、統一体とする条件が必要である。」(『原論』218ページ)

> **58**「文の集合が決して文章にならないことは明かである。(中略)文の性質が、語の集合として理解することが不可能のやうに、文章の性質が文の集合として、或は語の堆積として説明することは不可能である。」(『口語篇』242～243ページ)

といった、いわば直線的ではない関係性を確認することにあったのであろうが、そのことだけであるならば、時枝が「原子論的単位」観であると言って批判した従来の文法論においても既に指摘されている(たとえば、山田文法の統覚作用などもそういった観点から理解することができよう)ことに注意すべきであろう。

ところで、もし今上で述べたことが、単に**53**の引用に関わるだけの問題であるならば、**53**は言語単位間の関係の比喩としては適当ではない、ということだけで終わるのであるが、事はそう単純ではなく、実はこの問題は他の点にも関わりをもつのである。それは、時枝文法における文法の規定の問題である。

時枝文法における文法規定(この場合の「文法」は「文法論」の謂いである)は以下のようになっているが、

> **59**「文法学は、言語に於ける単位である語、文、文章を対象として、その性質、構造、体系を研究し、その間に存する法則を明かにする学問であつて」(『口語篇』21ページ)

これを見て著者などがまず感ずることは、時枝がいかに慎重に構成主義的な性格を払拭しようとしているか、という点である。これは、先の橋本文法の文法規定などと比べてみれば一目瞭然である。[12] しかし、そういった眼で上の規定をもう一度注意深く読み直してみると問題を感じないわけでもない、ということに気づく。それは、後半部の「その間に存する法則」という部分についてである。というのは、ここで「その間」というのが「語、文、

文章、の間」であることは確かであろうから、少なくとも、質的単位間においても「法則」と呼べるような関係を設定できることになり、そうなると、そういった言い回しから生ずるニュアンスのせいで、その関係の実質に構成主義的な側面が本当に存在しないのかどうか、改めて問うことが可能になるからである。つまり、「その間に存する法則」という言い方は、そういった意味で曖昧なのである。

以上、時枝の 53 と 59 の言説に関して述べたことを、もう少し一般的な形でまとめると次のようになろう。

時枝は、構成的言語観の言語研究法について
61 「言語は種々の要素の結合体と見るのであるから、言語研究はこれらの要素を抽出して、それが如何に結合されてゐるかを研究することになるのである。」(『口語篇』13 ページ)

と述べ、その場合の具体的な「要素」として、
① 「音声」と「思想」
② （音声の面に関して）「音節」、「単音」
③ （「思想と音声との結合した」「単位」として）「句」或いは「文節」、「単語」

の三種類を挙げている(『口語篇』13 〜 14 ページ)。このうち、②は直接文法論とは関わらないので除くとして、問題は残りの①、③についてであるが、まず①に関しては、時枝の言語過程観からは、次に見るように確かに「音声」、「思想」のいずれも言語の「要素」という位置づけを受けるということはない。

62 「構成的言語観で、言語の構成要素の一と考へられてゐる思想は、言語過程観に於いては、表現される内容として、言語の成立にはこれもまた不可欠の条件であるが、言語そのものに属するものではない。」

63 「構成的言語観で、言語の構成要素と考へられてゐる音声及び文字は、言語過程観に於いては、表現の一の段階と考へられる。」（以上、『口語篇』16 ページ)

従って、①に関しては、時枝の構成的言語観批判はその意味でよく分かる。しかし、③については、時枝の構成的言語観批判は①ほど明確ではないのではないか、そしてそれは、質的単位としての言語単位の間にも構成主義的な関係を設定し得る余地が、いわば時枝の意図に反してではあるが、若干残っ

ているからではないか、というのが、上で著者が言いたかったことである。

2.3　おわりに－まとめと今後の課題－

　以上、本論においては、文法論では語の本質をどのようなところに見ているか、という点に関して、幾つかの文法論を取り上げて検討するとともに、その点からそれらの文法論を分類してみた。その結果、大きく言えば、
　①多くの文法論が本論でいう立場S、すなわち、語が文を構成するところに語の本質を見ようとする立場、の系統に立っており、これが文法論における標準的な立場であるということ
　②その点からは時枝文法が異質であり、語の本質把握についてはむしろ語彙論的である（本論ではこれを立場Lとした）ということ
の2点が明らかになった。

　次に、本書前節と本論とを比較してみると、語の本質をどういった点に見るか、ということに関して、語構成論と文法論との間に以下のような違いがあることが分かる。
　⑦本書前節で、あるいは2.1節で簡単に述べたような、語構成論の、語の意味的在り方に語の本質を見るような立場を、今、立場SE（semanticの略）と呼ぶならば、両論の間には、

$$\left\{\begin{array}{l}語構成論\longrightarrow 立場SE\\ 文法論\longrightarrow 立場S\end{array}\right.$$

という基本的な対立が存在する

　　これは、言葉を換えて言うならば、文法論では、語の本質を語と他の単位との関わり（あるいは、もっと簡単に言えば語の使われ方）の中に見、語構成論では、語の本質を語そのものの中に見る、ということであろうが、その背後には、文法論にとっては、語は扱う幾つかの単位の中の一つにすぎないが（もちろん、2.2.2.5.3節で述べたように、だからといって重要でないということは決してないのだが）、語構成論にとっては、そこから出発し、かつそこへ戻って行くとも言うべき最も重要な、いわば絶対的な単位である、といった事情の違いが存在するように思わ

れる。先に2.2.1節で述べた、語の規定を常に問題として取り上げるかどうか、といったことに関する両論の差も、結局は、両論の語という単位に対するそういった、いわば接し方の違いによるものと言えよう。

①語の本質を考えるプロセスに次のような基本的な違いがある。

- 語構成論 → 合成語の場合を中心にして語の本質を考え、その後でその結果を単純語に敷衍する、というプロセスを経る
- 文法論 → 上のような意識はあまり無く、むしろ単純語の方を標準にして考え、合成語の場合も基本的には同じであると判断する

これは、語構成論で扱う語の最も基本的な在り方が合成語であるのに対して、文法論では、語であれば単純語であろうと合成語であろうと関係なく、基本的には全て一語として同等に扱う、といった両論間の相違を反映しているのであろう。

最後に今後の課題であるが、今のところさしあたり次の点を考えている。2.1節で述べたように、本論の一つの目的として、今回のような、語の本質をどういった点にあると見るか、という観点から文法論の多様な在り方の一端を明らかにしてみたい、ということがあったのであるが、実際にはなかなかそこまでは行けず、単に、立場Sの下位分類と立場S´の区別、及び時枝文法の異質性を指摘するに留まってしまった。そしてその理由の一つとして、取り上げた文法論が少ないこと、及び比較的古いこと、が挙げられよう。そこで、対象とする文法論を増やすこと、特に新しい文法論として、渡辺実といわゆる教科研の文法論を今回の観点から位置づけること、を行なってみたいと考えている。そうすることによって、今回は扱うことのできなかった文法論の新しいタイプをまた新たに設定できるのではないか、という予想が著者にはあるのであるが、詳しいことは全て今後に残された課題としたい。

注
1. 「素材的意味」という用語については、本書前節注14を参照されたい。
2. 以下において単位を示す際、→印はその右側の単位が左側の単位によって構成される

ことを示し、│印はその右側に単位名がある場合にはその単位の種類（あるいは。単に同レベルの単位であること）、単位名がない場合にはそのレベルに属する単位の種類を示す。
3. 宮地裕は、宮地（1976）において「単位」と「単位体」とを区別し、いわゆる言語単位というのは後者であるとした。著者は、言語単位が宮地の言う「単位体」（＝「特定の質量を持った機能的統一体」）であることは認めるが、本論において用語の上で特に区別するようなことはしない。
4. よく知られているように、「文法」という語には、狭義の「文法」の意（＝規則そのもの）と「文法論」の意の二つの意味があるが、以下の各文法論における文法規定がそのどちらを対象としているか分かるように、Ⓐ（規則）、Ⓑ（文法論）の記号を引用の後に付した。
5. 橋本文法の言語単位は次のようになっている。

語根 ⎫
　　 ⎬→語→文節→文
接辞 ⎭

6. 本論における文法論の分類は、あくまでも各文法論の α や β の内容をそのまま受け入れた上で行なったものであり、実際に各文法論の体系が α や β と矛盾することなく組み立てられているかどうか、という点については関知していない。従って、たとえば山田文法の場合なら、語が直接文を構成するという点については、以下に示す森岡健二のように疑問を呈する論者もいるわけであるが、そういった問題は、今回は考察の対象とはしない。

    34「それでは、この規定のとおり、すべての『語』が実際に『文』の直接構成要素になるかというと、必ずしもそうとは限らない。この規定に該当するのは、実は『語』の中の『観念語』だけであって、『関係語』たる助詞は、直接構成要素（観念語）の補助成分として、主格・賓格・補格などの位格を示す職能を果たすにとどまり、それ自身は文の直接（第一次）の成分になることがない。」（森岡［1969a］）

7. たとえば、泉井（1967）の次の言を参照

    38「人間言語の特徴は、語と文との二元の上に立つ内的な体系であり、綜合であり、作用であるということができる。」（10ページ）

8. この点について詳しくは、本書第3部第2章1節を参照されたい。
9. 以下、『日本文法 口語篇』を『口語篇』、『国語学原論』を『原論』と略記する。
10. 注2で述べた宮地の「単位体」というのは、時枝の言う「質的単位」と「原子論的単位」とを合わせたものになる。
11. 松村他編（1968）における森岡健二の発言（135〜138ページ）や、森岡健二編（1974）「第三章 文法の単位」における宮地裕の発言（157〜158ページ）など参照。
12. この点は、先に立場 S′ とした鶴田常吉の文法論における文法規定（これは文法論の規定である）

    60「文法学は個人的言語組成の法則を研究する学である。」（『日本文法学原論［前篇］』70ページ）

と比べてみても同様である。

第2章

文法論における語規定をめぐって

1　松下文法における語構成の位置について
　　－単語概念との関わりから－

1.1　はじめに－本論の目的－

　松下文法に対する従来の受けとめ方、または評価の一つとして、語構成（あるいは形態論[1]）に関する記述を積極的に自己の文法体系の中に取り入れた文法論である、という言い方がある。たとえば、阪倉（1966、第一篇第二章第一節）、森岡（1965・1981）、森岡編（1974、第一章）、徳田（1984）などにそういった捉え方が見られる。
　しかし、松下文法において語構成が占める位置を明確にすることは案外難しいように思われる。というのは、語構成というのを文字どおり「語の構成に関わる事象」と考えた場合、松下文法において語とは何か、ということが後に見るように実は必ずしも明確ではないからである。そしてこれは、語という名称の言語単位が松下文法において少なくとも表面上は現れない、ということと関わる。

以上のようなわけで、本論では、まず①松下文法において語に相当する概念は何なのか、について考え、次に①との関わりで、②松下文法における「詞の相」の概念を吟味し、最後に、①と②の考察に基づいて、③松下文法における語構成の位置を明らかにする、という以上3点の考察を試みたいと思う。なお、本論は松下文法の内的発展の歴史を記述するのが目的ではないので、以下の考察に関してはあくまでも『改撰標準日本文法』(1930 [訂正版]、以下『改撰』と略記)、『標準日本口語法』(1930、以下『口語法』と略記)2段階の松下文法を基本的な考察対象とし、それ以前の文法体系については必要がある場合に限って言及するのに留めることとしたい。[3]

1.2 松下文法において語とは何か－言語単位との関わりで－

1.2.1

最初に、松下文法における言語単位について概観しておきたい。

よく知られているように、松下文法では「原辞」「詞」「断句」の3種の言語単位が設定されており、それぞれの間には次のような関係があるとされている。

> 言語は説話の構成上に於て原辞、詞、断句の三階段を踏む。此の三階段の一に在る者は何れも言語である。そうして原辞は最初の階段で詞が之に次ぎ断句が最高の階段である。(『改撰』8ページ)

そして、それぞれの言語単位の具体的な規定は次のようになっている。

- ・断句→「断定を表す一続きの言語」(『改撰』15ページ)、「一つの具体的な了解を表すものであつて言語の構成上の最高階段」(『口語法』10ページ)

    ex.虎は猛獣なり。雨降り出でぬ。etc.

- ・詞→「断句の成分であつて、自己だけの力で観念を表すもの」(『改撰』19ページ)、「自力を以て能く観念を表すものであつて、断句の材料になるもの」(『口語法』12ページ)

    ex.山、我、往く、遠し、或る、若し、嗚呼 etc.

- ・原辞→「詞の材料であつて説話構成上に於ける言語の最低階級」(『改撰』

23ページ)、「言語の構成上の最低階段に在るものであつて、詞を構成する材料となるもの」(『口語法』14ページ)

　　　ex.えん(鉛)、ひつ(筆)、が、を、よう、た etc.

松下文法の用語と説明の仕方は独特なので分かりにくいかもしれないが、それぞれの単位の具体例も出しておいたので、各単位の実体がどのようなものであるかのおおよその見当はつくことと思う。

1.2.2

　さて問題は、この三つの単位のうちいわゆる語に相当するのはどれか、ということであるが、断句がほぼ通常の文に相当することは、松下自身の「『断句』と略同義の語に『文』『文章』といふのが有る。」(『口語法』10ページ)という説明を見ても間違いないから、この点に関して実際上問題となるのは、詞か原辞かということである。そして、松下文法の何を語と考えるかについての従来の諸家の解釈を見ると、まさにその線に沿った形で、次の三つの立場が存在する。

①〈原辞≒語〉とするもの

②〈詞≒語〉とするもの

③上記①、②の中間的立場を取るもの

　以下、それぞれの立場について簡単に説明を加えることにする。

　①の立場は、田辺(1957)、辻村(1965)、福田(1984)などに見られるが、[4]この立場では、原辞のうちの「完辞」(「そのま、で一詞を成す原辞」[『改撰』23ページ] ex.花、月、行く、帰る etc.)と、「不完辞」(「他の原辞と結合して始めて一詞になるもので単独では一詞を成さない原辞」[同上])の中の助詞、助動詞の類とに目を付け、前者を自立語、後者を付属語と見なすのが基本である。ただし、不完辞の中には、接辞の類や「しゅん(春)」「う(雨)」のような字音形式も含まれるので、実際の説明の際には、原辞には語以下のものも含まれるという形の表現になる。なお、基本的立場との関わりで、この立場においては詞を文節(「連詞」[注7参照]は連文節)と同等の概念として捉えようとする傾向が強いのが一つの特徴である。

　次に、②の立場に移るが、この立場は主に森岡健二によって主張されて

いるものである。すなわち、森岡 (1965・1981・1994etc.) は松下文法をアメリカ構造言語学の立場から解釈し、言語単位については、原辞＝形態素 (morpheme)、詞＝word、断句＝文、という位置付けを与えるのだが、その際、詞がwordと殊更に英語で示されるのは、松下の単位観が従来の日本語文法と異なり、詞はむしろ英文法でいうword (= part of speech = ［品詞というより文字どおり］説話の部分＝文の成分) に近い存在のものである、という認識に森岡が立っているからである。従って、そういう意味では、森岡のいうwordはいわゆる学校文法でいう語とは若干異なるのだが、その点についてはここでは問題にしない。ただ、そういう点では、この②の立場の言明としては、上で挙げた参考文献での説明よりも、むしろ次の言の方が分かりやすいかもしれない。

　松下文法は、どういうわけか非常な誤解を受け、「原辞」が「語」、「詞」が「文節」に対応するかのように受けとられているが、このような解釈がどうして成り立つのか、考えてみると、ふしぎである。(中略)あえていうが、松下文法の「原辞」は「語」ではなくて、「語」の構成要素、つまり、前章の「形態論の方法」で定義した「形態素」とまったく同じ概念である。(ヴァンドリエスの意義素に対する形態素とは別) そして、「形態素」によって構成される「詞」こそ、前章で述べた「語」(word) にほかならない。(森岡 [1969a] 143〜144ページ)

最後に立場③であるが、この立場は具体的には阪倉 (1966・1973) の〈原辞＝素材としての語、詞＝文の成分としての語〉といった解釈の仕方を指す。そして、阪倉のこの捉え方は、松下文法を、それまでの日本の文法論が品詞論と文論との間に有機的なつながりを持っていなかったことに対する反省をせまるもの、という形で理解することと密接に結びついている。どういうことかというと、阪倉は、松下の次のような主張

・欧州文典は多く詞性論 (Etymology)、文章論 (Syntax) の二分科を立てゝ居る。即ち詞の単独論と詞の相関論とであつて原辞論といふものが無い。(『改撰』42ページ)[5]
・日本の文法学はまだ欧州文法学の著しい影響を受けなかつた時代を第一期とし、欧州文典の影響を著しく受けた時代を第二期として善いと思ふ。

> 第二期の文法学は多くは単語論、文章論の二部門を立て丶ゐる。この単
> 語論は西洋の詞性論（Etymology）を取つた積りであるが其の実違つたも
> のである。西洋の詞性論は詞の単独論であるが、日本の単語論はそうで
> はなくて原辞論的である。(『改撰』43ページ)

に基づき、松下が、日本文法のそういったいわばねじれを解消するために、二種類の語、すなわち、従来の日本文法の単語論寄りの「素材としての語」(＝原辞)と西洋文法の詞性論寄りの「文の成分としての語」(＝詞)を設定したのだ、と考えるわけである。

1.2.3

以上、松下文法における言語単位、原辞と詞のうちのどちらを通常の語に相当する単位と考えるか、ということに関する従来の解釈を見てきたが、問題は、以上三つの立場のうちどれが正しいか、ということであろう。しかし、結論的に言えば、どれもそのままでは完全ではない、というのが著者の考えである。

ただし、もし三つの中でどの立場が最も妥当か、という形で問うなら、それは問題なく立場②であろうと思う。なぜなら、森岡が言うように、松下文法の原辞というのはアメリカ構造言語学での形態素と全く等しい概念であると考えられるのだが、①や③の立場はその点をよく理解していないからである。特に立場①は、一部に見られる通常の語と原辞との外形上の一致に目を奪われ、同一の形式が見方によって原辞にも詞にもなる、[6]といった松下特有の単位観を未だ十分に理解していないという点で全く不充分である。それはともかく、従って次の問題は、では立場②の問題点はどこにあるのか、ということになるが、その前に、立場②について一つ補足しておかなければならないことがある（これは立場③にも同様に当てはまる）。

先に、立場②の森岡においては

詞 = word（語）

と捉えられると述べたが、実はこれは正確ではない。というのは、森岡がwordと見なすのは、実際には詞全体ではなく、詞の中でも特に「単詞」に他

ならないからである。[7] そして、このことは以下に示す2点から窺うことができる。

　一つは、先に立場②を説明する際に引用した森岡（1969a）の中で、「『形態素』によって構成される『詞』こそ、前章で述べた『語』（word）にほかならない。」と述べている点である。どうしてこの点が挙げられるのかというと、原辞（＝形態素）によって直接構成されるのは、詞の中でも単詞であって連詞ではないからである。[8]

　二つめは、森岡が〈詞＝word〉と考えるということそのことである。先にも述べたように、森岡がわざわざwordという用語を使うのは、

　　詞は、もちろん西洋文法におけるwordsと同じ単位として設定したものである。（森岡［1981］23ページ上段）

という捉え方があるからである。すなわち、

　　word ＝ part of speech ＝詞

というわけであるが、事実問題として、英文法のwordが松下文法の連詞に相当し得ないことは充分明らかであろう。従って、もちろんこの部分に関する森岡の実際の説明も、「山が」「山に」といった単詞の例しか出てこない（注9参照）。

　以上で、森岡が

　　単詞＝ word ＝語

と捉えていることが明らかになった。そこで問題は、先に述べたように、一体この捉え方のどこに問題点が潜んでいるのか、ということになるが、この点については、次のように答えるのが最も妥当であろう。

　　・松下文法においては、単詞を連詞と区別して特定の単位として捉える、という発想が無いから。

すなわち、松下文法においては、単詞も連詞も言語単位としてはあくまでもどちらも同じく詞なのであって、その違いは、単に構造が複雑であるか否かという点だけに存するということである。そしてこのことは、言葉を換えて言えば、松下文法の詞の位置付けというのが、先に引いた規定の示すとおり、まさに「断句の成分」、すなわち今で言う文の成分に相当するということに他ならない。この点についての詳しい論証は斎藤（1992、第1部

第2章) を参照していただきたいが、ここでは、拙著とは別の観点、すなわち、松下文法のそういった詞の均質的な性格を反映するものの一つに松下文法の品詞概念がある、という点からこの問題を見てみたいと思う。

　先に、立場③の阪倉の考え方を説明する際に引用したように、松下は西洋文法の詞性論、文章論をそれぞれ詞の単独論、詞の相関論に相当すると理解していたが、それとともに重要なのは次の指摘である。

　　欧州文典の詞性論、文章論は単独論、相関論であるべき筈である。然るに西洋文法学は「詞」という語の解釈が徹底しなかつた。即ち「詞」という概念が単詞にのみ鮮で連詞に対しては不鮮明である。一面連詞も詞であるといふ考を持ちつゝ、多くの場合に之を忘れて居る。その結果は連詞の詞性を詞性論で説かずに文章論で説く奇観を呈してゐる。連詞が断句になるかならないかの論は連詞の詞性論の一部でなければならないのに、其れを文章論で論じなければならなくなつた。その為に文章論は詞の相関論であると考へつゝも断句の単独論をも兼ねる様な矛盾を来した。(『改撰』42〜43ページ)

すなわち、本来「欧州文典の詞性論、文章論は単独論、相関論であるべき筈」なのであるが実際にはそうなっていないところがある、という批判なのであるが、著者の考えでは、それを単に一方的な批判だけに終わらせず、逆に松下自身が自己の文法体系において、いわばこの筋論を通そうとした一つの表れとして松下文法の品詞概念を理解することができるのではないか、と思うのである。というのは、松下によれば、

　　単詞ばかりが詞ではない。連詞も亦一つの詞である。連詞をも含む品詞別でなければならない。(『口語法』19〜20ページ)

とされ、たとえば、名詞であれば「花、月、京都、日本民法」などは単詞の名詞であるが、「春の花」「子を思ふ親心」などは連詞の名詞となり、動詞であれば「咲く、吹く」などは単詞の動詞であるが、「花が咲く」「海岸をぶらぶら歩いて来ました」などは連詞の動詞となる、というように、連詞にも単詞と同様に品詞が適用されるからである (上の引用中、「連詞の詞性を詞性論で説かずに文章論で説く奇観を呈してゐる。」という部分に注目されたい)。こういった考え方は、やはり〈単詞も連詞も等しく詞〉といった発想

が基本にない限り出てこないのではないだろうか。

　以上、議論が少し脇道にそれたので元に戻すと、要するに、立場②の森岡の解釈の問題点とは、〈単詞＝語〉と考えることによって、単詞に特別の位置を与えてしまったというところにあるわけである。[9] もちろん、森岡の言う〈詞＝語〉という捉え方を実質的に徹底させ、単詞も連詞も語であるという立場を貫くことも理論的には可能であろうが、その場合には、我々の有しているある程度常識的な語概念を大きく逸脱することになり、やはり好ましくないと言うべきであろう。

　さて、以上のように考えてくると、ここから逆に、松下文法の固有の立場というものが一体どのようなものであるのか、ということが明らかになってくる。そしてそれを、1.1節で述べた本論の目的①、すなわち、従来の語という概念と松下文法との関わりはどうなっているのか、という問題意識に立って述べるならば、次のようになるであろう。

　・松下文法においては従来の語に相当する概念は存在しない

なお、松下文法におけるこういった立場が、松下文法の文法体系にどのような問題を投げかけているか、また、それを克服するのにはどうしたらよいか、といった点についての考察は、本論の範囲を越えるのでここでは行なわない。[10]

1.3　詞の相と派生 (derivation)

1.3.1

　森岡によると、松下文法における詞の副性の中、
　　相→アメリカ構造言語学の派生 (derivation) に相当する
　　格→アメリカ構造言語学の屈折 (inflection) に相当する
と基本的には言えるという（たとえば、森岡 [1994] 33 ページ）。ここで、アメリカ構造言語学での派生とは、森岡によれば、派生語 (derivational words =「文法的機能が単一語（単一の自立形態素からなる語）と全く等しい複合語」ex. man-ly, per-ceptive, man-hood, per-ception 森岡 [1994] 33 ページ）を形成する働きであり、同じく屈折とは、屈折語 (inflectional words =「単

一語と文法的役割が異なるというより、単一語と異なる文法的機能を帯びた複合語」ex. play-ing, play-s, cat-s 同上）を形成する働きであるが、もし森岡の言う通りであるとするならば、松下文法において相による変化は派生語を形成し、格による変化は屈折語を形成するということになる。従って、少なくとも相は語構成の問題ということになろう。そこで本節では、以下、松下文法における詞の相とアメリカ構造言語学の派生（本節では以下特に〈派生〉と表示する）との関わりについて考えてみたい。もちろん、前節で述べたように、松下の（単）詞と従来の語とが同じものでない以上、本来上記のようなことが成り立たないことは既に充分明らかなのであるが、ここでは、そのこととは一応別に、森岡が word であると主張する単語に対象を限って（あるいは、むしろ森岡の〈単詞＝word〉説を一旦受け入れて）論を進めることとする。

　さて、結論的に言うと、森岡の捉え方には問題があると言えよう。というのは、相は〈派生〉と全同ではなく、いわゆる「文法的な派生」のみを指し、「語彙的な派生」は含まないからである。[11] この点については、松下文法における詞の相という概念を吟味すれば自ずと明らかになるはずなのであるが、森岡も言うように、松下文法の詞の相および格には（特に名詞の場合に）「未整理と思われる部分」（森岡［1994］421ページ）が含まれており、その点問題が残る。そこで、ここでは詞の相と密接な関わりを持つ助辞の分類を取り上げてこの点を論じたいと思う。むしろその方が分かりやすいのではないかと思われるからである。

1.3.2

　松下文法においては、助辞は「自己単独では一詞を成さず必ず完辞と結合し完辞と共に一詞を成す原辞であつて、自己に実質的意義が無く唯形式的意義を有するものである。」（『改撰』49ページ）と規定され、次のように分類される（『改撰』47ページ）。

248 第3部 「語」をめぐって

$$
助辞 \begin{cases} 助辞（一般性） \begin{cases} 動助辞……なり\ たり\ しむ\ らる\ べし\ まじ \\ 静助辞……を\ に\ は\ も\ て\ ば \\ 頭助辞……御（ミ）\ 御（オン）\ 御（ゴ）\ 御 \end{cases} \\ 接辞（特殊性） \begin{cases} 接頭辞……初（ハツ）\ 新（ニヒ）\ 小（サ）\ 小（ヲ）\ 深（ミ）\ 真（マ） \\ 接尾辞……めく\ ぶる\ さぶ\ さ\ み\ ら \end{cases} \end{cases}
$$

ここで、動助辞・頭助辞が詞の相に、静助辞が詞の格に関わることは明らかなのであるが、「一般性助辞」（＝「狭義の助辞」とも。『改撰』49ページ）と「特殊性助辞」（＝接辞）との違い、あるいは、助辞がその2種類に大きく二分されることの有する意味合いについては、従来あまり注意されることがなかったようである。従って、たとえば森岡（1969c）では、以下に引用するような観点から、頭助辞を接辞に組み入れ、全体を静助辞（＝屈折辞）とそれ以外（＝派生辞）とに大きく二分することが提案されている。

　ただ、疑問に思うのは、広義の「助辞」を分類するにあたって、松下博士の「一般性」「特殊性」が、はたして有効な分類原理になりうるかどうかということである。特に、原辞論すなわち形態論が語構成の記述を目的とするものであることを思うとき、一般か特殊かという性質より、もっと語構成の上から優先すべき分類原理を求める必要がありそうに思われる。たとえば、原辞表によると「御（お）」は助辞に、「小（こ）」は接辞にはいると考えられるが、語構成の上からは、

　　お山　　お美しい　　おきれい　　お聞きになる
　　こ山　　こざかしい　　こぎれい　　こ出しにする

のように、両者の区別がつかない。（中略）このようなわけで、「一般性」「特殊性」は、「助辞」の分類原理として有効性を認めがたいといわなければならない。（135ページ、下段）

　しかし、著者の考えでは、松下文法における助辞の一般性か特殊性かという大分類は非常に重要であると思われる。というのは、私見によれば、この区別は

　　助辞（一般性）→詞の副性に関わるもの
　　接辞（特殊性）→詞の副性に関わらないもの

という区別であり、更に、先の用語を使って対応関係を付けるなら、その別に従って全体が以下のようになると考えられるからである。[12]

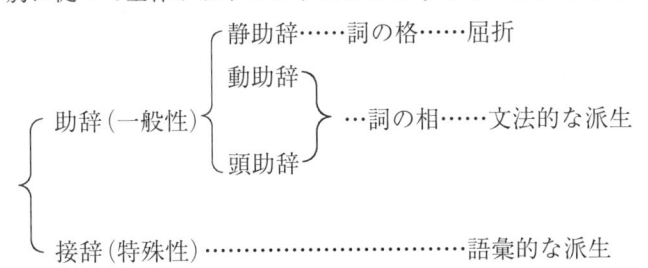

```
          ┌ 静助辞……詞の格……屈折
   ┌ 助辞（一般性）┤ 動助辞 ┐
   │          │     ├…詞の相……文法的な派生
   │          └ 頭助辞 ┘
 ─┤
   │
   └ 接辞（特殊性）………………………語彙的な派生
```

このことは、次に示すそれぞれの規定を見れば明らかであると言えよう。

　　一般性助辞→「詞の文法上の性質を表す助辞であつて一般の場合に必要なものである。」（『改撰』49ページ、下線は引用者）

　　特殊性助辞→「詞の文法上の性質を表すのでなく、その必要が助辞よりも遥に特殊なものである。」（『改撰』49〜50ページ）

また、同様のことは、『口語法』における助辞に関する記述、[13] たとえば、「特殊助辞」の表すことがらが「文法上の性能としては太して必要なことではな」く、「文法上一般的なものではない。」（71ページ）ということや、「一般と特殊との別は程度の問題である。」（同上）ということ、あるいは、動助辞のことを「文法的動助辞」とも呼ぶ（140ページ）とか、「一般頭助辞は文法的頭助辞である。」（372ページ）といった捉え方、を見てもよく分かる。[14] なお、文法上の性質に直接関わらないとされる特殊性助辞の問題は、松下文法の体系では原辞の相関論の中で処理されることになる。

　ただ、本論のようなこういった松下文法の助辞の解釈に問題がないわけではない。特に重要なのは、先に注11で引用した村木（1991）にも出てくる、一語として別か否かといった観点が松下文法には全然見られないことである。この問題は、松下文法の在り方の根幹に関わる重要な問題であるのだが、一つには、前節で述べたように、松下文法においては通常の語に相当する単位が存在しないということ、もう一つには、この点について考察するためには、松下文法における詞の本性と副性との関わりについて改めて取り上げ著者の立場から論じなくてはならないということ、の二つの理由から、ここでは触れないことにする。

1.3.3

　以上、松下文法における助辞の分類を検討してきたが、その結果、詞の相というのはいわゆる文法的な派生のことであり、それに関与するのは助辞の中の一般性助辞のみである、という点が明らかになった。

　一方、〈派生〉という概念には、文法的な派生と語彙的な派生という区別は存在せず、一般にそこでは語彙的な派生しか問題にならない。なぜなら、文法的な派生というのは、形式的には別語形成でありながら本質的には一語内部の変化であるという意味で、アメリカ構造言語学から見れば一種の矛盾な概念だからである。従って、そういった点からすれば、先に、〈派生〉と松下文法の詞の相とは全同でないと述べたが、むしろ両者は若干性質の異なる概念であると言った方が正確であるかもしれない。ただ、その場合注意しておかなければならないのは、詞の相と〈派生〉との間には、形式的にはどちらも別語形成であるという意味で大きな共通点が存在し、その点にのみ注目するならば、詞の相を派生として処理することも可能である、という点である。実際、「派生辞は、語基に付いて派生語（正確にいえば、派生語基）を構成する結合形式の形態素である。」（森岡［1994］104ページ）というように、アメリカ構造言語学と同様の形式的な立場から派生を規定する森岡においては、[15] 文法的な派生と語彙的な派生という区別は見られない。[16] 先に紹介したように、森岡が松下文法の助辞を屈折辞と派生辞とに二分しようとしたのも、実はそういった立場に立ってのことである。

　以上、本節では、〈派生〉と詞の相とが対応するという森岡の指摘を検討してきたが、松下の意図したところを汲むならば、そういった対応が成立するとは言えない、ということが明らかになったことと思う。なお、蛇足ながら、次の点を確認しておきたい。すなわち、本節の議論からすると、一見、松下文法において、語彙的な派生に関わる特殊性助辞（＝接辞）の問題が純然たる語構成の問題として残るような印象を与えるが、もともとそうであり得ないことは、最初に述べたように、既に前節の結論で充分明らかであるということである。いずれにしても、著者としては、既に松下文法において現在の文法的な派生と語彙的な派生とに相当する区別が行なわ

れていることに驚きを禁じ得ず、そこに改めて松下文法の先見性をかいま見る思いがする。

1.4 おわりに

1.4.1

　以上の考察により、松下文法においては従来の語に相当する概念が存在しないことが明らかになった。この場合重要なのは、「語に相当する概念」その物が存在しないということである。なぜなら、このことは問題が単に用語上の問題だけには終わらないことを示すからである。従って、最初に掲げた本論の目的③（松下文法における語構成の位置付け）に対する答えは、自ずとそこから次のような否定的な形となって出てくると言えよう。すなわち、

　・松下文法には語構成に該当する部分が存在しない。

　もちろん、このことは松下文法が語構成論と無関係であるということを意味するものではない。それどころか、松下文法の原辞がいわゆる形態素に相当し、従って、原辞論が形態論、あるいは語構成論に当たるというのが、既に見たように諸家の指摘するところであるし、実際、いわゆる語構成論を研究する者にとって、松下文法の原辞論が研究を進める上での一つの指標になることは確かである。しかし、通常のいわゆる語構成論が扱う事象（語構成論的事象）を扱っているからといって、それが即語構成論であるということには必ずしもならない。松下文法の場合、この二者のずれがまさに顕在化しているわけであり、いかに松下文法において語構成論的事象が詳細に扱われていようとも、松下文法の体系内においてはそれは決して語構成論ではないのである。

　なお、松下文法に対する、こういった〈原辞論＝語構成論〉という誤解がなぜ生じたのかという点を、語構成論の側からここで考えてみるのも悪くはないであろう。そして、それは、一言で言うならば、従来の語構成論が自己の研究対象の最も基本である語という単位に対して充分な吟味、検討を行なうことなく、その存在を、通説に従うとか、常識的判断や辞書に頼

るといったやり方であまりにも無反省に受け入れて来たからに他ならない、と著者には思われる。そういう意味では、松下文法の原辞論の位置付けを今改めて問うことは、そういった従来の語構成論の研究の在り方に対して深刻な反省を迫るものであると言える。

1.4.2

　森岡によれば、語と文というのは文法論にとって最も基本的な単位であるという。すなわち、

> 従来の文法論を見ると、用語に多少の違いがあるとしても、実質的に見て「語」と「文」という単位を設定しないものはない。学説によって、ほかに「原辞」(松下)、「文節」(橋本)、「文章」(時枝)という単位を置くことがあるとしても、「語」と「文」とは例外なく、どの文法論にも共通して設けられる。その点、この二つの単位は、文法論の土台をなす、最も基本的なものというべきであろう。(森岡 [1969a] 138 ページ下段)

しかし、既に見たように、松下文法においては、用語の問題ではなく本質的に言って語に相当する単位が存在しない。そこで、次の問題として、松下文法のような立場、考え方をどのように評価、位置付けたらよいか、ということが当然出てくる。この問題は、文法論にとって果たして語は本当に必須の存在なのかどうか、といった文法論の在り方に対する基本的な問いへと繋がっていくものというべきであろう。従って、この点は今後の課題としたい。なお、この問題を考えるに当たっては、1.3 節でも取り上げた、松下文法と内容上の親近性をよく指摘されるアメリカ構造言語学に見られる、語という単位をやはり同様に認めない立場の存在[17]も視野の片隅に入れておくことが有益であろう。

注

1. 語構成と形態論とは全同ではないが、本論では特に両者を区別することはしない。なお、両者の関わり等については、斎藤(1992、序)を参照されたい。
2. 本論で使用したテキストは、『改撰』が徳田政信編(1974)、『口語法』が徳田政信編(1977)である。
3. 松下文法の史的発展について述べたものでは、「原辞」の成立過程について論じた長谷川(1980)が、本論の立場からは特に参考になる。

4. 明言しているわけではないので断定はできないが、宇野（1973）もこの立場に近いように思われる。
5. 「詞性論」というのは現在の「形態論」（Morphology）のことである。
6. この点について松下は、『改撰』22ページ、23～24ページ、『口語法』13ページ、68～69ページ等何カ所においても注意を喚起している。
7. 松下文法においては、詞は「単詞」（「単一の詞であつて分けると詞でなくなるもの」〔『改撰』20ページ〕ex.山、河、春風(ハルカゼ)、夏山(ナツヤマ) etc.）と「連詞」（「二詞が統合されて一詞となつたもの」〔同上〕ex.春の風、流る〵水、暖き春の風 etc.）とに分けられる。
8. 松下の次の言参照。「詞は原辞より成るが、其れは単詞のことであつて、連詞に至つては詞より成るのである。」（『改撰』39ページ）なお、この点について更に詳しくは斎藤（1992、第1部第2章）を参照されたい。
9. 森岡（1994、総説第三章）は、〈詞＝word〉と述べる際に松下（1901b）を引用するが、これには問題がある。というのは、この段階における松下の考え方の場合には確かに森岡の言うように〈詞＝word〉と見て間違いないが、一方この段階ではまだ詞を単詞と連詞とに二分するという捉え方が明確に出ておらず（こういった捉え方が明確に出てくるのは松下［1909］以降である。松下［1908］ではまだである。長谷川［1980］によれば、この両者はともに松下文法における「成長期」の論ということになるが、この辺の細かい検討は今後の課題である）、この段階における単位観を完成期の松下文法の単位観と同一視することは必ずしもできないと思われるからである。
10. 松下文法が文法体系として有している問題点については、既に仁田（1979）に優れた考察がある。仁田の立場は必ずしも本論と同じではないが、そこでの仁田の指摘（端的に言えば、松下文法における「詞の本性論」という部門の存在に対する疑問である）は、本論のここでの結論と繋がってくるところがあり、非常に参考になる。
11. 「文法的な派生」と「語彙的な派生」との区別については、村木（1991）の次の言が分かりやすい。
    　派生語の中には、派生した単語が、もとの単語とは区別され、独立に語彙的な単位としての資格をもつもの（語彙的な派生語）もあれば、もとの単語とのあいだに統語的な機能が共通し、そこになんらかの形態論的なカテゴリーがみとめられるもの（文法的な派生語）もある。後者の派生語は、もとの単語と共通の語彙的単位であり、その文法的な語形とみなされる。（27ページ）
    なお、他に鈴木（1972）における「文法的な派生語」の形成に与る「文法的な接尾辞」と「単語つくりの要素」としての接尾辞との区別、あるいは同じく鈴木（1996、第2部第2章）における「形つくりの接尾辞」（の中の「二次的な語幹」をつくる要素）と「単語つくりの接尾辞」といった区別も、基本的には同様の発想に基づく区別である。
12. 厳密に言えば、松下文法の静助辞は詞の格のみを表わすわけではなく、その中の「名助辞」の一部（「たち」「かた」「さん」など）などは詞の相を表わす。しかし、この点は以下における本節の議論と直接関わらないので、ここでは指摘するだけにとどめておく。
13. 松下文法における助辞に関するこの点についての基本的な考え方は、既に松下（1901a）の段階から表れており、そこでは、助辞を「文法的助辞」と「非文法的助辞」

との二つに大別している（なお、『改撰』段階での助辞は、『日本俗語文典』では助辞と「語尾変化」とに分けて説明されているが、語尾変化の方にも「文法的語尾変化」と「非文法的語尾変化」との区別が設けられており［後者は、後の特殊性助辞の一部に相当する］、その点注目される）。

14. 森岡（1969c）が問題にした「御(お)」(頭助辞)については、特に次のような説明があり、松下の分類意図が明確に示されている。

> 従来の文法書には接頭語といふ名目が有つて頭助辞といふ名目は無かつた。この従来接頭辞と云つたのも、広義の助辞の一種であつて、広義の助辞の中、他語の上へ附くものを指して謂つたのであつた。なぜ、頭助辞と云わなかつたかといふと、其れは文法上必要なものでないと思はれたからである。例へば「み山」「を川」「さ夜」「ま清水」の「み」「を」「さ」「ま」の類である。然るに「貴方のお帽子」「先生のお机」の「お」などは敬語として文法上極めて必要な極めて一般的なものである。こういふの接頭語として化外の民の如き待遇を為すのは不都合である。(『口語法』372ページ)

15. アメリカ構造言語学の派生と森岡の派生との間には、前者が語同士の関係であるのに対して、後者は本質的には語基同士の関係である、といった根本的な違いも存在する。

16. 森岡(1994)においても、派生辞は基本的に4種(「結合形式の語基に付いて自立形式に形成する接辞」／「主として自立形式の語基に付いて意味を添える接辞」／「語基を他の語基に転成させる接辞」／「語を他の語に準用させる辞」[以上228～229ページ])に下位分類されるし、また、「派生辞には広い範囲に規則的に用いて、派生表(derivational paradigm)を作ることのできるものと、特定の語だけに付くものとがある。」(157ページ)といった視点も見られるけれども、これらはいずれも本論で言う語彙的な派生、文法的な派生とは異なる観点による分類である。

17. アメリカ構造言語学のB.BlochやZ.Harrisの立場を指すが、ただ、同じく語を認めないといっても、BlochやHarrisの場合には、形態素とその配列のみで文法を考えていこうとするもので、原辞の上に詞を設定する松下文法とは異なる。なお、アメリカ構造言語学のそういった立場の考え方について詳しくは、太田・梶田(1974)54～55ページ、73～75ページ等を参照されたい。

2　山田文法における語規定の変遷と問題点

2.1　はじめに

　山田の『日本文法講義』(以下『講義』と略す)における単語の規定(これを以下「規定K」とする)

　　単語とは語として分解の極に達したる単位にして、ある観念を表明して談話文章の構造の直接の材料たるものなり。(9ページ)

に対して、時枝が、「単語は、分析を行ふと行はざるとに拘はらず、既に予め措定された処の概念であつて、究竟的分析によつて認定され云々といふことは、無用な自然科学的説明の介入である」(『国語学原論』217ページ)という立場から、「こゝに『語として分解』といはれてゐることは、明かに分析以前に、語の概念が認定されてゐなくては不可能なことである。」(同上)と批判したことはよく知られているところである。

　時枝のこの批判は、時枝の言語観、単語観に基づいてなされたものであり、そういう意味では、この批判の言わんとするところを真に理解するためには、そういった点にまで遡って考察を加える必要があるが、本論ではその点を問題にしようとするのではない。むしろ、ここで著者が興味を覚え論じてみたいと思うのは、そういった学史的な背景を特に知らなくとも、時枝の言っていること(「こゝに～不可能なことである。」の言)はいわば常識的観点から見ても実にもっともなことであり(少なくとも著者にとってはそう思える)、逆に言えば、なぜ山田が『講義』においてそのような規定をあえて行なったのだろうか、という問題である。つまり、おそらく山田には山田なりの意図、あるいは考えがあって上述の規定Kがなされていると思われるのであるが、それが一体何なのかということであり、それを明らかにしようというのが本論の目的の第一である。

　さて、そのためにはどのような方法が有効であろうか、ということになるが、ここで注目すべきは、上述の規定Kが『講義』特有のものである、という点である。[1] 逆に言えば、山田文法における語規定には変遷が認められ

るのである。そこで本論では、山田文法におけるそういった語規定の移り変わりの有様を検討することによって上記の目的を果たそうと思う。取り上げる著作は、刊行順に『日本文法論』(1908年刊、以下『文法論』と略す)、『講義』(1926年刊)、『日本文法学概論』(1936年刊、以下『概論』と略す)、の3著を中心とする。

ところで、山田文法における語規定の変遷を実際に検討して行くと、そこから、山田文法の有する様々な問題点がいろいろと見えてくることに気づく。それは必ずしも語規定に関わるものばかりではなく、場合によっては語規定にとどまらず山田文法の組織全体に及ぶようなものをも含む。そこで、本論の後半では、そういった問題点のうちから、山田文法の語規定の変遷に深く関わり、かつ山田文法の組織にも及ぶという点で重要であると思われる合成語の問題を取り上げ、その内容とそれに対する著者の考えを明らかにしたいと思う。それが本論の目的の第二となる。

2.2 山田文法における語規定の移り変わり

2.2.1 『文法論』から『講義』へ

最初に、『文法論』の単語の規定を掲げる。

> 単語とは言語に於ける、最早分つべからざるに至れる究竟的の思想の単位にして、独立して何等かの思想を代表するものなり。(76ページ)

『講義』における単語の規定は、本論の冒頭において既に引用したので再び掲げることはしないが、両者を比較して、というよりも、もう少し広く単語の捉え方全般について『講義』と『文法論』とを比べてみて、どういう点が変わったと言えるであろうか。著者は、以下の二点を指摘することができると思う。

 ⓐ 単語＝「語の単位」＝「一つ一つの語」(「一の語」)という捉え方
 ⓑ 単語＝「語法研究の一切の起点」という位置づけ

以下、それぞれについて説明を加えたい。

 ⓐの変化については、「合成語」および「連語」の存在が山田の念頭にあったのではないかと著者は考えている。というのは、『講義』においては、

『文法論』と違って、「思想上にては一と考へられるものにして幾つかの単語に分けらるるものあり。」（10ページ）という形で、合成語・連語がまさに単語規定との関わりで導入されているからである。つまり、上の ⓐ の捉え方というのは、合成語・連語は語（後述 [2.2.2節②] するように、正確に言えば「語レベルの存在」）ではあるが「語の単位」ではない、という捉え方を背後に有するものと言えよう。

なお、特に「合成語」についてこのこととの関わりで見落とせないのは、『文法論』では「合成語」ではなく「語の複合」という表現が使用されているという点と、両著のそれぞれに対する規定の違いである。すなわち（下線は引用者、以下、引用部の下線は全て引用者である）、

- ・『文法論』における「語の複合」の規定→「単語の複合して<u>文法上一の単語の如く見做さる</u>、もの」（711ページ）
- ・『講義』における「合成語」の規定→「合成語とはその意義と形とに於いて明かに二以上の単語の集合と見ゆるものにして他の助をからずして合して<u>文法上一の語として取扱はるる</u>ものをいふ。」（306ページ）

大岩（1936）の言うように、名称と規定中の表現（下線部）の変化は、『講義』において「『合成語』といふ一の『語』と認められたかと思はれる色合が加はつて来たこと」を示すことは確かであるが、著者の見るところでは、「合成語」の有する位置は単語規定との関わりではまだそれほど大きくはない。

次に ⓑ の変化についてであるが、実はこの点は厳密に言うと「変化」ではない。というのは、単語が「語法研究の一切の基点」であることは『文法論』においても同様、あるいはむしろより一層その性格が強いからである。ただ、『文法論』ではそのことはいわば自明のことだったのでわざわざ述べなかったのに過ぎない。それが『講義』になると、上述したように周辺的な位置づけながら合成語を「一の語」として見るようになり、いわばそういった性格がその分弱まったためあえて明言したのであると思われる。

さて、以上のように見てくると、『講義』の単語観は、i) あくまでも単語が中心である、ii) 上記 ⓑ 、の二点で、基本的には『文法論』の枠組みを継承していると言えよう。しかし、そうすると、『講義』の規定 K、あるいは単語の捉え方には、以下のような問題が存在することになる。

1. 単語が「語法研究の一切の基点」であり、合成語は単語に分解できるものと考えるとして、それによって生じた単語は規定Kが述べる「談話文章の構造の直接の材料」にはならないのではないか。
2. 周辺的な存在であるとしても、合成語が単語と同様「一の語」であるということをどのように捉えたらよいか。

そして、これらの問題を解決しようとしたのが他ならぬ『概論』の立場である。

2.2.2 『講義』から『概論』へ

①『概論』における語の捉え方は、概略以下のように示すことができよう。

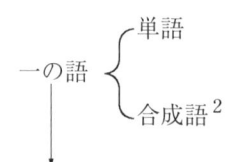

```
        ┌ 単語
一の語 ┤
        └ 合成語[2]

語の単位 ⇒ 文法研究の一切の基礎
```

ここで「一の語」とは次のように規定される（これを以下「規定G」とする）存在であるが、『概論』の場合、規定Gを持ち出すまでに至る事情が理解できていないと、この規定だけでは若干分かりにくいかもしれない。この点については、本節の後述③で説明したい。

<u>談話文章を構成する第一次的な要素</u>たることを失はざることを以て分解の極限とすべく、その極限に達したるものを以て一の語と認むべきものなり。(31ページ)

このうち、「一の語」が「語の単位」であり、かつそれが「文法研究の一切の基礎」であるという点は『講義』を踏襲するものであるが、「一の語」が単語と合成語とに明確に二分されるというのは、『概論』において初めて提出された考え方である。

さて、問題は先に示した『講義』の問題点がこの図式によってどのように解決されたのか、ということであるが、第1の点については、「談話文章の構造の直接の材料」（規定Gでこの部分に相当するのが下線部である）とな

るのはあくまでも「一の語」であって単語そのものではない、という形で解決が図られていると言えよう。また、第2の点については、「一の語」の中に明確に単語と合成語が含まれるようにすることで問題点が解決されていることが分かる。[3]

②『講義』より後の変化についてもう一つ述べておくべきことがある。

先に、『講義』において「語の単位」という捉え方が出てきた背景には、合成語も連語もともに単語と同じく語の一種である、という見方があったと述べたが、実はこういった捉え方が『講義』において完全に定着していたわけではない。確かに、先に見たように、『講義』においては「合成語」が「一の語」としての性格を強めているし、連語についても、「月下に奏する劉亮の曲」「徐に歩む」といった例に対して、「多くの単語を集めて一に連続したる語をなせども」(424ページ)といった説明が見られるけれども、上記のような捉え方が完全に成立するためには、何よりも、＜語レベル：文レベル＞といった対立図式、および両者の相違に対する明確な意識が背後に存在する必要があると考えられるからである。[4]

そして、著者の見るところでは、それが完全に成立したのは『講義』よりも後の段階であると考えられる。というのは、『講義』で単語（＝「語の単位」）とは何かということを明らかにしたのを承け、ではそもそも単語がその単位である語という存在（あるいは「語のレベル」）とは一体何なのか、という問題意識が次に生じ、いわばそのことに答えることを通して上の対立図式が成立したのではないか、と著者は考えているからである。

さて、それではその対立の在り方の具体的内実を我々はどこに見ることができるかというと、『日本文法要論』(1931)の冒頭の章「語と文」、[5] あるいは同様の内容が記されている『概論』の「第二章　文法学の研究の対象と文法学の部門」の前半部においてであると著者は思う。そこで論じられているのは、まさに語という存在と文という存在とが本質的にどう違うのか、また、両者はお互いにどういう関係にあるのか、という問題に他ならないからである。

ただ、ここで次のような疑問が生じるかもしれない。それは、語レベルと文レベルとの対立は『文法論』の段階から存在していたものであり、それ

が「語論」と「句論」という山田文法の二大部門に反映しているのではないか、というものである。これはもっともな疑問であると言えよう。

確かに、「語論」と「句論」という文法論の組織、およびそれぞれの性格の違いや関係については、山田文法の初期から一貫して縷々説明されている。しかし、ここで注意しなければならないのは、『講義』を含めそれまでの山田文法においては、それらの分野が、「一切の学問に通じ」る研究法上の対立、すなわち「語論」は「分析的研究」であり「句論」は「総合的研究」であるということ、という観点から演繹的に設定されており、それに先立つ形で、そもそもそれらの分野に属する語、あるいは句という存在がどのようなものであるのかという点については、句については厳密になされているが語についてはほとんどなされていない、という点である。

著者が先に述べたのは、『日本文法要論』、あるいは『概論』が明らかにしたのはまさにこの点についてである、ということなのであるが、このこととの関わりで更に注目すべきは、両著ともその点を明確にした後で初めてその記述に沿った形で文法論の分野設定がなされその性格が論じられている、という点である。なお、更にもう一つ、特に『概論』においては、[6] 語のレベルというものが明らかにされたのを承けて、「第三章　一の語とは何ぞや」でその「語の単位」の問題が論じられるという誠に理路整然とした形で論が展開されている、という点を指摘しておくことも無駄ではあるまい。

③ここで、本論の冒頭に記した時枝による規定Kに対する批判に立ち返り、今まで見てきた『文法論』から『概論』に至るまでの語規定の変遷を参考にしつつ、それをどのように受け止めたらよいか、改めて考えてみたい。

さて、その場合問題になるのは、やはり規定K中の「語として分解の極に達したる」の部分であろう。ここの部分を時枝は＜語として分解する＞と読み、「語として分解して行き、その極に達した単位」と理解した。その結果があの批判だったわけである。確かにこう読むことは可能であるし、そう読むというのであるならば、時枝の批判もそれはそれで説得力があると言えよう。

しかし、この部分は、＜語として、（分解の極に）達した＞と読み、「語というレベルにおいて分解の極に達した単位」と理解することもできるのでは

ないであろうか。そして、著者の考えでは、むしろこちらの理解の方が山田の真意に沿っているのではないか、と思われる。

ただし、こう解釈するとなると、直ちに次の2点が問題になるであろう。
ⓐ 「語というレベルにおいて」とはどういうことか。
ⓑ 「分解の極に達した」とはどういうことか。

このうち、ⓐは前述した＜語レベル：文レベル＞という対立における「語レベル」のことを指す。また、ⓑは観点を変えれば、「分解の極に達した」ということがどのようにして分かるのか、という問題であると思われるが、そう考えると、その答えは規定Kの後半部の「談話文章の構造の直接の材料たるものなり。」という部分に他ならないと言えよう。ただ、ここで注意しなければならないのは、ⓐの答えにしてもⓑの答えにしても、『講義』においてはまだそれほど明確化されていない事柄に属する、という点である。

実際、ⓐについては、既に明らかにしたように、＜語レベル：文レベル＞という対立図式が明確化するのは『日本文法要論』からである。このことは、ここでの文脈に即して言い換えるなら、『講義』においては、語という存在が「分解を施す方面より生じたるもの」（『概論』26ページ）であることは山田にとっていわば未だ無意識の前提の一つであって、問題になるのはあくまでもその「分解の極」であったということであろう。

次にⓑについてであるが、規定K中の「談話文章の〜材料たるものなり。」という部分がⓑの答えになるという点については少し説明が必要であろう。というのは、この部分は、『講義』においては、直接的には規定K直前の単位の説明中の一項

> 第五　語の本来の目的は談話文章を組織するにあるものなれば、一の語と称せらるる以上、それらの間にはたとひ観念又用法上の差異ありとしてもそは措いて論ぜず、必ず談話文章の構造の直接の材料としての箇体たるものならざるべからず。（9ページ）

を承けているのに過ぎないからである。しかし、それが『概論』になると、「分解の極に達した」ことを知る基準として提示されるようになるのである。そして、そのことを理解するためには、規定G中の「談話文章を構成する第

一次的の要素たることを失はざることを以て分解の極限とすべく」という部分に注目する必要がある。というのは、先にも述べたように、ここで「談話文章を構成する第一次的の要素」というのはとりもなおさず「談話文章の構造の直接の材料」ということであり、その意味で、規定Gで述べられていることは、まさに「談話文章の〜たるものなり。」ということが「分解の極限」を決定する条件である、ということに他ならないからある。

　以上、時枝による規定Kに対する批判について、山田文法における語規定の変遷を念頭に置きながら検討してきた。その結果、時枝の言うことにも一理あるが、それは必ずしも山田の意図するところを充分に反映したものではない、という結論に至った。ただし、それと同時に、そういったことが起こる背後には、規定K自身の有する性格、すなわち、山田文法の語規定としては過渡的で不安定であるということ、が少なからず関わっているということも分かった。

2.3　合成語の処理について－山田文法の語規定における基本的問題点－

　山田文法における『文法論』から『概論』までの語規定、あるいは語の捉え方を子細に検討してみると、いずれも何かしらの問題点を抱えており、どれも完全に成功しているとは言い難い、という感じがする。もちろん、それぞれが抱える問題点は必ずしも一様ではないが、ただいずれの場合にも、何らかの点で合成語の存在が関わっている、ということが言えるのではないかと思われる。具体的には、『文法論』の場合には、「合成語」ではなく「語の複合」という形で処理するところに、いわゆる合成語の一語性に関する認識の不充分さが認められるし、『講義』の場合には、合成語という範疇を認めそれを「一の語」と認定するものの、扱いが周辺的であるため単語規定との整合性が不透明であるし、『概論』の場合には、合成語の規定、位置づけは明確にされたものの、説明の中に不用意に「分析的見地」が紛れ込んでいる、[7]といった具合にである。そういう意味で、合成語の処理の問題は、山田文法の語規定における一種のアキレス腱的な存在であると言えよう。

ただ、ここで注意すべきは、これらは要するにいずれも合成語の有する次のような性質をどのように文法論上処理したらよいかという問題である、と見ることができる点である。すなわち、合成語の有する、合成語自体が「一の語」でありながらそれが更に「一の語」である単語に分解できる、という特質がそれである。

さて、そこで次の問題は、このような特質を有する合成語を山田文法の枠組みの中で扱うにはどのようにしたら最も良いか、ということであるが、これには以下の二つの方向が考えられよう。

1)『概論』の立場を徹底させる。
2) 合成語の処理の仕方に、句と文との関係に対する考え方を応用する。

1)については、大きく次の二点に分かれる。
・「一の語」（＝「語の単位」）を単語と合成語とに分ける。
・語の運用論の第一部門（＝語の「動的現象の結果が、なほ一の語として取扱はるゝ範囲のものゝ研究」551ページ）を廃止する。

前者については、基本的には『概論』の主張の通りであるが、ただ「一の語」の認定については、どこまでも「分析的見地」と「総合的見地」とをセットとして考えていくことが必要であろう。後者については、紙幅の関係上ここでは詳しくは省略する。[8] いずれにしても、この1)の方向というのは、語規定の点からは『概論』の立場が最も妥当である、ということを踏まえた上での提案である。

2)については、よく知られているように、山田文法においては句と文とが

句→「文の基礎たるべき単体」（『概論』902ページ）、「文の素」（904ページ）

文→「句が運用せられて一の体をなせるもの」（904ページ）

といった形で区別されていることにまず眼を付ける。この区別は、もともとは、文の構造上から見た種類として、従来「単文」「複文」「重文」といった区別がなされ、「重文複文とは単文を二個以上結合せるものなり」（1051ページ）のような説明がされていたのに対し、山田が

すべての文法上の文はこれ自身一個体たりといふべきものにして、そ

の文法上の文を二個以上重ねて一の大なる思想を構成するもの、如きは之を章節段などといふべきものにあらずや。」(1051ページ)
といった観点から批判を行ない、文の単複は「文の構成が、単純なるか、複雑なるかといふことに基づくといふことは明かなるが、その単純と複雑との区別をなすべき標準は何なるか。」(1052ページ)という問題意識に基づいて新たに設けた区別である。従って、山田文法においては、この区別にのっとって、

　　単文→「一の句にてなるものなり。」(1055ページ)
　　複文→「二以上の句が相集まりて、複雑なる思想をあらはし、言語の形に於いて拘束を有して一体となれる組織の文」(1060ページ)
と説明される。
　さて、句と文におけるこの関係を図式化すれば、次のようになるであろう。

　　　　| 句 |　(単)文　　| 句$_1$ | 句$_2$ |　(複)文

そこで今、この関係をそのまま『概論』における単語と合成語とに当てはめてみるわけである。そうすると、次のようになるであろう。mというのは語の構成要素のことである。

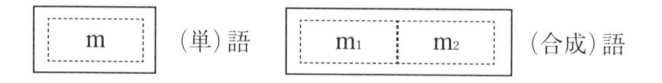

　　　　| m |　(単)語　　| m$_1$ | m$_2$ |　(合成)語

　以上のように考えるなら、文の場合と同様に、語の場合にも次のように言えることになる。
　　単語→語の構成要素m１個から成るもの
　　合成語→語の構成要素m$_1$とm$_2$との結合体から成るもの
こうすれば、単語と合成語との語としての同質性も、合成語の分解可能性もうまく捉えることができる。もちろん、その場合合成語は単語に分解されるわけではないが、それは複文が単文に分解されないのと同じである。
　ところで、今、山田文法における合成語の捉え方の一つの新たな可能性

(2)の方向)を示したが、この考え方には幾つか問題点がある。

　一つは、単語とmとの相違についてである。すなわち、両者は、外形上は同一であるものの理論的には言語単位としてレベルの異なった存在ということになるが、それだけでは説明不充分であり、その場合の差異の実質的内容が何なのかが更に明確にされることが必要であろう、ということである。この点は、実は山田文法における句と単文との間にも存在する問題であり、既に渡辺(1971、73〜82ページ)によって厳しく批判されるとともに、渡辺自身による「統叙」と「陳述」または「再展叙」との区別という方向での解決策も示されている。著者は、渡辺の解決法を基本的に妥当なものであると考えているが、語の場合にはまた句や文の場合とは異なった側面もあり、それに見合ったアプローチの仕方が必要であろうと思っている。その点に関する著者なりの考えもないわけではないのだが、[9]ここはそれを展開するところではないので省略する。

　二つめは、先には、合成語の問題を山田文法内でどのように処理したらよいか、という述べ方をしたが、上で示した方向を押し進めると、結果的には山田文法の組織全体に少なからぬ影響を与えることになる、という点である。すぐ思い付くだけでも、まず語の運用論の第一部門が新たに語構成の部門として位置づけられるようになるであろうし、更には、句の捉え方、位置づけが変わるため、「句論」の範囲、内容も当然変化するであろう。そして、その際には、もはや渡辺の提示した考え方を無視することはできないであろう。ただ、いずれにしてもこの問題は大きすぎて本論の範囲を越えることが明らかなので、これ以上は述べない。

2.4　おわりに

　以上、山田文法における語規定の変遷とその問題点について見てきたが、その結果に基づいて判断するならば、語規定そのものとしてはやはり『概論』の立場が最も妥当であると著者は考える。ただ、『概論』については、文法論の体系として見た場合、組織等に若干問題があることも同時に分かった。これは、語(あるいは「一の語」)そのものの捉え方が変化しているのに、文

法論全体の組織等については『文法論』や『講義』の在り方をそのまま継承したことに原因があると言えよう。このことは、語をどのように捉えるか、ということが文法論全体にまで影響を及ぼすということであり、改めて文法論の体系的な性格を思い知らされた感がする。

　一方、『講義』は、単語規定の仕方を含め、様々な点で過渡的な性格を有すると位置づけることができよう。本論の出発点となった時枝の規定Kに対する批判は、2.2.2節③で述べたように、必ずしも山田の意図とは噛み合っていないように著者には思われるけれども、そういった『講義』の過渡的な性格から生じた曖昧さの一面を突いたことは確かであろう。

　以上のような『講義』や『概論』に対する評価は、それぞれの刊行年を考えれば当然のことかもしれないが、語規定の面からその点を明らかにすることができたことはやはり一つの収穫と言うべきであろう。

　本論のテーマとも関わる問題でありながら、本論中にて言及することのできなかった問題も多い。最後に、そのうちの二点にだけ簡単に触れて本論を終えることにしたい。いずれも2.2.2節で問題にした山田文法における＜語レベル：文レベル＞という大きな対立に関わる問題である。

　一つは、「語の単位」という山田文法独特の用語についてである。これを、大岩(1936)や時枝はいわゆる「単位語」と理解している。[10] そして、著者もこの理解そのものが誤りであるとは思わない。しかし、言葉そのものの表す意味をよく考えてみると、

　　語の単位→語を構成する単位としての存在物
　　単位語→何らかのものを構成する単位としての語

ということであり、本来＜語の単位＝単位語＞ということはありえないと思われる。では、どうして一般的にはありえないことが山田文法では起こっているのであろうか。著者は、その背後に先の＜語レベル：文レベル＞という山田の捉え方があると考えているのであるが、詳しいことは省略せざるをえない。

　二つめは、上の「語の単位」の問題とも関わるが、山田文法と松下文法との関係についてである。この両文法は、一般的には必ずしも性格の近い文法とは考えられていないものと思われるが、実は、文法論の組織自体に

は対応する面が案外多いのである。この点については、既に森岡 (1969b、138ページ) に指摘があるが、更に、本論2.3節で示唆した方向で山田文法の組織を見直すとなると、両文法の類似性はより一層強くなると言えよう。

　また、本論の観点から見た両文法の類似性について更に付け加えるなら、上で問題にした「語の単位」という用語 (あるいは発想) は、著者には松下文法の「単詞」を思い起こさせるし、同様に＜語レベル：文レベル＞という対立図式は、松下文法の「詞」対「断句」という言語単位上の対立を想起させる、ということがある。ただし、松下には、「単詞」も「連詞」も「詞」という意味では同一レベルのものである、という明確な意識があったが、山田の場合には、その点が松下ほど明確ではない。しかし、発想そのものはかなり近いのではないか、と著者は考えている。この点についての検討は今後の課題である。

注
1. 大岩 (1936) によれば、『講義』の単語規定の部分は、初版 (1922年刊) から3版 (1924年刊) までと4版 (1926年刊) とで異なるということであるが、時枝が批判している単語の規定は4版のものである。従って、以下本論で言及する『講義』の記述は全て4版のものとする。
2. 『概論』では、この他にも「融合語」(「一の語」とする、「よかり」[←「よくあり」]の類)、「合体語」(「一の語」としない、「ざりける」[←「ぞありける」]の類)、といった新たなカテゴリーが設けられているのであるが、それらについては本論では取り上げないこととする。
3. 大岩 (1936) は、山田の「単位語観」は「原語単位説」から「成語単位説」(「原語」とは今で言う形態素、「成語」とは語を指す) へと変化して来ていると述べているが、この考え方には、本論2.3節の議論と関わる所がある。
4. 本論では、以後、「語」(＝単独の語) と「語という存在」(＝「語レベル」) とを区別して使用することとする。
5. 『岩波講座日本文学』の中の一冊。130ページの小冊子である。なお、この増補改訂版に当たるのが『日本文法学要論』(1950、以下『要論』と略す) である。
6. 『日本文法要論』には『概論』の第三章に相当する部分がないが、『要論』においては「一の語」という章が新たに設けられており、『概論』と同様の展開になっている。なお、『要論』における語の捉え方に関する記述は若干曖昧であり明確さを欠くように著者には思われる。
7. 『概論』において「一の語」を「単語」と「合成語」とに分ける際、山田は「二重の見地」(「分析的見地」と「総合的見地」) といった考え方を導入するが、そのため「一の語」の規定に一部混乱が生じているところが見られる。今回その点についても述べたかっ

たのであるが、紙幅の関係で省略した。なお、著者が指摘したかった点は、時枝が複合語と単純語との区別に関して、「主体的立場」と「観察的立場」という観点から行なった山田批判（『国語学原論』35〜37ページ、および221〜222ページ参照）とは別の内容である。

8. この点に関する著者の主張の要点は、イ）『概論』においては、「一の語」が「文法研究の一切の基礎」とされており、その「一の語」に単語と合成語とが含まれている以上、文法論が語の運用論という形で両者の内部構造の違いに踏み込むようなことはできないということ、ロ）そういう意味で従来の『概論』における語の運用論（第一部門）は廃止した方がいいということ、ハ）もしどうしても合成語の内部構造を問題にしたいのならば、語以下のレベルの単位を改めて設定し、語構成の部門として文法論の中に新たに位置づけることが必要であるということ、という形にまとめることができよう。なお、大岩（1936）は、『文法論』と『講義』以後とで語の運用論の「運用」の範囲が変わってきたと述べ（接辞が『文法論』では語の性質論の末尾で扱われていたのに『講義』以後では運用論で扱われるようになった点をその一つの表れと見る）、範囲が変わったとすれば、合成語が「一の語」であっても運用論の中で説いて差し支えないと述べているが、『講義』はいいとしても（著者は『講義』の運用論については『文法論』と実質的には同質であると考えている）、『概論』については賛成しがたい。

9. 語と語構成要素との違いという問題は、本書第1部で扱われた主要テーマの一つである。

10. 「単位語」については、『国語学大辞典』「計量語彙論」の項（水谷静夫執筆）を参照されたい。

参考文献

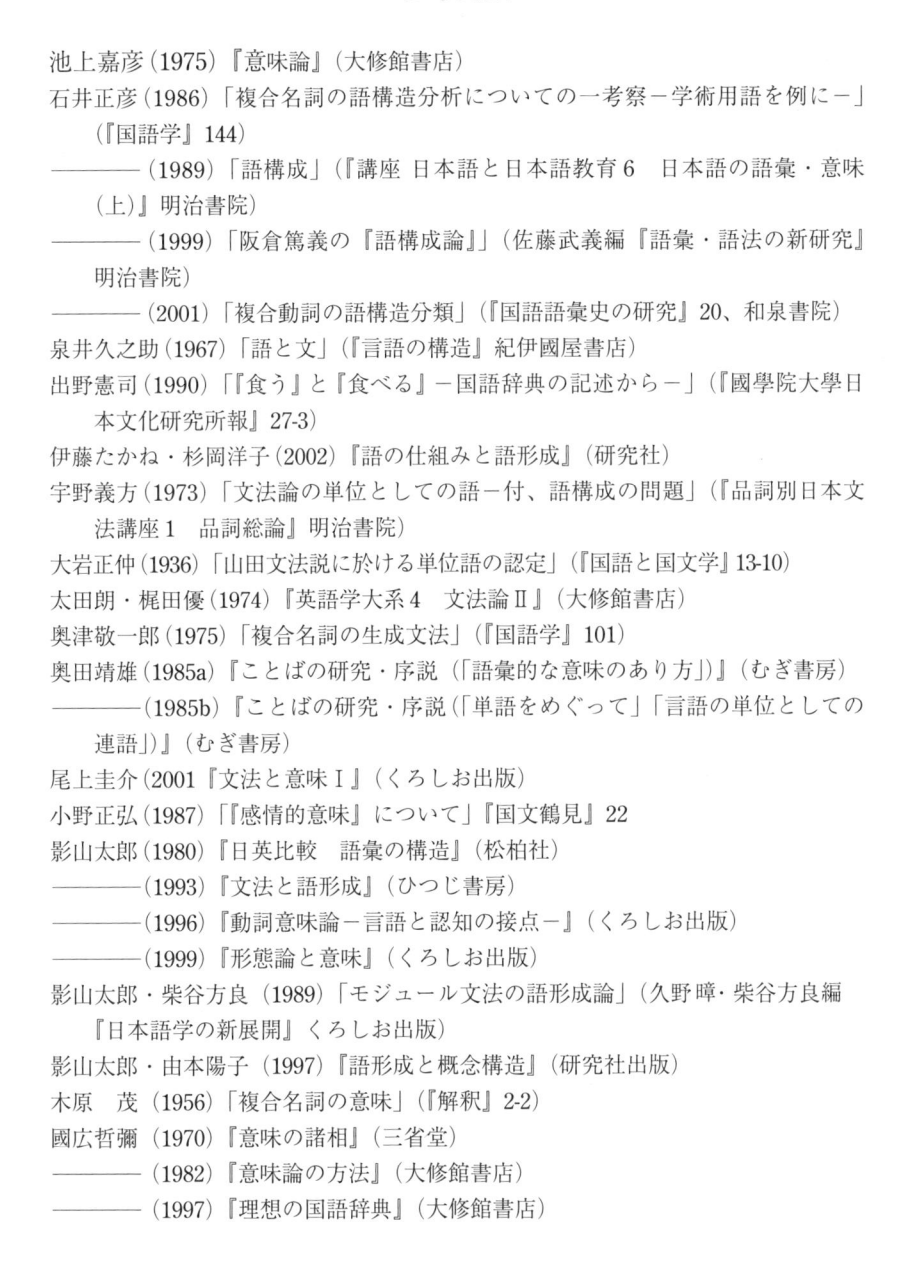

池上嘉彦(1975)『意味論』(大修館書店)
石井正彦(1986)「複合名詞の語構造分析についての一考察－学術用語を例に－」(『国語学』144)
――――(1989)「語構成」(『講座 日本語と日本語教育6 日本語の語彙・意味(上)』明治書院)
――――(1999)「阪倉篤義の『語構成論』」(佐藤武義編『語彙・語法の新研究』明治書院)
――――(2001)「複合動詞の語構造分類」(『国語語彙史の研究』20、和泉書院)
泉井久之助(1967)「語と文」(『言語の構造』紀伊國屋書店)
出野憲司(1990)「『食う』と『食べる』－国語辞典の記述から－」(『國學院大學日本文化研究所報』27-3)
伊藤たかね・杉岡洋子(2002)『語の仕組みと語形成』(研究社)
宇野義方(1973)「文法論の単位としての語－付、語構成の問題」(『品詞別日本文法講座1 品詞総論』明治書院)
大岩正仲(1936)「山田文法説に於ける単位語の認定」(『国語と国文学』13-10)
太田朗・梶田優(1974)『英語学大系4 文法論Ⅱ』(大修館書店)
奥津敬一郎(1975)「複合名詞の生成文法」(『国語学』101)
奥田靖雄(1985a)『ことばの研究・序説(「語彙的な意味のあり方」)』(むぎ書房)
――――(1985b)『ことばの研究・序説(「単語をめぐって」「言語の単位としての連語」)』(むぎ書房)
尾上圭介(2001『文法と意味Ⅰ』(くろしお出版)
小野正弘(1987)「『感情的意味』について」『国文鶴見』22
影山太郎(1980)『日英比較 語彙の構造』(松柏社)
――――(1993)『文法と語形成』(ひつじ書房)
――――(1996)『動詞意味論－言語と認知の接点－』(くろしお出版)
――――(1999)『形態論と意味』(くろしお出版)
影山太郎・柴谷方良 (1989)「モジュール文法の語形成論」(久野暲・柴谷方良編『日本語学の新展開』くろしお出版)
影山太郎・由本陽子(1997)『語形成と概念構造』(研究社出版)
木原 茂(1956)「複合名詞の意味」(『解釈』2-2)
國広哲彌(1970)『意味の諸相』(三省堂)
――――(1982)『意味論の方法』(大修館書店)
――――(1997)『理想の国語辞典』(大修館書店)

小西友七（1965）「意味は複合語の基準になるか－C君の質問に答えて－」（『水門』6）
小林　隆（1983）「〈顔〉の語史」（『国語学』132）
斎賀秀夫（1957）「語構成の特質」（『講座 現代国語学Ⅱ ことばの体系』筑摩書房）
斎藤倫明（1992）『現代日本語の語構成論的研究－語における形と意味－』（ひつじ書房）
―――（1995a）「語構成と意味－合成形容詞『～くさい』を例として考える－」（『国文学 解釈と鑑賞』60-1）
―――（1995b）「語彙素とその意味」（『日本語学』14-5、明治書院）
―――（1996）「語構成と意味との関わり－『単語化』という形態論的プロセス－」（『国文学 解釈と教材の研究』41-11）
―――（1997）「語構造論的モデルと語形成論的モデル」（加藤正信編『日本語の歴史地理構造』明治書院）
―――（2001）「文法論としての語構成論」（『国文学 解釈と教材の研究』46-2、学燈社）
阪倉篤義（1957）「語構成序説」（『日本文法講座1　総論』明治書院）
―――（1966）『語構成の研究』（角川書院）
―――（1973）「日本文法における品詞」（『品詞別日本文法講座1　品詞総論』明治書院）
阪田雪子（1988）「語構成」（国語教育研究所編『国語教育研究大事典』明治図書）
柴田武編（1976）『ことばの意味 辞書に書いてないこと』（平凡社）
鈴木重幸（1972）『日本語文法・形態論』（むぎ書房）
―――（1996）『形態論・序説』（むぎ書房）
田中章夫（1978）『国語語彙論』（明治書院）
田中伸一・阿部潤・大室剛志（2000）『入門生成言語理論』（ひつじ書房）
田中聡子（1996）「動詞『みる』の多義構造」（『言語研究』110）
田辺正男（1957）「松下文法」（『日本文法講座2 文法論と文法教育』明治書院）
玉村文郎（1985）『語彙の研究と教育（下）』（大蔵省印刷局）
辻村敏樹（1965）「単語」（『口語文法講座6　用語解説編』明治書院）
寺村秀夫（1992）「連体修飾のシンタクスと意味」『寺村秀夫論文集Ⅰ 日本語文法編』くろしお出版
時枝誠記（1941）『国語学原論』（岩波書店）
―――（1950）『日本文法 口語篇』（岩波書店）
徳田政信（1984）「『原辞』の概念の成立と語構成理論」（『中京大学文学部紀要』19-1）
徳田政信編（1974）『改撰標準日本文法』（勉誠社）

────編(1977)『増補校訂 標準日本口語法』(勉誠社)
────編(1980)『校訂 日本俗語文典 付遠江文典』(勉誠社)
西尾寅弥(1988)『現代語彙の研究』(明治書院)
仁田義雄(1979)「松下大三郎の文法理論」(『京都教育大学紀要』A-55)
野村雅昭(1974)「四字漢語の構造」(『国立国語研究所報告54 電子計算機による国語研究Ⅶ』
────(1977)「造語法」(『岩波講座 日本語9 語彙と意味』岩波書店)
────(1989)「語構成」(『講座日本語と日本語教育 第1巻 日本語学要説』明治書院)
野村益寛(2001)「認知言語学」(辻幸夫編『ことばの認知科学事典』大修館書店)
芳賀 綏(1954)「〝陳述〟とは何もの?」(『国語国文』23-4)
橋本進吉(1934)『国語法要説』(『国語科学講座Ⅵ 国語法』明治書院)[『橋本進吉博士著作集第二冊 国語法研究』岩波書店 1948]
長谷川みほ(1980)「松下文法における原辞の成立」(『国文学論集[上智大学]』13)
服部四郎(1960)『言語学の方法』(岩波書店)
原口庄輔・中村捷編(1992)『チョムスキー理論辞典』研究社出版
姫野昌子(1999)『複合動詞の構造と意味用法』(ひつじ書房)
福田真久(1984)「単位としての語－構文論から考える」(『研究資料日本文法1 品詞論・体言編』明治書院)
益岡隆志・田窪行則(1992)『基礎日本語文法－改訂版－』くろしお出版
松下大三郎(1901a)『日本俗語文典』(誠之堂書店)[使用したテキストは徳田編(1980)]
────(1901b)「語類を論ず」(『國學院雜誌』7-5)
────(1908)「山田氏の日本文法論を評す」(『國學院雜誌』4-10～12)
────(1909)「言語の構成法を論ず」(『國學院雜誌』15-1～6、8、10、12)
────(1930a)『標準日本口語法』(中文館書店)[使用したテキストは徳田編(1977)]
────(1930b)『改選標準日本文法』(中文館書店)[使用したテキストは徳田編(1974)]
松村明・森岡健二・宮地裕・鈴木一彦編(1968)『講座日本語の文法別巻 シンポジウム時枝文法』(明治書院)
松本 曜(1998)「日本語の語彙的複合動詞における動詞の組み合わせ」(『言語研究』114)
丸山圭三郎(1981)『ソシュールの思想』(岩波書店)
宮島達夫(1994)『語彙論研究』(むぎ書房)

―――――(1996)「カテゴリー的多義性」(鈴木泰・角田太作編『日本語文法の諸問題』ひつじ書房)
―――――(1997)「ヒト名詞のアスペクト・テンス」(川端善明・仁田義雄編『日本語文法−体系と方法−』ひつじ書房)
宮地　裕(1973)「語構成」(『日本語と日本語教育−文法編−』文化庁)
―――――(1976)「日本語の文法単位体」(『岩波講座 日本語6　文法Ⅰ』岩波書店)
村木新次郎(1991)『日本語動詞の諸相』(ひつじ書房)
森岡健二(1965)「松下文法の方法」(『国文学解釈と鑑賞』30-12、至文堂)
―――――(1969a)「日本文法体系論(連載4)」(『月刊 文法』1-4、明治書院)
―――――(1969b)「日本文法体系論(連載5)」(『月刊 文法』1-5、明治書院)
―――――(1969c)「日本文法体系論(連載9)」(『月刊 文法』1-9、明治書院)
―――――(1981)「松下文法とは」(『月刊 言語』10-1 大修館書店)
―――――(1984)「形態素論−語基の分類−」(『上智大学国文学科紀要』1)
―――――(1994)『日本文法体系論』(明治書院)
森岡健二編(1974)『シンポジウム日本語② 日本語の文法』(学生社)
山田孝雄(1908)『日本文法論』(宝文館)
―――――(1922)『日本文法講義』(宝文館)
―――――(1931)『岩波講座日本文学 日本文法要論』(岩波書店)
―――――(1936)『日本文法学概論』(宝文館)
―――――(1950)『日本文法学要論』(角川書店)
湯川恭敏(1999)『言語学』(ひつじ書房)
湯本昭南(1978)「あわせ名詞の意味記述をめぐって」(松本泰丈編『日本語研究の方法』むぎ書房)
ゆもとしょうなん(1979)「あわせ名詞の構造−n＋nのタイプの和語名詞のばあい−」(言語学研究会編『言語の研究』むぎ書房)
由本陽子(1996)「語形成と語彙概念構造−日本語の『動詞＋動詞』の複合語形成について−」(『言語と文化の諸相−奥田博之教授退官記念論文集−』英宝社)
―――――(2000)「語と概念構造」(『日本語学』19-5、明治書院)
渡辺　実(1971)『国語構文論』(塙書房)
―――――(1974)『国語文法論』(笠間書院)
L.Bloomfield(1933) *Language*. (三宅鴻・日野資純訳『言語』、大修館書店、1962年)
B.H.Chamberlain,(1888) *A Handbook of Colloquial Japanese*. [2nd ed.1889 Tokyo]
J.Lyons(1968) *Introduction to Theoretical Linguistics*. (国弘哲弥監訳『理論言語学』、大修館書店、1973年)
Jon R. Taylor(1995) *Linguistic Categorization*. (辻幸夫訳『認知言語学のための14

章』紀伊國屋書店、1996年)

A.Spencer&A.M.Zwicky (ed.) (1998) *The Handbook of Morphology*. Blackwell pub.

索　引

あ
アメリカ構造言語学 ……… 242-243, 246-247, 250, 252, 254
あわせ単語の意味のできあい性 ………… 9, 73

い
一般性助辞 …………………………… 248-250
意味形成部門 ………………… 58-61, 67
意味的側面 …………………………………… 9
意味的プロセス ………………… 132-133, 136
意味のできあい性 ……………………… 201
意味の転化 ……………………………… 142
意味のひとまとまり性 ………………… 210
意味の連続性 …………………………… 27
隠喩 ……………………………………… 166
引用句 …………………………………… 187
引用文 …………………………………… 187

う
迂言的構文 ……………………………… 202
内の関係 ………………………… 117, 137

え
えせ自由形式 …………………………… 212

お
岡沢鉦治 ………………………… 220, 223

か
『改選標準日本文法』 ………………… 240
概念意味論 ……………………………… 27
概念過程 ………………………………… 231
概念的意味 ……… 38, 54, 60, 77-78, 81, 83-84, 88-89, 92, 101, 106-108, 110, 112
書き言葉 ………………………………… 110
格 ………………………………………… 246
過剰生成 ………………………………… 145
合体語 …………………………………… 267
カテゴリー的多義性 …………………… 155
カテゴリカルな意味 ………………… 27, 31
観察の立場 ……………………………… 268
完辞 ……………………………………… 241
感情的意味 …… 16, 37, 77, 88-89, 91-92, 100, 107-108, 110, 121-125, 136-137
関数 ……………………………………… 118

き
間接構成要素 …………………………… 169
間接語構成要素 ………………… 68, 83, 174
慣用句にしばられた意味 … 185, 188-191, 193-194
慣用的ないいまわし …………………… 188
慣用的なくみあわせ …………………… 188
木枝増一 ………………………… 221, 223
機能的側面 ……………………………… 9
機能的特徴 ……………………………… 10
機能にしばられた意味 ………… 185, 187-193
共起制限 ………………………………… 11
狭義の語構成論 ………………………… 66
「強」語彙論 …………………………… 25
近接関係 ………………………………… 152

く
句 ………………………………… 260, 263-265
偶然の空白 ……………………………… 194
草野清民 ………………………… 219, 223
『草野氏日本文法』 …………………… 219
屈折 ……………………………………… 246
屈折語 …………………………………… 246
屈折辞 …………………………… 248, 250
くみあわせ性 …………………………… 201
句論 ……………………………… 232, 260, 265

け
形態音韻論 ……………………………… 48
形態素 ……… 30, 84, 102, 108, 199, 242-244, 251, 254, 267
形態的にしばられた意味 …… 185, 189, 191-193
形態論 …………………………… 25, 239, 251-253
形態論的プロセス …… 208, 210-211, 213-214
計量語彙論 ……………………………… 268
結合形式 ………… 52, 75, 99, 110-114, 135, 143, 158-159, 162, 167, 173
結合的特徴 ………………………… 11, 14
『言語学的日本文典』 ………………… 220
言語過程観 ……………………… 229, 235
言語構成観 ……………………………… 30
言語主体 ………………………………… 7
言語使用者 ……………… 33, 35, 49, 101, 127
言語単位 …… 4, 18, 49, 53, 72-75, 83-84, 100-101, 144, 162, 211, 218-222, 224-227, 229-230, 233-235, 239-240, 242-244, 265, 267

276　索引

言語本質観 ……………………………229-230
言語モデル ………………………………170
原辞 ………………204, 212, 240-244, 251-252
言辞の相関 …………………………………28
原辞の相関論 ……………………………249
現象名詞 ……………………………187, 190
原辞論 ………………………………251-252
原子論的単位 ……………4, 229, 233-234, 238

こ

語彙概念構造 …………………………27, 29
語彙項目 …………………………………213
語彙素 ………………………………63, 65, 180-182
語彙体系 ………16, 37, 54, 60-61, 64, 78-79,
　　　　　　　　　　　　　　101, 209, 214
語彙的意味 ……………10, 88, 202, 208, 214
語彙的な側面 ………………………………8
語彙的な派生 ……………………247, 250, 253-254
語彙的複合動詞 ……………………………31
語い＝文法的な単位 ………………………8
語彙論的把握 ……………………………231
広義の語構成論 …………………………66
後期ブルームフィールド学派 ……………31
項構造 ………………………………………29
構成―被構成 ……………………………234
合成形式 ………15, 17, 78, 80-84, 202, 205, 213
合成語 …………………256-259, 262-265, 268
合成語生成ルール ………………………23
合成語の分類 …………………………22, 31
構成の言語観 ……………………………235
構成要素連結形式 ……143-146, 150-152, 155,
　　　　　　　162, 165-167, 169, 174, 176, 179
拘束形式 …………………………………102
『高等国文法新講』 ………………………221
『高等日本文法』 ……………………………220
構文の職能 ………………………………10
語基 ………………………………………31
『国語学原論』 ……………228, 238, 255, 268
『国語法概説』 ……………………………220
『国語法査説』 ……………………………221
『国語法要説』 ……………………………217
語形成論の観点 ……………………………67
語形成論の語構造論 …………………55-56
語形成論的な観点 …………………………51
語形成論的モデル ……………………56, 68
語形成意識 …………………………………35
語形成上の機能 ……………………………20
語構成の基本図式 ……………6, 10, 53, 56, 59
語構成の常識的モデル ……………………3
語構成のモデル ……………………………36
語構成モデル ………………………132, 144, 155
語構成要素部門 ………………………58, 63, 66
語構成論の事象 …………………………251
語構成論的プロセス ……6, 58-59, 63-67, 89,
　　　　　　　　　　　98, 104, 145, 181-182
語構成論的プロセスモデル ………173, 175
語構成論的モデル ………………147, 154

語構造論的モデル …………………………68
語の意味論 …………………………………84
語の単位 ……………256-260, 263, 266-267
語の複合 …………………………257, 262
語レベル固有の意味 ……64, 137, 175-178,
　　　　　　　　　　　　　　181-183
語レベル固有の多義 ………65, 68-69, 180
語レベル固有の多義性 …………………169
語レベル特有の多義 ………………………63
語論 ………………………………232, 260

さ

再展叙 ……………………………………265
削除するプロセス ………………146, 151
削除というプロセス ……………166-167

し

詞 ……………………………228, 240-243, 267
字音形式 …………………………158, 167, 241
字音形態素 ………………………………113
字音語基 …………………………113-114, 136
辞書 ………………………………179-180
辞書部門 ………………………………51, 62
詞性論 ……………………………243, 245, 253
質的単位 …………………4, 229, 233, 235, 238
質の転換作用 ………………………4, 7, 36
質の統一体 …………………4, 30, 53, 233
詞の格 ……………………………………248, 253
詞の相 ……………………240, 247-248, 250, 253
詞の相関論 ………………………………28, 245
詞の単独論 ………………………………245
詞の副性 ……………………………246, 248
詞の本性 …………………………………249
詞の本性論 ………………………………253
自由形式 …………………………………110
修飾関係 ……………………………155, 206
自由な意味 ……………185-186, 189, 192-193
重文 ………………………………………263
周辺の意味 ……16, 37-38, 40, 45, 49, 54, 77-78,
　　　　　　　　　80, 84, 89, 101, 105, 108, 110
主体的の立場 ……………………………268
主要部 ………………………………28, 124
助辞 ……………………………247-249, 253
叙述内容 …………………………………213
自立 ………………………………………99
自立形式 ……52, 75, 99, 102, 112, 125, 143,
　　　　　　　　　　　　　162-163, 176
自立語 ……………………………172, 241
自立語基 …………………………170, 173

せ

静助辞 ……………………………248, 253
説明モデル ………………………………135
ゼロ接辞 …………………………………49
選択制限 …………………………………146
選択的意味特徴 …………………………14
選択的特徴 …………………………11, 14

索引　277

そ

相 …………………………………………246
総合的見地 …………………………263, 268
造語の観点 …………………………58, 66
造語力 …………………………………82, 107
造語論 ……………………………25, 54, 197
俗語 ……………………………………40
素材概念的意味 ……………………17, 80, 213
素材の意味 ……………208-211, 214, 237
ソシュール …………………………………31
外の関係 ……………………………117, 137

た

待遇の感情 ……………………………92
体言 ……………………………………18
対象的意味 ……………………38, 49, 110
多義語 ……………………………………40
多義構造 …………………………………40, 184
多義性 ………………………17, 50, 105, 107
多義性の源泉 …………141, 157, 159, 170, 179
多義性のレベル差 ……160-161, 167-168, 170, 176, 181
多義性のレベル差分析 …………………48
タクソノミー ……………………………21
単位語 …………………………………266, 268
単位体 …………………………………238
断句 ……………………………240-242, 267
単語化 ……………………………………4, 208
単語化の意味的プロセス ………………9, 11
単語化の文法的プロセス ………………10, 12
単語中心主義 ……………………49, 68, 167, 169
単詞 …………204, 212, 228, 243-247, 253, 267
単純形式 …………15, 17, 78, 80-84, 205
単独語基 …………………………………172, 176
単独語構成要素 ……………………63, 179-181
単文 ……………………………………263-265

ち

抽象名詞 ………………………………187, 190
直接構成要素 ……………………………169
直接語構成要素 ……38, 59, 60, 81, 83, 132, 174
陳述 ………………………7, 36, 68, 136, 213, 265

つ

鶴田常吉 ……………………………225, 227, 238

て

定義 ……………………………………215
転義 ………………149, 152, 163, 165-167, 169
典型 ……………………………………210

と

統覚作用 ………………………………30, 234
統語的複合語 ……………………………25

統語論的複合動詞 ………………………31
統叙 ……………………………………265
頭助辞 …………………………………248, 254
動助辞 …………………………………248-249
動詞連用形の名詞化 ……………………49
動名詞 …………………………………115, 117
登録 ……………………………………182
時枝文法 …………222, 227-228, 230, 232, 236-237
時枝誠記 …………………………………4
特賞構造 …………………………………29
特殊助辞 …………………………………249
特殊性助辞 ……………………………248-250, 254
徳田浄 …………………………………221, 223

な

内容節 …………………………………137

に

日常語 ……………………………………40
『日本俗語文典』 ……………………254
『日本文法学概論』 …………216, 232, 256
『日本文法学原論』 ……………………225
『日本文法学要論』 ……………………267
『日本文法講義』 ……………………255
『日本文法口語篇』 ……………228, 238
『日本文法要論』 …………259, 260-261, 267
『日本文法論』 …………………………256
認知言語学 ………………………………68

は

橋本文法 ………216-217, 219, 222, 224, 227
派生 ……………………………………246
派生語 …………………………………246
派生辞 …………………………………248, 250, 254
話し言葉 …………………………………110
パラダイム ………………………………21
反構成主義 ……………………………230, 232

ひ

非概念的意味 ……………………………60
非構成主義 ……………………………232
非統合的複合語 …………………………25
一の語 ………256-259, 262-263, 266-268
ひとまとまり性 ………………………201
非文法的語尾変化 ……………………254
非文法の助辞 …………………………253
百科事典的情報 ……………64-65, 67-68
『標準日本口語法』 ……………………240
品詞 ……………………………………10
品詞分類 …………………………………18
品詞分類の基準 ………………………20

ふ

フィードバック機能 ……………………59
不完辞 …………………………………241
複合・派生語基 ………………………176
複合語基 ………………………………172

278　索引

複文 …………………………………263-265
附属語 ……………………………………241
文章語 ………………………………………40
文章論 ……………………………………245
分析的見地 …………………………262-263, 268
文節 ……………………………217, 222, 241
文体的特徴 ……16, 37, 40, 54, 77, 88-89, 91-92, 101-102, 107-108, 110, 136
文の成分 ………………………………242-244
文法の語尾変化 …………………………254
文法的助辞 ………………………………253
文法的な側面 ………………………………8
文法的な派生 ………………247, 250, 253-254
文法的プロセス …………………………136
文法論的把握 ……………………………231

へ

変形論 ………………………………………25

ほ

「本質」と「規定」との相違 ……………215

ま

松下文法 ……………………28, 227-228, 266-267

み

右側主要部の規則 …………………25, 137
三矢重松 ……………………………220, 223

む

無意味形態素 ……………………9, 73, 108

め

名詞編入構文 ……………………………202
名助辞 ……………………………………253

や

安田喜代門 ……………………………220, 223
山田文法 ………7, 27, 30, 216-219, 223-225, 227, 232, 234, 238, 255

ゆ

融合語 ……………………………………267

よ

用言 …………………………………………18

り

量的単位 ……………………………4, 229
理論的派生関係 …………………………184
理論的プロセス ……………………………55

る

類義語 ……16, 37, 38, 40, 45, 54, 78-80, 82-84, 101-102, 111, 121, 137

れ

レキシコン ………………………………29
レキシコン化 ……………………………136
レベル峻別の論理 ………………………48
レベルの峻別 ……………………………135
連結形式 …………6, 14-15, 21, 52, 66, 69, 137
連語 ………………………………256-257, 259
連語の構造にしばられた意味 ……185-187, 190-193
連詞 ……………228, 241, 244-246, 253, 267
連辞 ……………………………………204, 209
連体修飾構造 ……………………………137
連体修飾節 ………………………………117
連文節 ……………………………………222, 241

A

accidental gap …………………………23
affective meaning ……………………126

B

B. Bloch …………………………………254
Bloomfield ……………………………25, 212

C

conceptual meaning …………………126

E

exocentric ……………………………201

L

lexicon I ……………………………63, 180
lexicon II ………………63, 64-66, 68, 180

N

NV型複合名詞 ……………………………25

P

percolation ………………124-125, 134, 137
peripheral meaning …………………110

S

sub lexicon ……………………………63

Z

Z. Harris ………………………………254

あとがき

　本書は、現代日本語の語構成論に関する私の2冊目の著作である。本書には、1冊目の著作『現代日本語の語構成論的研究－語における形と意味－』（ひつじ書房、1992年）以降の10余年間に発表した論考が収めてある（本書の内容とそれらの論考との間の対応関係については別掲「初出一覧」を参照されたい）。もちろん、それらを本書に収録するに当たっては、細かい字句や内容上の調整は行なったし、中には大幅に増補したものや一部内容を書き換えたものもある。ただ、それでも、全体を通して読んでみると、著者の語構成の枠組みに関する説明等、何回にもわたって出てくる部分があり、その点は正直言って煩わしい。また、中には、たとえば、第3部に出てくる語構成要素の意味を表わす「素材的意味」のように、著者の発想の原点を残しておきたいという思いから、意図的に発表当時の用語を残したものもある。そういう点では、本書は、基本的には発表当時の論考の内容をほぼ保っていると言えよう。全体は3部構成になっているが、私自身の大雑把なイメージとしては、「第1部　語構成原論」は比較的最近の論考に基づいた、私の現時点における語構成論に対する全般的な考え方を提示した部分、「第2部　語構成と多義」は本書の中では比較的初期の論考に基づいた、1冊目の著作以降最初に取り組んだテーマに関する考察、「第3部　『語』という単位をめぐって」は、特定の時期に限定されない論考に基づいた、私の語構成論の初期から現在までを貫く基本的テーマに関する考察、ということになろうか。

　全体の中で「第1部　語構成原論」は、本書の中核をなす部分である。もともと本書その物の書名を『語構成原論－語構成と語彙的意味－』とするという案も私の中に存在していたくらいである。その案は諸般の事情で潰え、『語彙論的語構成論』という現在の書名に落ち着いたわけだが、ただここで強調しておきたいのは、「語彙論的」という修飾語を伴うからと言って、原理的に、本書で展開した語構成論が語彙論的事象にのみ目を向けようとするものではないということである。むしろ、この修飾語は、あくまでも本

書で扱った内容との関わりで付されたものであり、どこまでも本書専用のものであると考えていただきたい。この点については、本書第1部第1章の末尾でも触れたのでここでは繰り返さないが、そういうわけで、私としては今でも上の幻の書名案に惹かれるところがある。

○

　上で最初に、本書は第1冊目の著作以降の論考を収めたと述べたが、この期間を今あらためて振り返ってみると、私にとってこの10余年間は、自己の語構成論をいかに体系化・理論化するか、という私なりの闘いの期間であったように思う。そういう点では、第1冊目の著作は、言ってみれば"発想の書"であった。目の付け所、料理の仕方で勝負、ということであるから他人は簡単には真似できない（と思う）。それに対し、本書は"理論の書"である。本書はいわば理屈で成り立っているから、誰でも本書の方法論を他の語構成的事象に適用することができる。しかし、本書にはそれなりの前提や考え方の基盤がありその上で理屈を展開しているわけであるから、それらを充分に納得し受け入れた上でなければ、ただ本書の理論を用いても何の意味もない。

　今、「私なりの闘い」と述べたが、確かに、語構成論に関して、しかも差し当たり語彙論的事象から出発して理論、あるいはモデルを構築して行くことは、少なくとも私にとっては難事業であった。まず、拠って立つべき理論がない。何か頼るべき理論が存在するのであれば、ある程度それに従って自己の考えを展開しつつ自分なりの理論を作って行くことが可能であるが、今回の場合そういうやり方を取ることはできなかった。本書の参考文献を御覧になれば分かるが、数としては決して多くない。1冊目の著作と比べても半減している。勉強不足と言われればそれまでだが、そういったところにも、その点が現れていると言えよう。また、どこまでも自分一人でやっていかなければならない、という点も不安であった。研究というのはもともとそういうものであろうが、今回の場合特に、どこまでも孤独な作業であったという印象が強い。そういう点では、この国で自分の力で理論を作って行くということがいかに大変なことであるかを痛感させられた。ただ、今考えてみると、その道のりは困難であったが同時に楽しいも

のでもあった。もともと私は語彙論から出発したせいか"一国一城の主"的な研究スタイルを取る傾向が強く、そのためそう感じるのかもしれない。他の分野の人達を見ていると、よく研究会やサークルを作りそこで議論を戦わせたり情報交換をすることが多いようだが、一般的には、語彙論者はあまりそういうことが好きでないのではないか。人によっては、そういう点が語彙論の遅れたところであると言うかもしれないが、何しろ語彙は扱う対象が膨大であり一筋縄ではいかないことが多いから、どうしても人の分析は人の分析、という感覚が強い。もちろん、一人よがりや独善に陥ることは厳に慎まねばならないのであるが。

　私がそうやって四苦八苦しているちょうどその時期、語構成論に関して、統語論と密接に関わる立場からの研究成果がつぎつぎと発表された。それらの論は、従来の語構成論に比べ問題設定が新鮮であり、教えられるところが多かった。なにより今まで気が付かなかった細かい部分にまで考察が及んでいるという点で、読んでいて非常に面白いものが多かった。私は、それらの論を横目で見ながら、もしかしたら自分のやっていることは根本的に間違っているのではないか、という思いにとらわれたことも正直言って何度かある。ただ、私としては、そういったどちらかと言えば英語学や言語学の流れの上に立った語形成論とは別に、伝統的な国語学の語構成論が培ってきた成果を大事にしたいという思いが強かった。しかし、私の見るところでは、そういった伝統的な語構成論には理論的側面が弱いという弱点があり、その点は克服されねばならない。そこで、そういう方面から語構成論に入る若い人達に、受け入れられるかどうかは別として、私自身が、国語学の研究の中に身を置いて来た者として、語構成論の新しいモデルを提示する責務があるだろうと考えた。今思うと、そういういわば切羽詰まった気持ちがここまでやって来られた一つの大きな要因であったように思う。

○

　本書の語構成論を構築するに際して頼るべき特定の理論がなかった、と今書いたが、そのことは、もちろん、本書の語構成論がさまざまな考え方の影響を受けている、ということを否定するものではない。私見では、本

書の語構成論を特徴づけているのは、次の二つの特質である。①語構成要素レベルと語レベルとの峻別、②語構成要素に対する語の基本性・優位性。このうち、前者からは、本書の語構成論のキーワードの一つである単語化という概念が出てくる。単語化というのは、本書の中でいわば最も目立つ道具立てなので、ちょっと考えると逆のような気がするかもしれないが、そうではない。最初にレベルの峻別という考えがあり、単語化はそれを実現するために編み出された仕組みである。そして、この単語化は、陳述と深く関わる。ということは、本書の語構成論の淵源は山田文法にまで遡るということであるが、第1部第1章（1.2.1節）で述べたように、より具体的には渡辺実の陳述論から本書は大きな影響を受けた。後者については、言語科学研究会（いわゆる教科研）に属する宮島達夫、鈴木重幸といった人達の「単語中心主義」の考え方から大きな影響を受けている。ただ、私は言語科学研究会のメンバーではないし、言語科学研究会の人達が（湯本昭南を除き）語構成に関しあまり多くを発言していないので、本書の語構成論が言語科学研究会の考え方を代弁しているなどと言うつもりは毛頭ない。あくまでも影響を受けたという話であり、本書の語構成論はどこまでも私自身のものである。これら①、②を合わせると、「語レベルはできるだけ豊かに、語構成要素レベルはできるだけ簡素に」という本書の語構成論の基本姿勢（第1部第1章 [1.3.1節] 参照）が出てくるのであるが、どうしても語構成要素レベルに設定しなければならないものは一体何なのか、という点を突き詰めて考えて行くことが本書の語構成論を構築して行く上で一種のコンパスの役目を担っていたように思う。なお、①は、さらに遡れば、言語単位の質的統一性、すなわち時枝文法の考え方に至る。そういう意味では、上記①、②はいずれも言語単位に対する捉え方の問題であり、結局は、本書の語構成論は私なりの言語単位観に根差したものである、という解釈も可能であろう。

　先に述べたように、本書の語構成論が「語彙論的」という修飾語を伴っているのは、あくまでも本書で取り扱っている内容との関わりからである。そういう意味では、第1部第1章（1.2.2～1.2.3節）で簡単に触れた文法的プロセスの内実をより詳細に明確化することが本書の語構成論に残された大

きな課題と言えよう。ただ、語構成要素には語の有する統語論的な機能がそのままの形では備わっていないと考える本書の立場からは、語構成要素レベル内での語構成要素間の結合を司る特徴、すなわち語構成要素の機能的な特質の解明ということがまずはその中心になるであろう。そして、その次に、意味の場合と同様、語の有する文法論的な特徴の内のどの部分がどのような形で語構成要素に源を持つと見なされねばならないか、ということが問題になるであろう。そういう点では、本書の次のテーマは「語構成論の機能的側面」であり、いつの日にかそれが完成した時に初めて本書の語構成論全体が完結したと言えるであろう。

○

　本書を出版するに当たっては、第1冊目と同様ひつじ書房の松本功氏の多大な協力を得た。また、編集・校正に関しては黒木亜由美氏に大変お世話になった。篤く感謝したい。なお、本書は日本学術振興会の平成15年度科学研究費補助金（研究成果公開促進費）の交付（課題番号155129）を受けた。記して謝意を表したい。

2003年8月末　冷夏の仙台にて
斎藤倫明

初出一覧

第1部
第1章(1.4節は書き下ろし)……「語構成原論」(『朝倉新日本語講座4 語彙』朝倉書店、2002年10月)

第2章
 第1節……「語構成論から見た語『追う』の意味形成－語彙論的な語構成論の発展のために－」(『国語学』208、2002年1月)
 第2節……「単語化の源泉とレキシコンの構造」(『国語論究』10、明治書院、2002年12月)

第3章……「語構成要素の有する意味について」(遠藤好英編『語から文章へ』私家版、2000年8月)

第4章
 第1節……「語の周辺的意味と語構成－『つら(面)』を構成要素とする複合名詞を対象として－」(黒田成幸・中村捷編『ことばの核と周縁　日本語と英語の間』くろしお出版、1999年10月)
 第2節(大幅に増補)……「語構成における周辺的意味の与えられ方－接頭辞「反-」を有する語を対象として－」(『文化』67-1・2、2003年9月)

第2部
第1章……「語構成と多義との関わり－「なが-(長)」を前項とする複合名詞を対象として－」(『文化』61-1・2、1997年9月)

第2章
 第1節……「語構成要素の多義性と語の多義性－合成語を対象として－」(『国語学研究』37、1998年3月)
 第2節……「語構成要素の多義性と語の多義性(2)－単純語の場合をも考慮に入れて－」(佐藤武義編『語彙・語法の新研究』明治書院、1999年7月)

第3章……「多義語における語レベル固有の意味について－『見る』を対象として－」(『国語語彙史の研究』20、和泉書院、2001年3月)

第3部
第1章
第1節……「語構成論から見た語の本質について」(『宮城教育大学 国語国文』20、1992年3月)

第2節……「語構成論から見た語の本質と文法論から見た語の本質－文法論の場合－」(『国語論究』4、明治書院、1994年2月)

第2章
第1節……「松下文法における語構成の位置について－単語概念との関わりから－」(『文化』58-3・4、1995年3月)

第2節……「山田文法における語規定の変遷とその問題点」(『国語語彙史の研究』16、和泉書院、1996年10月)

〔著者〕斎藤倫明……………さいとう みちあき……………

（略歴）1954年青森に生まれる。1981年東北大学博士課程中退。神戸山手女子短期大学専任講師、宮城教育大学助教授を経て、現在、東北大学大学院文学研究科教授。
専門は現代日本語の語彙論。

（著書）『現代日本語の語構成論的研究 ──語における形と意味──』、共編著『日本語研究資料集1-13 語構成』（いずれも、ひつじ書房）

ひつじ研究叢書（言語編）

【第30巻】　語彙論的語構成論

発行	2004年2月20日　初版1刷
定価	5200円+税
著者	©斎藤　倫明
発行者	松本　功
印刷所	三美印刷株式会社
発行所	有限会社ひつじ書房

〒112-0002　東京都文京区小石川5-21-5
Tel. 03-5684-6871　Fax. 03-5684-6872
郵便振替 00120-8-142852
toiawase@hituzi.cp.jp
http://www.hituzi.co.jp/

造本には充分注意しておりますが、落丁・乱丁などがございましたら、小社かお買い上げ書店にておとりかえいたします。
ご意見、ご感想など、小社までにお寄せ下されば幸いです。

◆

ISBN4-89476-198-X C3081

ひつじ研究叢書（言語編）

- ○第1巻　方言地理学の展開
  徳川宗賢著　15000円
- 第2巻　中古中世の言葉遣いの研究
  森野宗明著　予15000円
- ○第4巻　古代日本語母音論
  ―上代特殊仮名遣の再解釈―
  松本克己著　9000円
- ○第5巻　バントゥ諸語
  動詞アクセントの研究
  湯川恭敏著　19000円
- ○第6巻　Studies in English and Japanese Auxiliaries
  : A Multi-stratal Approach
  澤田治美著　12000円
- ○第7巻　言語の時間表現（重版予定）
  金子亨著
- ○第8巻　拾遺　日本文法論
  奥津敬一郎著　5825円
- ○第9巻　日本語条件表現史の研究
  小林賢次著　12000円
- ○第10巻　束縛関係
  中村捷著　6019円
- ○第11巻　意味分析の方法　―理論と実践―
  森田良行著　3800円
- ○第12巻　上代語の構文と表記
  佐佐木隆著　14000円
- ○第13巻　日本語文法の諸問題
  ―高橋太郎先生古希記念論文集―
  鈴木泰・角田太作　4200円
- ○第14巻　日本語文法　―体系と方法―
  川端善明・仁田義雄　10000円
- ○第15巻　日本語方言一型アクセントの研究
  山口幸洋著　19000円
- ○第16巻　複合動詞の構造と意味用法
  姫野昌子著　6000円
- ○第17巻　現代言語理論と格
  石綿敏雄著　4600円
- ○第18巻　萬葉集と上代語
  佐佐木隆著　22000円
- ○第19巻　日本語記述文法の理論
  近藤泰弘著　19000円
- ○第20巻　日英語の自他の交替
  丸田忠雄・須賀一好編　5000円
- ○第21巻　日本語　意味と文法の風景
  ―国広哲弥教授古稀記念論文集―
  山田進・菊地康人・籾山洋介編　6000円
- ○第22巻　日本語の情報構造と統語構造
  カレル・フィアラ著　28000円
- ○第23巻　Old English Constructions with Multiple Predicates
  大門正幸著　7400円
- ○第24巻　Bound variables and coreferential pronouns : Zero and overt pronouns in Japanese and English
  杉浦滋子著　13000円
- ○第25巻　日本語モダリティの史的研究
  高山善行著　12000円
- ○第26巻　Discourse Politeness in Japanese Conversation
  宇佐美まゆみ著　6560円
- ○第27巻　日本語文法の発想
  森田良行著　3200円
- ○第28巻　文法化とイディオム化
  秋元実治著　3600円
- ○第29巻　日本語修飾構造の語用論的研究
  加藤重広著　8000円
- ○第30巻　語彙論的語構成論
  斎藤倫明著　5200円
- ○第31巻　現代日本語の漢語動名詞の研究
  小林英樹著　6000円
- 第32巻　方言的日本語史の方法
  小林隆著　18400円
- ○第33巻　動詞九章
  高橋太郎著　4200円

○は既刊のもの（2004年2月現在）。
★表示の価格は税抜価格です。その時点での消費税が加算されます。
★『言語』には毎月、広告をだしておりますので、ご覧ください。
また、最新の情報はひつじ書房のホームページに掲載しています。
こちら（http://www.hituzi.co.jp/）をご覧ください。

2004-2-G